马克思主义视阈下的分工、交往与和谐

官翠娥 著

中国社会科学出版社

图书在版编目（CIP）数据

马克思主义视阈下的分工、交往与和谐 / 官翠娥著. 北京：中国社会科学出版社，2024. 10. -- ISBN 978-7-5227-3530-6

Ⅰ. A81

中国国家版本馆 CIP 数据核字第 20240U9Q82 号

出 版 人　赵剑英
责任编辑　刘　艳
责任校对　陈　晨
责任印制　郝美娜

出　　版　中国社会科学出版社
社　　址　北京鼓楼西大街甲 158 号
邮　　编　100720
网　　址　http://www.csspw.cn
发 行 部　010-84083685
门 市 部　010-84029450
经　　销　新华书店及其他书店

印刷装订　北京君升印刷有限公司
版　　次　2024 年 10 月第 1 版
印　　次　2024 年 10 月第 1 次印刷

开　　本　710×1000　1/16
印　　张　16. 25
字　　数　256 千字
定　　价　98. 00 元

序言　社会有机合力理论视阈的分工、交往与和谐理论研究

贺祥林

官翠娥的博士学位论文《马克思主义视阈下的分工、交往与和谐》，通过答辩近十年之后，在近年经过持续修改，即将由中国社会科学出版社出版，她约我写篇序言。我想就她这部著作本身以及这个课题后续研究，分别谈些看法，供学界同仁参阅。

（一）这个选题的形成、运思与展现的成果

官翠娥的硕士学位论文《马克思的交往理论及其当代意蕴》，是在杨鲜兰教授指导下，于 2006 年通过答辩，其硕士研究生专业在当时属“政治学”一级学科下属的二级学科，即“马克思主义理论与思想政治教育”专业。她于 2009 年考入我门下的博士研究生，专业则是“马克思主义理论”一级学科下属的二级学科，即“马克思主义基本原理”专业。这年末，她在与我商拟博士学位论文的选题时，她表明想在以往已有的马克思交往理论研究的基础上，加上马克思分工理论，而且放置于交往理论之前，构建一个马克思主义分工与交往理论的框架，这就不限于只对马克思还包括对恩格斯等经典作家理论的研究。我表明支持她这个用加法的选题，并再用加法式的提出，是否可在分工、交往理论之后，加上和谐理论，还提到作为博士学位论文的选题应当广博宽厚一点。于是，她经片刻思索，欣然答应这么来选定题目。

我在事后则暗想是否给官翠娥的选题增添了难度，但是她先提出把分工与交往理论结合起来谈选题，是有准备而来的，而我提加上和谐理论也算是有准备而发的，这在指导与被指导的师生之间是可相互促进、

共同研究这个选题的。不久，她将其硕士学位论文复印一份给我，我将之前发表的两篇论涉和谐社会的论文（即贺祥林：《马克思社会有机体理论与全面构建和谐社会》载《江汉论坛》2006 年第 1 期；贺祥林、姚芳：《矛盾理论新探与对构建和谐社会的实践意义》载《东岳论丛》2007 年第 3 期）复印给她。

回望上述有关选题及运作的两个环节，这其间何不是一种主体间的有机合力之所为！这其间何不是一种分工、交往与和谐之所动！再说一个环节，我给他们这一年级博士生授课时，讲授了一个以我一篇关于实践思维方式的论文为基础而展开的专题。（即贺祥林：《马克思开创的实践思维方式论纲》，载《马克思主义研究》2009 年第 8 期）她由此找到了从事学位论文这个选题运思的方式方法及其视域，这在本书“绪论”最后几行文字中可见其明证，即“本选题主要运用的方法：一是内在于实践思维方式中的基本思维方法，特别是其中的唯物辩证方法和辩证逻辑思维方法。二是理论联系实际方法和社会有机体理论方法。三是从不同的学科视野来研究本选题。笔者主要借助于教育学、心理学、社会学、政治学、历史学等相关学科知识学理及方法的互动，来作分析与探讨”。作为选题本身属马克思主义基本原理的选题，这个分工、交往与和谐理论，毫无疑问是包括马克思主义哲学、马克思主义政治经济学与科学社会主义等组成部分在内的，而这些又得从对马克思主义经典著作的专门论述的阅读与分梳开始，可见这是一个综合性的选题，是一个广而又难的选题。

摆在眼前的这部著作，可说是首先记录了她有如“初生之牛犊不怕虎”与“谁说女子不如男”那种刻苦排难的理论之势，这就是她坐得下来、静得下心地反复翻阅了《马克思恩格斯文集》（10 卷本）与《马克思恩格斯全集》相关卷，作了不少细而繁杂的梳理，这就是她练就基本功或第一功的学术场域，并且反映到这部著作中的每章每节及至每目，都无处不有对马克思或恩格斯等经典论述的引用与解读，还有围绕此选题中的相关内容，还对胡锦涛同志特别是习近平同志的许多重要专题论述的引用与解读。这部著作即反映了马克思主义理论学科的专业特点，又反映了马克思主义中国化时代化或以我们现在正在做的事情为中心的全新特点。这是该著的一个整合性的首要的特点。

如果从全书各章的顺序来看，这部著作在以实践思维方式入思行文的过程中，从“绪论”至“结束语”，始终贯穿着马克思主义最基础或最基本的首要的观点即实践的观点。譬如说，人们一直都说马克思主义的交往理论都是出自实践过程并由人的活动来实现交往即实践交往，又都一直说马克思主义的和谐理论也是出自实践过程并由人的作为来实现和谐即实践和谐，这两点在该著作中是有强化乃至深化的。那么，分工与实践无缘吗？人们过去似乎不太注意二者有缘或很自觉将它们联系起来。这部著作对此就作了自觉探索或鲜明回答，其简而言之就是分工或社会分工就是实践分工即社会实践分工。该著在第二章开篇之节的第一目特别是第二目，经引述马克思一些重要论述后指明：“无疑，其分工理论也是以实践为基础的”，“它是社会化实践的形式，社会整体实践被它强制性地划分为相对独立又相互联系的若干部分，社会个体成员也被固定地分配在各种类型的实践活动中。因此，人类的分工就是在社会实践活动中形成的社会分工”。特别值得一提的是，其经过审慎细致思考，对实践与分工这两者的关系及其作为实践主体的人的作用，概述出四个方面的道理：“第一，社会实践活动中的人是社会分工的主体。第二，社会实践活动中的人产生新的需要，正是这种需要推动社会分工的萌芽和新的社会分工的产生和发展。第三，社会实践活动中的人不断发明创造新的劳动工具，劳动工具既稳定了社会分工的各个领域又促进了新的社会分工形式的出现。第四，社会实践活动中的人不断积累的劳动能力和劳动经验都会引起社会分工的逐渐细化或多样化。”这些日用而不觉的道理在此被集中性地创造性地转化为日用而自觉的若干道理，这就显得十分可贵！这一实践的观点像一条主线或核心观点在第三章论分工、交往与和谐的辩证关系时是以其为基础而展论的，第四、五章分别从主客体论分工、交往与和谐都是放置实践视野而论的。这是该著的鲜明特点。

这部著作在以实践思维方式入思行文的过程中，还始终贯彻了内在于这一思维方式之中的唯物辩证方法和辩证逻辑思维方法。譬如说，该著在第三章论述分工、交往与和谐的辩证关系时，除了以实践为基础，其着力点放在三者既相互区别又相互联系两域，有力有效地贯彻了对立统一规律的方法论，还有其着力点放在三者统一而又有别的理论地位上，分别从历史唯物主义即哲学上定其理论地位、政治经济学上定其理论地位、科学社会主义上定其理论地位，显示的就是质量互变规律中的定性质分尺度的方法论。又譬如，该著从绪论中对选题所涉的前期国内外学者的探讨之综述，在其众多文献与繁杂内容中，其运用的较多的是分析与综合、归纳与演绎的辩证逻辑思维方法，包括第三章分别确立“分工是交往与和谐的前提”、“交往是分工与和谐的中介”、“和谐是分工与交往的归宿”等观点就是侧重运用了这些方法。再譬如该著在第四、五章普遍地侧重运用的则是由抽象上升到具体、历史与逻辑一致性等辩证逻辑思维方法，以及理论联系实际的根本方法等等，在此不引个例，读者可以经过细读即知。这是该著的综合性方法论特点。

这部著作在以实践思维方式入思行文的过程中，其几个主要章节，在其第二、三章是以隐性形式、第四、五章乃至结束语则是以显性形式，广泛地且见深度地把马克思社会有机体理论作为重要的方法来运用。就社会有机体理论关于其构成的理论而言，既可大而概之是由社会存在与社会意识所构成，又可大而言之是实践的客体与实践的主体所构成，其间它们是叠加混合或本身是基于实践而有机结合在一起的。就主体而言可由个人、家庭、集体、民族、国家乃至世界等层次，就客体而言可由作为“剧中人”的人口因素与自然环境、物质生产方式、社会政治结构、社会意识结构等层次。读者只要翻动其第四、五章各章名及各有五节之节名与细目，就看得出其把马克思社会有机体理论在各层次、各领域、各方面乃至各环节上的具体运用，特别是既一一分述了分工、交往与和谐在不同层次、领域、方面乃至环节上的事实性的“内在统一”，又一一分述了分工、交往与和谐在不同层次、领域、方面乃至环节上的价值性的“正负影响”，对此也不加引个例，读者值得去细心把握。对此，笔者认为这样以社会有机体理论来研究分工、交往与和谐，既有利于人们去认识与处理分工、交往与和谐这个重要理论课题，也有利于人们从宏大视域去认识世界与改造世界，特别是有利于指导对人的全面改造并促进人的全面发展，因而这两章是该著最有创意最有价值的部分。这也是该著的突出性方法论特点。

这部著作，无论是从其通过博士学位论文的答辩之时，还是从此后近十年的不断修改与不断增添的文献来看，我们既没有看到一篇把分工、交往与和谐理论三位一体联结起来的论文，更没有一部这样的著作。因此，这部著作完全可以说是一部从马克思主义经典著作的发掘梳理与马克思主义基本原理的系统阐发的结合统一上，探索了分工、交往与和谐这个三位一体的理论，填补了一个学术空白，开辟了一个学术空间。

（二）这个课题研究有待拓宽的视域及其结合点

在这里所言的研究视域之拓宽，就是紧接着刚刚说完的运用马克思社会有机体理论作为重要的方法或整体性方法来运用的前提下，还可以而且必须进而运用恩格斯社会历史合力理论一并作为重要的方法或整合力方法，来拓宽或深化对分工、交往与和谐这个重要理论课题的研究。关于马克思是否只有社会有机体理论或无社会历史合力理论，以及恩格斯是否只有社会历史合力理论或无社会有机体理论，本序言不讨论此题，将会在另处加以厘定。在此只言要以社会有机体理论与社会历史合力理论的辩证统一或二者本身的有机结合，作为理论视域又作为研究方法来研究分工、交往与和谐这个三位一体的重要理论课题。这么来看待或研究这个课题，从实践或认识的日常生活中，是到处都可以找到，譬如从个人或家庭而言，农耕文明时代有男耕女织的分工，中国汉字的象形意谓，“男”字就是在“田”地中出“力”者为男，“女”字就像个纺车是由“女”性来纺纱去织布，这是家庭内部的分工与交往交换，必要时走出家门利用自家的产品进市交往交换，形成一个由人主动作为，既有物力、体力、脑力、德力等发力，又由内而外的围绕生产与生活展开的和谐之家、家和业兴的过程，这就是主体要素与客体要素相互作用而推动着一个有机合力的运行过程。又譬如前面所述我们师生之间围绕选题的运思运作、练功见功等一系列环节而言，就是在一个教学单位内部的分工与交往交流，必要时走出校门展开交往交流，形成一个由人主动作为，既有物力、体力、脑力、德力等发力，又在时空中围绕指导与被指导的和谐成就事业、学业的过程，这就是主体要素与客体要素（即作为精神客体的马克思主义经典著作、参考文献及师生互交已有文本）相互作用而推动着精神生产、精神传播、精神享用的有机合力的运行过程。如此这样，不仅仅限于我们师生，而是倡导学界所有有志于从事分工、交往与和谐这个三位一体的重要理论课题的学者，都来拓展自己的视域，从个人到家庭、从单位到社会、从民族国家到国际社会，由小到中到大地去运用社会有机合力理论，去对不同层次、领域、方面乃至环节上去研究分工、交往与和谐的许许多多的具体问题。

在这里所言的研究结合点上的拓宽，就是首先要明确分工、交往与和谐这个三位一体的重要理论课题是作为马克思主义基本原理体系中的一个重要理论条链来确立，暂不管各类教科书今后是否会这么写入，只要认定从古至今及将来、从中到外及全人类，这都是一个值得永无止境地探索的问题，并且在研究的结合点上可从以下“两个相结合”上去着力推进。

首先，应当着力推进的是把分工、交往与和谐这个三位一体的重要理论课题，作为“把马克思主义基本原理同中国具体实际相结合”的一个子课题来展开研究。这一研究有两个方面的经验值得总结与续用。一方面，是马克思恩格斯曾在研究分工、交往与和谐理论时，是如何联系其历史上的具体实际特别是其所处时代的具体实际的；另一方面，是马克思主义中国化时代化进程中，从毛泽东同志直到习近平同志的思想原创与种种表述中，论涉分工、交往与和谐思想时，是如何联系中国历史上直至新时代的具体实际的。在对这两个方面的经验总结特别是继承续用的过程中，学者们的着力点应放在先要广泛深入地了解进入新时代中国特色社会主义建设实践中，我国社会分工的门与类及其细目，我国是国民经济体系十分齐全的大国，既是工业第一大国又是史上以来第一农业大国，必须从中了解 14 亿多人中就业者的分工、交往与和谐活动的基本国情，特别是要分析与综合研究我国人民在中国共产党的领导下，仅用几十年时间就走完发达国家几百年走过的工业化历程，创造了经济快速发展和社会长期稳定两大奇迹。在这个“工业化历程”与“两大奇迹”成就的过程，其分工、交往与和谐的实践活动必在其中展现出巨大的作用，而党和人民在这一实践活动中又必是团结一心或齐心合力地展现出强大的有机合力。与此同时还得放眼世界，在当今国际局势中，各种积极因素与各种消极因素并存，并且都在急剧变化之中，正面临百年未有之变局，这其中就包括一国之内与各国之间的分工、交往与和谐的必然联系，其正负影响力特别值得关注，这是相结合中不可小视之域。这是一个首要的研究相结合的着力点。

其次，应当着力推进的是把分工、交往与和谐这个三位一体的重要理论课题，作为“把马克思主义基本原理同中华优秀传统文化相结合”的一个子课题来展开研究。应该说把马克思主义基本原理同中华优秀传统文化相结合的研究中，在20世纪做得最好的是毛泽东同志，进入21世纪做得最好的是习近平同志，这个相结合的经验也是值得总结与续用的。在推进这个相结合的过程中，有志从事分工、交往与和谐理论研究的学者，定在其中，有事可做。当然，这里的第二个相结合比起前述的第一个相结合，可谓起步晚了一些，从学术意义上其难度就会大了一些。这里需要着力破解的难点有两个方面。一方面，是需要着力从中华浩繁文化典籍中分辨出中华优秀传统文化，进而梳理出反映分工、交往与和谐思想内容的文本或论述，从中一一作出创造性转化与创新性发展。另一方面，是需要着力把马克思主义基本原理在其哲学、政治经济学、科学社会主义等组成部分中的分工、交往与和谐的若干原理，去同中华优秀传统文化中在上述方面经过创造性转化与创新性发展出来的思想内容，做好相契合相融通的理论工作。这两个方面的理论工作也都是有难度的，这必得发扬“书山有路勤为径、学海无涯苦作舟”的中国学人精神，这只要能认真又刻苦就一定会有所作为、做出成果。我从小在家庭内外，就常常听到大人在谈到相关人生价值时，譬如我的祖母、我的父母常会讲述这样一些人生格言：“三百六十行，行行出状元”、“吃得苦中苦方为人上人”、“恶有恶报，善有善报”、“家和家业兴，家和万事兴”等等，这些日用而不觉的中国格言，既含分工、交往与和谐的思想内容，又是引导人们去做好分工之内的本职工作与做一个高尚的人的人生价值观。

我认为，在社会有机合力理论视域，就分工、交往与和谐这个三位一体的重要理论课题的研究过程中，在着力推动推进作为马克思主义基本原理同上述“两个相结合”的内容上，它们之间本身就是潜在的有机结合或待合力而识，而这其中的任何一个相结合，特别是“两个相结合”的整体性把握，一人一时乃至一生都会做不完，是一个无止境的、赖人开拓的学术园地，因而这个重要理论课题的研究，需要众多学者们同心打造协作平台、形成团队攻关，亦或学者们之间要构建起一支专门的有机合力的生力军。我深信，有志的学界同仁们一定会在这个重要理论课题的研究中作出可观成绩来，使之形成一个马克思主义中国化时代化进程中“两个相结合”的全新生长点、全新学术园地。

前　　言

本书大部分内容为我的硕士、博士学位论文。从攻读硕士开始，我就对马克思主义的交往理论产生了浓厚的兴趣，做硕士学位论文我毫不犹豫地选择了马克思交往理论，但由于本人学识有限，对其研究不够深入，故博士学位论文我义无反顾地再次选择了这一主题，其研究的内容更加深入，范围更加广泛。

本书主要通过深入研究马克思主义分工、交往与和谐理论及其相互关系，立足于当前构建和谐社会实际，从社会有机体的主客体等方面出发，去分析这些主客体是怎样通过分工，在交往的基础上力求达到和谐的相互作用或良性互动是根本，这是基于实践及其思维方式之使然。开展马克思主义哲学原理研究特别是历史唯物主义理论研究是为了学以致用，更好地指导中国特色社会主义建设这一实践活动。当前中国特色社会主义进入新时代，而我们面对的是百年未有之大变局。通过对分工、交往与构建社会和谐的这种动态关系的研究，不仅为我们分析、解决当前构建社会主义和谐社会中遇到的问题提供科学的理论依据和行动指南，还为实现第二个百年奋斗目标以及中华民族伟大复兴提供科学的理论指导和行动方针。

第一部分，对分工、交往与和谐理论的国内外研究现状进行了梳理与简要评价。作者查阅大量的文献资料发现，虽然从20世纪80年代起，分工、交往与和谐引起国内外学者的高度关注，很多学者对其进行过研究，但是对于三者的关系，他们进行研究的不多。而这三者的关系，不仅对于历史唯物主义理论的科学发展具有重要的理论意义，而且对于当前人类社会发展特别是社会主义和谐社会的构建具有重要的实践意义。但遗憾的是，目前关于以这一结构为取向的理论研究甚少，这正是本书研究的目的所在。

第二部分，对分工、交往与和谐三个基本理论进行阐释。主要从分工、交往与和谐三个范畴的内涵释义、形成过程、类型及其地位与作用等方面进行述要。本章节内容主要立足于马克思恩格斯文本中关于分工、交往与和谐的基本观点和内容，联系当前构建社会主义和谐社会的实践活动进行论述。

第三部分，阐明分工、交往与和谐的辩证关系及其理论地位。实践观点是马克思主义哲学首要的和基本的观点，它对于把握分工、交往与和谐三者的辩证关系起着重要作用。这一章节主要从实践的基础出发，从三个方面对三个范畴的关系进行了论述：一是分工、交往与和谐的区别与联系。二是分工、交往与和谐的辩证关系（分工是交往与和谐的前提；交往是分工与和谐的中介；和谐是分工与交往的归宿）。三是分工、交往与和谐理论条链的理论地位。主要阐述分工、交往与和谐理论在马克思主义三个组成部分即历史唯物主义、政治经济学和科学社会主义等中的理论地位。

第四部分，从主体视野阐明分工、交往与构建和谐社会的实践。这里的主体主要包括个人、家庭、集体、民族和国家、世界等方面。本章的内容涉及个人、家庭、集体、民族和国家、世界等视野下的分工、交往对构建和谐社会的实践。包括个人、家庭、集体、民族和国家、世界等视野下的分工、交往对构建和谐社会的正负影响以及每个人的自由全面发展、和睦家庭的实现、先进集体的形成、和谐民族关系的建立和国家富强的实现、和谐世界的构建等怎样与分工、交往、和谐实现内在统一。

第五部分，从客体视野阐述分工、交往与构建和谐社会的实践。这里的客体囊括了人口因素与自然环境、生产方式、社会政治结构、社会意识、社会民生等方面。本章的内容包括：人口因素与自然环境、生产方式、社会政治结构、社会意识、社会民生视野下的分工、交往与构建和谐社会的实践。它包括人口因素与自然环境、生产方式、社会政治结构、社会意识、社会民生等方面下的分工、交往对构建和谐社会的正负影响，以及科学合理的人口因素与优美的自然环境的实现、优化生产方式的实现、健全社会政治结构的实现、先进社会意识的实现、和谐社会民生的实现等怎样与分工、交往、和谐实现内在统一。

第六部分，结束语。本部分的内容把马克思主义视阈下的分工、交往、和谐与当前中国社会主义核心价值观的培育和践行联系起来进行阐明。主要包括分工、交往、和谐与公民富强观、民主观、文明观、和谐观的培育与践行，分工、交往、和谐与公民自由观、平等观、公正观、法治观的培育与践行，分工、交往、和谐与公民爱国观、敬业观、诚信观、友善观的培育与践行三个方面。

目　录

第一章　绪论

第一节　本书的选题依据、研究意义和创新之处

在马克思开创的历史唯物主义理论体系中，分工、交往是两个非常核心的范畴与重要内容，分工与交往本身是人类基于实践的活动方式和生存方式，它们与人类生存和发展以及人类社会历史的形成和发展，直至当代中国构建社会主义和谐社会，都有着密切而又久远的联系。

一　选题依据

国内从20世纪80年代起就有学者开始从不同角度对分工、交往进行过研究，但这些研究只是侧重于某一范畴的某一方面或某个视点来进行。和谐社会一直是人类追求的目标，21世纪之初，中国与时俱进地提出“构建社会主义和谐社会”“构建和谐亚洲”“构建和谐世界”等理念，从此有少数学者对马克思主义经典著作中的和谐思想开始了发掘与探索，特别是中国学界对和谐思想的研究如雨后春笋般进入学者们的视野。我们可以清晰地看到21世纪的马克思主义哲学走向，基于实践的历史唯物主义将成显学并得到丰富发展，中国学者正以不同取向或理论视角进行着积极探索。在全球化背景下，我国正在进行的产业结构调整与发展方式转变，面对国际国内的分工与交往研究的深入，特别是当代中国构建社会主义和谐社会战略任务的提出，分工、交往与和谐的内涵、地位、作用及其辩证关系，必将成为历史唯物主义理论探索的一个新的条链或新的生长点。从马克思主义视阈下来研究分工、交往与和谐

三个范畴或三大内容，特别是三者关系，既会在历史唯物主义理论的当代科学发展方面起着推动作用，还会在人类社会历史发展方面特别是中国特色社会主义建设方面起着重要的现实作用。这是理论与现实的必然的二重的要求，但遗憾的是，目前以这一结构为取向的理论研究很少，这正是本书所确定的研究依据与目的所在。

二 研究意义

本书研究的意义深远，不仅对马克思开创的历史唯物主义理论体系的填补圆融，还对当代中国其他哲学学科研究具有重要理论意义，特别对当代我国经济社会发展具有重要实践意义。

（一）理论意义

1. 对分工、交往、和谐三个范畴的依次厘定

通过对分工、交往、和谐三个范畴的内涵、地位、作用特别是三者内在而辩证关系的澄明，必将开拓历史唯物主义理论的一个新的条链，这将可能填补圆融马克思主义哲学原理中的某些基本理论观点的空白。当前我国学者做过很多关于分工与交往两个范畴及其关系的理论研究，但是很少将两个范畴与和谐范畴联结起来进行理论研究，特别是对于三者之间内在的辩证关系进行理论研究的极少。笔者主要依据马克思主义经典文本，运用实践思维方式，在我国及西方马克思主义学者已有探索的前提下，把分工、交往、和谐及其内在的辩证关系的理论作为历史唯物主义理论条链做些研究，以此开拓学科新视野。

2. 对分工、交往、和谐三个范畴各个方面已有的研究进行梳理

在一定程度上展示马克思开创的历史唯物主义的丰富内容。国内外学者对三个范畴从各个方面进行过研究，但对这三个范畴进行全面阐述则是稀缺的，有的只是从某一范畴的基本内容或意义进行阐述，有的是从其历史渊源、形成过程进行阐述。笔者运用实践思维方式，本着理论与实践相统一的原则，从整体上全方位地阐发自己研究的一些心得，侧重于从这一新的理论条链的视角来对其各个不同方面进行阐述。

（二）实践意义

马克思主义认为：人们认识世界是为了改变世界。这里所言的改变世界理应包括改变自然对象、改变社会对象这个客体系列，同时又是改

变个人、家庭、集体、民族和国家及世界的成员这个主体系列，特别是这些主体通过分工，在交往的基础上力求达到和谐的相互作用或良性互动是根本，这是基于实践及其思维方式之使然。开展马克思主义哲学原理研究特别是历史唯物主义理论研究是为了学以致用，更好地指导中国特色社会主义建设特别是构建和谐社会这一实践活动。笔者从主体方面：个人、家庭、集体、民族和国家及世界等方面来研究以分工为基点，通过各种形式的分工、交往，他们是怎样力求达到和谐的，是如何促进社会主义和谐社会的构建；笔者从客体方面：人口因素与自然环境、生产方式、社会政治结构、社会意识、社会民生等方面来研究以分工为基点，通过各种形式的分工、交往，看其是怎样达到和谐的，是如何促进社会主义和谐社会构建的。

希望通过研究马克思主义分工、交往与和谐之间辩证关系的理论，联系我党提出的构建社会主义和谐社会，能为当前的实践活动提供方法论指导和现实性启迪。当代世界处于百年未有之大变局，我们应该以马克思主义理论为导向，在发展社会生产力的基础上，建立科学的社会分工，实现有序的社会交往，逐步消除不科学的、旧式的社会分工，同时积极参与全方位的国内与世界性的交往，只有这样才能更好地吸收国内经验并借鉴当代人类世界一切文明成果，使我国步入全面构建社会主义和谐社会的新境界，为实现第二个百年奋斗目标和中华民族伟大复兴的“中国梦”提供理论正能量。

三　创新之处

（一）选题创新

马克思主义视阈下的分工、交往与和谐这个选题，把它们作为历史唯物主义理论的一个新的条链，这在国内目前还没有学者进行专门研究，而且又将这个理论条链紧紧结合当前我国提出的构建社会主义和谐社会的战略目标来进行研究。

（二）观点创新

本书基于马克思主义视阈来阐释分工、交往、和谐问题，运用实践思维方式来分别厘定分工、交往、和谐三个范畴的内涵、内容、形式以及三者的辩证关系的阐述（分工是交往与和谐的前提；交往是分工与和谐的纽带；和谐是分工与交往的归宿），特别是对三者在社会存在中的地位与作用的阐述，这是开拓学科探究的新视野，以此试图填补圆融马克思开创的历史唯物主义理论体系的某种理论空白。

（三）综合创新

从主体视野来探讨分工、交往与构建和谐社会，分别从个人、家庭、集体、民族和国家及世界等视角来探讨其所带来的正负影响及其路径选择。从客体视野来探讨分工、交往与构建和谐社会，分别从人口因素与自然环境、生产方式、社会政治结构、社会意识、社会民生等视角来探讨其所带来的正负影响及其路径选择。虽然也有个别学者进行过零星的研究，但所研究的对象不管是主体因素还是客体因素的视野都不够全面，视角都未能细化。另外，本书把人口因素与自然环境、生产方式、社会政治结构和社会意识形态分别从社会有机体的前提性层次、基础性层次、上层性层次、观念性层次等分层进行阐述。本书在结束语部分联系当前社会实际，把马克思主义视阈下的分工、交往、和谐与当代中国社会主义核心价值观的培育和践行联系起来进行阐明。

第二节　国内外对分工、交往与和谐理论的研究现状

由于目前还没有学者从马克思主义视阈下将分工、交往与和谐三个范畴及三者关系作为研究课题，所以本综述只能分别介述与评价国内外关于马克思主义视阈下的分工、交往、和谐三个方面的研究现状。

一　国内外对分工理论的研究现状

（一）国外学者对分工理论的研究现状

人类活动的分工具有悠久的历史，然而关于分工理论的研究则比此要晚得多，对此可以追溯到古希腊奴隶制时代的思想家。柏拉图是古希腊的大哲学家，他在《理想国》中阐述了有关理想国家的社会和谐的内涵。柏拉图认为城邦起源于社会分工，分工是城邦产生的动力因素。人类的生存首先要满足基本的物质生活资料，这种需要是多方面的，由于

"我们每一个人不能单靠自己达到自足，我们需要很多东西"①。但是人天生的才能是单一的，为了满足人自身的生存，居住在同一城邦的人按自己的性格进行社会分工，"只要每个人在恰当的时候干适合他性格的工作，放弃其它的事情，专搞一行，这样就会每种东西都生产得又多又好"②。柏拉图根据劳动者的天赋和性格不同来进行社会分工，人的天赋才能千差万别，性格迥异，每个人只有从事最适合他的工作才能做到最好，这样城邦才能健康和谐发展。因为"我们的人既非兼才，亦非多才，每个人只能做一件事件"③。柏拉图有关理想国家的社会和谐的核心思想就是提倡社会应该有准确、细化的分工，这种分工强调的是建立在社会等级基础上，而且是建立在"经验论"的基础上，他还不可能解释分工产生的真正原因。

古希腊思想家色诺芬对分工理论的研究。他认为，有效合理的分工是解决家庭财务管理和持续增长的物质财富的重要方式。男女结合在一起是神聪明的安排，这也促使他们结成更和谐的合作关系。先天的生理差别造就了男女之间生产劳动分工的不同，神赋予了男人更多不同于女人的能力。"神使男人的身心更能耐寒耐热，能够忍受旅途和远征的跋涉，所以让他们做室外的工作。而女人呢，由于他使她们的身体对于这种事情的忍耐力较差，所以，我认为，他就让她们做室内的工作。"④ 根据男女的自然特性的不同赋予了不同的分工。他指出，一个人能力的有限性也是分工标准，一个人很难去熟悉和精通一切技艺，不能变成精通一切技艺的行家。在经济学说史上，色诺芬在一定程度上意识到这样的分工取决于市场需求的界限，同样分工能带来经济效率的变化，这就是从分工的经济学角度来谈的。从哲学角度看，一个人的能力的有限性能说明经济分工的必要性，去寻求人的存在与在基础之上的经济分工的联系，这就是色诺芬的一种经济哲学思想。此外，色诺芬反对不利于身体

---

① ［希］柏拉图：《理想国》，郭斌和、张竹明译，商务印书馆 2020 年版，第 58 页。

② ［希］柏拉图：《理想国》，郭斌和、张竹明译，商务印书馆 2020 年版，第 60 页。

③ ［希］柏拉图：《理想国》，郭斌和、张竹明译，商务印书馆 2020 年版，第 103—104 页。

④ ［希］色诺芬：《经济论雅典的收入》，张伯健、陆大年译，商务印书馆 1981 年版，第 24 页。

及心智健康的分工，这就是从人的角度看待经济分工，是一种重要的经济人学思想。他还相当重视人的品行在经济分工方面的作用，也注意到个人利益是与之密切相关的。①

在近代资本主义社会，资产阶级古典经济学家亚当·斯密在其著作《国民财富的性质和原因的分析》中比较充分地阐述过分工思想。他认为分工起源于人类最初的交换意识（物质与物质的交换过程存在着人与人的交往），人们才能的差异主要来自分工的分类，引起分工的受限制以及分工带来的弊端等结果。斯密还发现财富增长的原因在于劳动分工。"劳动生产力上最大的增进，以及运用劳动时所表现得更大的熟练、技巧和判断力，似乎都是分工的结果。"② 分工让整个社会变成一个相互依赖的机体，社会因分化而结合在一起。分工的结果会自然产生各种职业的分化，产生劳动阶层和非劳动阶层，产生穷人和富人。③ 斯密还分析了分工引起交往以及社会的形成，"分工已经完全确立，一个人自己劳动的生产物便只能满足自己欲望的极小部分。他的大部分欲望，须用自己消费不了的剩余劳动生产物，交换自己所需要的别人劳动生产物的剩余部分来满足。于是一切人都依赖交换而生活，或者说，在一定程度上，一切人都成为商人，而社会本身，严格地说，也成为商业社会"④。

法国资产阶级政治经济学家萨伊认为："分工是对人力的巧妙运用；分工可以增加社会产品、社会威力和社会享受，但是它剥夺、降低每一单个人的能力。"⑤ 马克思对其分工思想评价说："最后这个意见是萨伊的一个进步。"⑥ 斯卡尔培克在论述人的生产过程中论涉到分工，他指

---

① 姜汇泳：《色诺芬的经济哲学思想及其当代启示》，《河南科技学院学报》2019年第3期。

② ［英］亚当·斯密：《国民财富的性质和原因的分析》，郭大力、王亚南译，商务印书馆2019年版，第3页。

③ 康子兴：《亚当·斯密论商业社会的"财富"与"正义"》，《浙江社会科学》2014年第4期。

④ ［英］亚当·斯密：《国民财富的性质和原因的分析》，郭大力、王亚南译，商务印书馆2019年版，第19页。

⑤ 《马克思恩格斯文集》第1卷，人民出版社2009年版，第238页。

⑥ 《马克思恩格斯文集》第1卷，人民出版社2009年版，第240页。

出："人生来就有的力量：他的智力和他从事劳动的身体素质。而来源于社会状态的力量，则在于分工的能力和在不同的人中间分配不同工作的能力……在于交换相互服务和交换那些构成生活资料的产品的能力。"① 穆勒认为："人们在使用劳力和机器时常常发现，把彼此妨碍的操作分开并把一切能以某种方式相辅相成的操作结合起来，通过这样巧妙的分配，就可以加强效果。……尽可能地限制每个人的操作项目，总是有利的。"② 穆勒已经认识到了分工可以推动生产力的发展。法国现代社会理论家涂尔干为研究道德的基本问题和促进社会道德基础的加强，涂尔干 1893 年写下了不朽著作——《社会分工论》。他认为："分工不仅变成了社会团结的主要源泉，同时也变成了道德秩序的基础。"③ 需要指明的是：一方面，当亚当·斯密把分工同交换联系起来加以阐发时，内在地联系到了交往，即物质交换背后的人与人的交往；另一方面，当涂尔干把分工思想同社会稳定、社会和谐联系起来加以阐发时，这就十分明显地显示出他认识到了分工与和谐的内在联系。

（二）国内学者对分工理论的研究现状

对于马克思主义分工理论，我国学者主要从历史唯物主义视角进行了研究，这里不以研究的纵向分阶段来介述，而以横向问题即论涉分工概念的厘定、分工的本质、分工的形式、分工的理论源出等多个视角，将其研究现状做简述。

1. 分工概念的厘定

对于分工的概念，国内学者根据马克思恩格斯的著作对其有自己的解读。徐国民认为："分工就是社会总体劳动被分解成不同种类、不同方式的劳动。"④ 徐国民主张分工就是社会分工，在马克思恩格斯著作中，社会分工的概念有广义和狭义之分。从广义上来说，社会分工是人类劳动的社会存在形式，贯穿于人类一切社会经济形态中，是人类实践活动的具体表现。这是关于分工概念比较全面的解读。关于分工的概

① 《马克思恩格斯文集》第 1 卷，人民出版社 2009 年版，第 239 页。

② 《马克思恩格斯文集》第 1 卷，人民出版社 2009 年版，第 239 页。

③ ［法］埃米尔·涂尔干：《社会分工论》，渠东译，生活·读书·新知三联书店 2000 年版，第 359 页。

④ 徐国民：《马克思"消灭分工"论断的内涵解读》，《求实》2010 年第 5 期。

念，曹蓓蓓从不同的视野出发，她指出，柏拉图和亚当·斯密，他们从抽象的模式去界定分工的概念，对分工的理解局限于理性范式之中。而马克思认为，分工不再是一个抽象概念，而是立足在感性活动基础之上，感性对象性活动原则是理解马克思分工思想的前提，分工是“现实的个人”之间的分工，分工和社会权力的产生有着本质的必然的联系[①]。持有相同观点的张震红在《马克思对国民经济学“分工”概念的批判与超越》中指出：国民经济学分别从经济学和伦理学两个维度揭示“分工”概念的两重内涵，一是分工能促进生产力发展，二是分工又能促进共同体的形成。马克思对其观点进行扬弃，他认为“分工”概念还有第三重内涵，也是最核心的，即人与人之间的权力关系，招致人与人之间的矛盾、斗争，从而揭示了资本主义社会自我否定、自我灭亡的历史必然性。[②]

2. 分工本质的阐释

关于分工的本质目前学界可谓众说纷纭，没有统一的标准。鲁品越认为，分工是生产力，“分工和协作等等，属于生产力范畴，也非生产关系”[③]。张闻天认为，分工是生产关系，是“人与人在生产中的分工和协作关系，是一种生产关系，但这是直接表现生产力的生产关系（或者可以说是生产关系的物质生产方面）”[④]，杨琪、吴练达也认为分工同属于生产关系。周志山指出，分工是生产力与生产关系的中介，主张“分工是生产力和生产关系的联结纽带，它兼有生产力和生产关系的双重属性”[⑤]，即分工不仅具有生产力的属性，还具有生产关系的属性，分工的这种“双重属性”又凸显了分工的“中介”地位，王虎学、李丕荣也持此观点。刘笑菊将分工在本质上描述为异化劳动的感性存在方式，认为人越来越被“物化”、“异化”，从而提出了“消灭分工”这一著名论

---

① 曹蓓蓓：《马克思哲学中分工概念的感性基础阐释》，《淮海工学院学报》（人文社会科学版）2016 年第 9 期。

② 张震红：《马克思对国民经济学“分工”概念的批判与超越》，《人民论坛》2019 年第 24 期。

③ 鲁品越：《生产关系理论的当代重构》，《中国社会科学》2001 年第 1 期。

④ 张闻天：《关于生产关系的两重性问题》，《当代思潮》1995 年第 2 期。

⑤ 周志山：《马克思分工理论的社会关系分析向度》，《理论探讨》2003 年第 6 期。

断。“消灭分工”从根本上说是要消灭私有制和资本主义社会不合理的、旧式的分工，而这只能在生产力高度发展的共产主义社会才能实现。[①]关于马克思的“消灭分工”思想，王虎学在《马克思“消灭分工”的真实意蕴》一文中指出，“消灭分工”并不是要消灭一切分工或取消“分工”本身存在的合理性。“消灭分工”实质上是消灭旧式分工代之以新式分工，消灭自发分工代之以自觉分工，消灭的是劳动者之间不合理的分工而不是劳动分工。最后指出，“消灭分工”必须以生产力的高度发展为实现条件。[②]葛浩阳把马克思的“消灭分工”思想与人的全面发展联系起来，撰写了《人的全面发展与分工的消灭——“消灭分工”理论再理解》。他认为，人的全面发展离不开其所在社会生产关系中的分工状况。只有在生产力高度发展的共产主义社会，“消灭分工”即消灭非自愿的劳动分工，让劳动成为自主自觉的活动，人自由而全面的发展才得以实现。其实现的具体途径就是阶级矛盾日益尖锐不可调和，引发无产阶级革命，最后建立无产阶级专政。[③]陈光林、张云霞从技术、历史、价值三个维度阐述了马克思分工理论发展的规律及其历史影响和作用机制。他们认为，分工是劳动的社会存在形式，分工的本质不在于划分，而在于结合。阐述了分工产生的前提，即人的集合和生产资料的集中；指明了分工发展的方向，自然分工—自发分工—自觉分工；说明了分工是特定历史阶段发展的产物。[④]孙杨、冯建华将马克思分工理论的发展概括为“主体”与“客体”两重维度，哲学批判时期对应着分工的主体向度，政治经济学批判时期对应着分工的客体维度。[⑤]

3. 分工的形成、纵向形式和横向类型

关于马克思分工思想的来源，王虎学、万资姿对其进行追根溯源，

---

① 刘笑菊：《马克思分工理论视角下的科学发展观》，《湖南第一师范学报》2007 年第 3 期。

② 王虎学：《马克思“消灭分工”的真实意蕴》，《中共福建省委党校学报》2016 年第 6 期。

③ 葛浩阳：《人的全面发展与分工的消灭——“消灭分工”理论再理解》，《改革与战略》2016 年第 2 期。

④ 陈光林、张云霞：《从三个维度谈马克思分工理论》，《社科纵横》2020 年第 11 期。

⑤ 孙杨、冯建华：《马克思分工理论的两重维度——兼论人工智能分工与人的解放》，《浙江理工大学学报》（社会科学版）2021 年第 1 期。

他们认为，马克思分工思想是对前人思想成果的一种批判的继承。以柏拉图为代表的古典古代思想家的天才创见是马克思研究分工的出发点；亚当·斯密对分工问题进行了深入的分析，为马克思分析分工奠定了理论基础。[①] 他们还发现马克思的“消灭分工”理论也是在继承空想社会主义者的成果上提出的，空想社会主义者认识到了分工在资本主义条件下引发的矛盾与问题并率先提出了“消灭分工”这一天才设想；而马克思从他们那里获得其阐述分工的重要方法论启示。[②] 王虎学、万资姿还指出，马克思最初有关分工的论述都是在异化这一观点下进行的，如马克思在探究异化劳动的根源时发现了分工；而后在对国民经济学的批判中阐明了分工的本质，所以异化构成了马克思分工思想初始论域[③]。王磊也对马克思分工理论的来源进行了探究。马克思社会分工理论来源于古典政治经济学家、近代资产阶级经济学家和空想社会主义学家的分工思想，它最早萌发于马克思中学毕业时期，形成于19世纪40年代中期，此后，这一理论逐渐走向成熟。[④] 关于分工的起源，马克思认为：“分工起初只是性行为方面的分工，后来是由于天赋（例如体力）、需要、偶然性等等才自发地或‘自然地’形成的分工。分工只是从物质劳动和精神劳动分离的时候才真正成为分工。”[⑤] 大部分学者都持此观点。关于分工纵向阶段性形成，徐国民认为，分工发展的不同阶段相对应于不同的所有制形式：第一种分工形式是与部落所有制相联系的；第二种分工形式是与古典古代的公社所有制和国家所有制相联系的；第三种分工形式是与封建的或等级的所有制相联系的；第四种分工形式是与现代私有制相联系的。[⑥] 还有的学者把分工形式划分为五种纵向式，即在与前面四种所有制之后出现的分工形式称为第五种分工形式，即与共产主义所有制相联系。关于分工的横向类型，徐国民认为：“分工有两种基本类型：

① 王虎学、万资姿：《马克思分工思想探源（上）》，《岭南学刊》2012年第5期。

② 王虎学、万资姿：《马克思分工思想探源（下）》，《岭南学刊》2012年第6期。

③ 王虎学、万资姿：《马克思分工思想的初始论域》，《江汉论坛》2013年第1期。

④ 王磊：《马克思社会分工理论的思想来源、形成轨迹与发展脉络》，《南华大学学报》（社会科学版）2013年第2期。

⑤ 《马克思恩格斯文集》第1卷，人民出版社2009年版，第534页。

⑥ 徐国民：《马克思“消灭分工”论断的内涵解读》，《求实》2010年第5期。

社会内部的分工与每个生产机构内部的分工。”[①] 崔向阳、钱书法从经济上来划分时指出：“综合起来，我们可以把分工分为社会分工和企业内分工两种基本形态。”[②] 王继红按照马克思文本从纵向与横向的结合上认为：“马克思所说的分工包括三种（三个历史阶段）：第一种是自然分工；第二种是从物质劳动和精神劳动分离起形成的分工，即社会分工，这是真正意义的分工；第三种是自愿分工，它存在于共产主义社会，与未来的产品经济相对应。”[③] 关于分工的类型，李文轩在《一个被忽视的重大问题：马克思关于两种分工的区分》中提出，马克思在《资本论》中对分工进行了明确的分类，“单就劳动本身来说，可以把社会生产分为农业、工业等大类，叫做一般的分工；把这些生产大类分为种和亚种，叫做特殊的分工；把工厂内部的分工，叫做个别的分工”[④]。马克思把一般分工和特殊分工称为社会内部的分工（以下简称社会分工），把个别分工称为工场手工业内部的分工（以下简称工场手工业分工）。他认为，马克思曾经将分工分为社会分工和工场手工业分工两种类型。[⑤]

4. 分工与私有制及人的全面发展

祝利民对分工与私有制的关系进行了阐明：由生产力决定的分工的发展状况推动了私有制的产生、发展、灭亡。还有的学者认为，生产力的发展引起了分工，而分工引发了私有制和阶级的产生。分工是由生产力决定的，生产力的发展促进私有制的产生、发展和灭亡。关于分工与人的发展，这方面的研究比较多，主要观点有：在私有制和阶级统治的社会，人的发展受限于分工发展的状况，只有大力发展生产力，消灭私有制和不合理的分工，才能实现人的全面发展。王虎学探析了马克思分工理论中的人学思想，撰写了《马克思分工思想的人学意蕴：从“分工

---

① 徐国民：《马克思“消灭分工”论断的内涵解读》，《求实》2010 年第 5 期。

② 崔向阳、钱书法：《论马克思社会分工制度理论的科学内涵及其理论贡献》，《马克思主义与现实》2010 年第 4 期。

③ 王继红：《分工与人类解放——浅析〈德意志意识形态〉中的分工思想》，《教书育人》2007 年第 27 期。

④ 《马克思恩格斯文集》第 5 卷，人民出版社 2009 年版，第 406—407 页。

⑤ 李文轩：《一个被忽视的重大问题：马克思关于两种分工的区分》，《河北青年管理干部学院学报》2017 年第 1 期。

的观点”看“人”的发展》，他认为，马克思从“分工的观点”看“人”的发展，受益于恩格斯的理论启示。[①] 关于分工与人全面发展的关系，近年来有些学者进行了拓展性的研究，如金建萍分析了马克思分工理论的必然性、合理性，并依据分工发展的历史进程，去划分人类社会所有制关系的演进，阐释了分工在社会发展和人的发展中的关键作用，特别是在社会主义和谐社会建设中对人的全面发展具有重要的理论意义和实践意义。[②] 戚杰强、韦廷柒在《马克思关于社会分工与人发展的思想》中认为，马克思的社会分工状况决定了社会中人发展的程度。即自然分工条件下，人与人之间更多是共性，而缺乏差异性，因而人是未发展的“原初状态”。自发分工条件下，人得到了片面发展，但又完全变成了物的统治工具。自觉分工条件下，劳动不再是奴役人的手段，而是解放人的手段，人实现了自由全面发展。他得出一个结论：马克思关于社会分工与人的发展遵循了辩证统一规律：人对人的依赖（人的共性）—人对物的依赖（人的片面发展、差异性）—人的自由全面发展(差异性的统一)。[③] 劳文燕的《马克思与柏拉图分工理论中人的发展思想之比较研究》，从研究方式和研究内容等方面，对马克思分工理论与柏拉图分工理论中关于人的发展思想进行了比较，其视角和内容都比较新颖。[④] 刘旭雯立足于当前社会发展的实际，在《人工智能视阈下的分工与人的全面发展——对马克思分工理论的思考》中提出，未来人工智能的发展将带来社会生产力的高度发达、促进人自由全面的发展、推动资本主义社会向共产主义社会迈进。[⑤] 陈光林、张云霞认为，分工在资本主义的发展绝不是社会发展的正常现象，而是作为社会发展的一种失

---

① 王虎学：《马克思分工思想的人学意蕴：从“分工的观点”看“人”的发展》，《哲学动态》2011 年第 4 期。

② 金建萍：《马克思社会分工理论与人的全面发展》，《北京航空航天大学学报》（社会科学版）2011 年第 4 期。

③ 戚杰强、韦廷柒：《马克思关于社会分工与人发展的思想》，《改革与战略》2015 年第 7 期。

④ 劳文燕：《马克思与柏拉图分工理论中人的发展思想之比较研究》，《哈尔滨学院学报》2019 年第 5 期。

⑤ 刘旭雯：《人工智能视阈下的分工与人的全面发展——对马克思分工理论的思考》，《社会主义研究》2019 年第 4 期。

范性的现象存在，人的缩小发展正是由于资本主义私有制和分配关系的不均造成的，若想重新实现人的全面发展，就要“消灭分工”，建立自由、全面的新式分工。他们还分析了马克思消灭分工的真正内涵，一是消灭旧式分工，建立新式分工；二是消灭自发分工，建立自觉分工；三是消灭劳动者分工，建立劳动分工。① 孙杨、冯建华阐述了人工智能分工对人的发展的双重影响。

5. 分工的意义

关于分工的意义，主要有两方面：一是分工在马克思主义理论特别是在开创唯物主义历史观中的意义。主要通过分析分工与生产力、分工与所有制形式、分工与阶级和国家的产生、分工的“消灭”与共产主义社会的实现等方面来构建唯物主义历史观。二是分工的当代实践意义，主要通过提高社会生产力，消灭“旧式分工”，推动人的全面发展和社会的发展，用马克思社会分工引导当前社会主义和谐社会的构建，解决社会主义建设中出现的新情况，主要是将马克思分工理论与当前中国经济建设相联系，进行研究。如王磊指出，马克思《德意志意识形态》中分工理论的核心思想包括：分工与生产力、生产关系的思想，分工与阶级、国家的思想和分工与人的全面发展的思想。这三个重要思想具有深刻的当代启示：只有大力发展生产力，努力调整、改善生产关系和注重人的全面发展，才能够实现分工的全面、和谐、科学的发展，进而推动建设中国特色社会主义的伟大实践。② 张景娜、及洋从马克思分工理论出发去分析我国“京津冀一体化”发展战略制定的必要性和科学性，以及带来的积极效应和消极效应。③ 周璐的《马克思分工理论与我国城乡二元结构》，针对当前我国出现的城乡差距问题，作者用马克思分工理论去分析它、解决它，为实现城乡一体化提供科学的理论支撑和方法途径。④

---

① 陈光林、张云霞：《从三个维度谈马克思分工理论》，《社科纵横》2020 年第 11 期。

② 王磊：《马克思恩格斯〈德意志意识形态〉中分工理论的核心思想与当代启示》，《学术论坛》2013 年第 8 期。

③ 张景娜、及洋：《“京津冀一体化”政策分析及启示——以马克思分工理论的视角》，《商》2015 年第 15 期。

④ 周璐：《马克思分工理论与我国城乡二元结构》，《济源职业技术学院学报》2016 年第 3 期。

官晓菲主要从国际视野出发，将马克思分工理论对“一带一路”倡议进行分析，他认为，“一带一路”倡议是对马克思分工理论和新型国际分工的继承与发展，为“一带一路”倡议以后的发展提供了理论基础和行动指南。[①] 党的十九大报告提出了中国发展新的历史方位——中国特色社会主义进入了新时代。单宗玥紧密联系中国国情，撰写了《马克思分工思想及其新时代意蕴》一文，强调了新时代的社会发展和马克思分工思想在原理上的相通。[②] 马德隆、许正中主要通过分工理论解读马克思的产业融合思想，进而分析对数字融合的适用性，对于丰富和拓展马克思主义政治经济学、寻求数字经济政策的理论支点具有重要意义。[③] 李亚楠主要基于马克思分工理论来解读当前中国社会主要矛盾，并探析用它去解决新时代的主要矛盾的路径。[④] 邓永波运用马克思分工协作理论，通过产业重构来解决当前我国产业结构问题。[⑤] 余金成将马克思分工理论与社会主义市场经济联系起来进行研究，一是使分工助推生产力发展机制从自发性转变为自觉性，即从侧重生产资料转变为侧重劳动者，开创了经济发展新路径；二是使脑体分工社会形态从对抗性转变为合作性，即从阶级斗争转变为以经济建设为中心，确立了阶级消灭新模式；三是使消除分工限制的条件从客体性转变为主体性，即从自由转换分工岗位转变为劳动者脑力化，预设了共产主义新前提。[⑥] 于阳阳主要分析了马克思分工理论在当代发展，即对国际分工大变革下中国产业转型升级；企业生产组织方式由标准化向定制化转型、产业融合趋势增强成为新的产业形态。[⑦]

笔者查阅到关于研究马克思分工理论的硕士、博士研究生论文达到

① 官晓菲：《马克思分工理论与“一带一路”倡议科学性探究》，《文教资料》2018 年第 11 期。

② 单宗玥：《马克思分工思想及其新时代意蕴》，《人民论坛》2019 年第 33 期。

③ 马德隆、许正中：《马克思分工理论与数字时代产业融合》，《经济学家》2023 年第 1 期。

④ 李亚楠：《马克思分工理论视域下中国社会主要矛盾探析》，《学理论》2021 年第 9 期。

⑤ 邓永波：《马克思分工理论与产业重构研究》，《社会科学辑刊》2019 年第 6 期。

⑥ 余金成：《马克思分工理论与社会主义市场经济的创新发展》，《学习论坛》2022 年第 6 期。

⑦ 于阳阳：《马克思分工理论的历史演进及其当代发展》，《上海市经济管理干部学院学报》2022 年第 6 期。

88篇，他们主要立足马克思的著作《德意志意识形态》《哲学的贫困》《资本论》，一般从分工的理论来源、分工的内容、分工的启示、意义以及在当代社会的联系运用等这些方面去研究马克思分工理论。在国内外召开的关于马克思分工理论的专题会议后，撰写的文章有12篇，主要以马克思主义分工理论为核心，联系当前国外热点、焦点问题进行研究，具有时代性和代表性。另外，《中国社会科学报》曾经三次对马克思分工理论进行研究，分别是甄喜善的《运用马克思分工理论推进改革建设事业》，发表于2014年12月29日；朱燕的《马克思分工理论视角下的资本主义经济全球化》，发表于2017年8月31日；王祥的《将唯物史观运用于时代》，发表于2021年12月30日。

二 国内外对交往理论的研究现状

交往理论是马克思开创唯物主义历史观的重要内容之一，随着社会的发展，交往问题日益凸显其重要性，在时代的实践要求和具体的理论背景下，国内外学者对交往思想给予了很大的关注。

（一）国外学者对交往理论的研究现状

国外对交往理论的研究比国内要早，像胡塞尔、舍勒、雅斯贝斯、哈贝马斯等都对交往理论直接或间接有所研究。胡塞尔1913年提出"生活世界"思想，他认为作为一个单个的人生活在这个世界中，他们不是绝对存在的而是相互交流的，因此这个世界也称为"交互主体性"世界。舍勒在他晚年的讲课稿《人在宇宙中的地位》中提出"人是什么"及"人在存有中的地位是怎样的"？他认为，人并不是孤立的存在者，而与其他的人和物乃至世界共同存在。雅斯贝斯于1950年所著的《哲学导论》，在探讨哲学的起源时，他提出："哲学的基本立场，它植根于对欠缺交往的震惊，植根于对真切交往的渴求与相爱斗争的可能性中，这种斗争把自我存在与自我存在在深度上联结起来。所以：哲学起源虽然在于惊奇、在于怀疑、在于体验临界情境，但最终，这一切笼而统之，在于趋向本真交往的意志。"① 雅斯贝斯把交往看作哲学的基本立

① ［德］卡尔·雅斯贝斯：《雅斯贝斯文集》，朱更生译，青海人民出版社2003年版，第12页。

场、最终起源，他深刻地表达了交往的作用和意义。

苏联哲学家 Л. П. 布也娃 1978 年著《人：活动和交往》，她是国外专门研究交往理论中较早的学者。本书主要阐明：同活动一样，交往是社会和个人形成、发展的必要的和普遍的条件。[①] 社会关系带有无个性的性质，而交往则是社会关系的具体化，是其人格化和个性化形成。一方面，社会关系的具体历史类型决定了交往的形式，为交往提供了内容和方向。另一方面，社会关系并非存在于交往之外。[②]

德国著名哲学家哈贝马斯对于交往理论的研究影响最大、最深，他所著的《交往与社会进化》由徐崇温主编，张博树译出，重庆出版社 1989 年出版。哈贝马斯把交往看作现代社会行动合理性与社会合理化的前提。他认为，社会交往以一定的形式成为社会发展的新动力，社会交往不仅是现存发展方式在生产过程中的动力，也是社会发展模式改革的动力。哈贝马斯的另一著作《交往行动理论》由徐崇温主编，洪佩郁、蔺青译出，重庆出版社 1994 年出版。本书分两卷，第一卷：行动的合理性和社会合理化；第二卷：论功能主义理性批判。全书在吸收当代西方的社会理论、语言哲学理论、社会科学一般方法论及批判理论等大量思想成果的基础上，对其加以剖析、剥奕、批驳、汲取，围绕行动的合理性和社会合理化问题，阐释交往行动这一基本范畴，搭建交往行动理论的框架。哈贝马斯以社会交往理论重建历史唯物主义，认为交往理论的一个关键问题是论证交往规则的普遍有效性，“理想的交往行为”是在没有任何强制条件下的平等、自由的对话的境界。

德国哲学家伽达默尔在《交谈无能》中谈到了交往，主要是语言交往。即“如果两个人彼此相遇并且相互交流，那么这似乎经常是两个人世界、两种世界眼光、两种世界观的相互趋近。一个人的思想，如果不同时与别人的思想保持一致，那么这个思想的连贯性就会缺乏强大的力量。什么是交谈？我们就此考虑到，肯定是人类相互之间发生的一种过程——人类虽然有各式各样的表现及其潜在的无限性，但仍拥有某种独

① 中国现代外国哲学学会：《现代外国哲学》第 3 卷，人民出版社 1983 年版，第 202 页。

② 中国现代外国哲学学会：《现代外国哲学》第 3 卷，人民出版社 1983 年版，第 203 页。

特的统一和团结”①。

（二）国内学者对交往理论的研究现状

我国关于交往理论研究开始于20世纪80年代。周国平1983年摘译了苏联哲学家Л. П. 布也娃《人：活动和交往》一书中的内容并发表在《马克思主义研究参考资料》1983年第15期。同年选编入由人民出版社出版，中国现代外国哲学学会主编的《现代外国哲学》第3卷，周国平还简介了《人：活动和交往》一书。他主要阐述了：“同活动一样，交往是社会和个人形成和发展的必要的和普遍的条件。”② “社会关系带有无个性的性质，而交往则是社会关系的具体化，是其人格化和个性化形成。一方面，社会关系的具体历史类型决定了交往的形式，为交往提供了内容和方向。另一方面社会关系并非存在于交往之外。”③ 因此马克思认为交往形式的普遍化、交往领域的世界化和交往内容的全面化是共产主义实现的必要前提之一。学界认为周国平可以说是国内较早涉入社会交往的学者，但是国内真正较早对社会交往理论进行研究的是学界比较熟悉的人学专家袁贵仁。他的著作《人的哲学》由工人出版社1987年出版，此书的第9章第3节论述了活动和交往。他认为“交往本身就是人的一种横断性活动。人类的一切活动必须以人们的交往为前提。所谓交往活动，主要是指人们为了实现其社会关系和社会联系而进行的相互影响、彼此沟通、互相确认的活动。交往还是人的活动的一个侧面，交往和活动是统一的”④。袁贵仁虽然论涉到社会交往理论，但他主要是从人学角度去论证的。较早对马克思交往理论进行研究的还有王玉坚，其《交往——历史唯物主义的重要范畴：学习〈德意志意识形态〉》一文，发表在《广西党校学报》1988年第4期。

1. 国内研究交往理论的第一次高潮

经过10年的探索，到20世纪90年代初，随着实践和主体性问题讨论的逐步深入，国内掀起了研究交往理论的第一次高潮，这与我国改革开放的大背景特别是解放思想理念的提出密切相连。这一时期主要是研

① 严平：《伽达默尔集》，邓安庆译，上海远东出版社1997年版，第187页。
② 中国现代外国哲学学会：《现代外国哲学》第3卷，人民出版社1983年版，第202页。
③ 中国现代外国哲学学会：《现代外国哲学》第3卷，人民出版社1983年版，第203页。
④ 袁贵仁：《人的哲学》，工人出版社1987年版，第262页。

究交往、实践与主体性问题，在 1991 年、1992 年有些重要期刊还开设了交往理论的专栏，如《哲学研究》就开设了《实践、交往与主体性问题》这一专栏，发表了一系列的论文。

这一时期对交往思想的研究主要包含以下几方面内容：

关于交往的概念。笔者梳理了马克思恩格斯文本和国内外对马克思主义交往理论研究的成果，学者对于交往范畴的科学定位有不同的认识。刘刚在《论交往在社会实践系统中的地位和作用》中认为，“如果从哲学本质论的角度看，交往是作为社会主体的人或人群共同体之间相互作用的最基本方式或过程，是人们之间实现了的社会互动”①。江丹林从社会生产范畴理解交往，“交往，是指在一定历史条件下现实的个人、阶级、社会集团、国家之间互相往来、相互作用、彼此联系的活动”②。从交往与实践的基本关系上把握交往的概念方面看，“严格地说，交往是人与人之间的社会联系，它不包括人同自然的关系。在一定意义上，社会就是在人们的交往中形成的”③。钱伟量认为，“所谓实践的社会交往性就是指不同的个体或群体在一定的社会历史条件下为变革某一客体而进行的有意识的、有目的的活动的交互作用的特性”④。而“‘交往’这个概念最宽泛的含义是指实物、信息或意义的传递和共享。它包括两方面的基本内容：首先是指实物、信息或意义的异地传输、移动或转达；其次是指资源、信息或意义的分享或共享，communication 这个词本身就是从拉丁文 communis（分享）一词派生出来的”⑤。从主、客体关系来看，沈建国认为“交往是个体之间、群体之间、个体与群体之间交换其所有（占有）的物质、精神、信息等的一种活动，并在这种活动中实现相互沟通、相互影响、相互了解”⑥。这是从实体—关系范畴和活动—功能范畴来定义交往的。从交往的结构看，衣俊卿认为“所谓交往，简而言之，就是共在的主体之间的相互作用、相互交流、相互沟

① 刘刚：《论交往在社会实践系统中的地位和作用》，《哲学研究》1991 年第 11 期。
② 江丹林：《论交往实践观与唯物史观的内在联系》，《哲学研究》1992 年第 1 期。
③ 丁立群：《交往、实践与人的全面发展》，《哲学研究》1992 年第 7 期。
④ 钱伟量：《实践的交往性和休谟的怀疑主义》，《哲学研究》1992 年第 1 期。
⑤ 钱伟量：《交往・实践・交往实践》，《学术界》1993 年第 4 期。
⑥ 沈建国：《交往与人的个性发展》，《宁夏社会科学》1993 年第 3 期。

通、相互理解，这是人的基本的存在方式，它清楚地昭示了人根本区别于动物的社会性”①。

关于交往实践的概念，学者们也有不同的见解。“交往实践（马克思多用生产交往、交往方式或交往关系）主要是指相对于人与自然关系的，人与人的‘社会的物质变换’关系。”② 通过对任平文章的分析，阎献晨也提出了自己的观点，而“所谓交往实践是诸主体间通过改造相互联系的中介客体而结成社会关系的物质活动”③。而“所谓交往实践观，从其结构来说，就是指实践自身是‘主体—客体’与‘主体—主体’双重关系的统一。这一界定，不但是对下一模式内在缺陷变革的必然产物，而且也是对马克思主义经典作家原意的遵循，更是对当代人类实践发展趋势的反映”④。

从以上这些交往和交往实践的概念可看出交往强调的是主体间的关系，而交往实践侧重于主客体间的一种活动，交往实践观将交往纳入实践，将实践与社会交往关系在方式上统一起来，只能以实践思维方式合理地理解为交往实践。因而笔者认为交往是一基于实践基础上的主客体间的活动，这正是笔者所要选择的思维方式与研究视角。

交往理论与其他范畴关系。关于交往理论与其他范畴关系，这方面的研究是与交往概念的定位息息相关的。首先是交往与实践形式。一是将交往看作是实践的一种基本形式。“生产活动和交往活动作为社会实践系统的两个基本方面……是互为前提的、互为条件的。”⑤ 或者认为“生产和交往是实践活动不可分割的两个方面”⑥。“交往和生产一起构成了社会实践活动中互为前提和不可分割的两个基本方面。”⑦ 很多学者都认为交往是实践活动的基本形式，笔者也持这样的观点。实践的基本领域或类型是指内容与之相应都有其形式，其形式就是交往。二是认为

---

① 衣俊卿：《日常交往与非日常交往》，《哲学研究》1992 年第 10 期。

② 张一兵：《实践交往：人类社会主体的群际功能互动：关于一种哲学新视界的思考》，《天津社会科学》1993 年第 4 期。

③ 阎献晨：《交往实践研究述评》，《哲学动态》1993 年第 1 期。

④ 任平：《论交往实践的三重结构》，《社会科学战线》1992 年第 1 期。

⑤ 刘刚：《论交往在社会实践系统中的地位和作用》，《哲学研究》1991 年第 11 期。

⑥ 江丹林：《论交往实践观与唯物史观的内在联系》，《哲学研究》1992 年第 1 期。

⑦ 朱葆伟、李继宗：《交往・主体间性・客观性》，《哲学研究》1992 年第 2 期。

交往与实践是同一的。“凡实践均具有交往性，单一个体的孤立的活动如果脱离了特定的交往关系，就不是实践活动。从这个意义上说，‘交往实践’与‘实践’是同一概念的两种表述。”① 有的学者这样认为，即交往本身就是一种实践活动，而不是人们所认为的那样，交往是实践的一种派生关系。还有的学者认为：“从一种辩证合理的观点看，实践在本质上就是现实的交往或者说是交往的现实化。”② “将实践活动与社会交往在模式上统一起来，只能合理地界定为交往实践。”③ 任平也持这种观点。其次是交往与生产、生产力的关系。大部分学者认为，交往与生产是促进人类和人类社会存在和发展的两种最基本的实践活动，一方面交往是生产得以进行的基础条件；另一方面交往的发展促进了生产的发展。交往与生产力的关系也是辩证统一的关系。人类的交往活动还是推动物质生产力不断发展的基础；人类的交往活动同时也要受到生产力发展状况的限制。最后是交往与生产关系。生产关系与交往关系是局部与整体的关系，生产关系制约着交往，交往又是生产关系存在和发展的动力。

关于交往的类型和形式。有学者“从主体间的联系看，交往既包含着个体与个体的交往，也包含着个体与群体和社会之间的交往；同时也意指社会集团间、不同地域间、不同国家间、不同民族间的交往。从交往活动的类型看，人们的交往活动又可分为物质交往和精神交往”④。有学者认为“马克思的社会交往概念，包含物质交往和精神交往、内部交往（民族内）和外部交往（民族间）、地域性交往和世界性交往、个体性交往与普遍交往等一系列交往”⑤。有学者认为“从历史进程上划分出三种不同的物质交往形式：1. 以人的依赖关系或个人之间的统治和服从关系（自然发生的或政治性的）为基础的交往；2. 建立在交换价值基础上的一切劳动产品、能力和活动的私人交换；3. 自觉联合起来的

① 钱伟量：《交往·实践·交往实践》，《学术界》1993 年第 4 期。

② 安维复：《从交往范畴看实践与主体性》，《哲学动态》1992 年第 12 期。

③ 程金生：《交往实践：考察与认识主体性的基本视界》，《江西师范大学学报》1994 年第 4 期。

④ 林剑：《论劳动、交往、实践诸范畴及其相互关系》，《求索》1994 年第 1 期。

⑤ 范进：《马克思的社会交往理论》，《社会科学战线》1994 年第 6 期。

个人之间的自由交换”①。还有学者认为应以历史发展的过程，把交往划分为四种形式，“纯粹自发的交往形式；利益结构的交往形式；普遍物化的交往形式；真正联合的交往形式”②。也有学者主张“依据交往形式的内在规定，并参照生产方式（劳动形式）的发展，可将交往形式的历史发展过程划分为以下四个阶段：以血缘为一般性媒介的、有限的、被迫的交往形式为主要形式的阶段；以社会政治身份为一般性媒介的、有限的、被迫的交往形式为主要形式的阶段；以商品货币为一般性媒介的、普遍而又有限的、被迫的交往形式为主要形式的阶段；普遍而全面的、个人自主自觉的交往形式为主要形式的阶段”③。还有学者主张按照人的发展过程来划分交往的形态，马克思把人类交往的最起始形态称为原始的、自然的“人的依赖关系”；第二种是以物的依赖性为基础的人的独立性；第三种是理想的交往形式，即“建立在个人全面发展和他们共同的社会生产能力成为他们的社会财富这一基础上的自由个性”④。还有学者从日常交往和非日常交往划分，这种划分是非常有意义的。因为“日常交往就是日常生活领域中主体间的交往活动，而非日常交往则是非日常生活领域中主体间的交往活动”⑤。

关于交往的结构模式。对于交往的结构模式学界也存在不同的认识。张一兵认为，“主体与客体之间不存在交往关系，交往主要是指人类主体之间的特殊活动关系”⑥。很多学者都赞同这种观点。任平认为，西方国家早期殖民主义者在对外扩张时，信奉的是“主体—客体”式的交往观，随着交往的发展，它的结构也演变为“主体—客体”与“主体—主体”的统一，最后演变为“主体—客体”与“主体—客体—主体”的统一⑦。对于交往的结构模式，王南湜提出不同的看法，即主

---

① 刘奔：《交往与文化》，《中国社会科学》1996 年第 2 期。

② 李海滨：《交往的历史形式及其根据》，《哲学研究》1992 年第 8 期。

③ 刘忠世：《交往形式的历史发展阶段及其特征》，《文史哲》1995 年第 4 期。

④ 《马克思恩格斯全集》第 46 卷（上），人民出版社 1979 年版，第 104 页。

⑤ 衣俊卿：《日常交往与非日常交往》，《哲学研究》1992 年第 10 期。

⑥ 张一兵：《实践交往：人类社会主体的群际功能互动：关于一种哲学新视界的思考》，《天津社会科学》1993 年第 4 期。

⑦ 任平：《马克思主义交往实践观与主体性问题——兼评“主体—客体”两极哲学模式的缺陷》，《哲学研究》1991 年第 10 期。

体—客体；主体—客体—主体；主体—［主体—客体—主体］—客体三个层递模式，把任平的公式只作为主客体关系中的一个环节。①

关于交往的意义和作用。交往的意义和作用表现为五个方面的看法：一是交往是唯物史观产生的基本条件。主要通过阐述交往和生产、生产力、生产关系、上层建筑等的关系来进行论证。二是交往对整个社会历史发展的作用。生产力的极大发展和普遍交往的实现是人类社会历史转变为世界历史的重要动力。三是交往对未来社会形成的作用。交往的拓展是形成共产主义革命的必备条件之一。② 四是交往在人的生存和人的自由发展中的决定作用。主要是通过分工的中介，大力发展生产力和与之相应的交往形式即普遍交往，人的个性才能获得真正自由，才能实现人的自由而全面的发展。五是交往在社会实践系统中的主要功能：沟通功能；协调功能；整合功能。③ 张洪武还研究了精神交往的三种作用，一是精神交往是实现精神文化传播、保存社会精神文明成果的手段，是人类社会精神文明繁荣昌盛的前提；二是精神交往可以改造人的性格、品质、习俗、心理和生活方式，从而可以造就出新人；三是从整个精神生产、分配、消费体系来看，精神交往的作用同样是十分重大的。④

2. 国内研究交往理论的第二次高潮

20 世纪 90 年代末至今，国内掀起了研究交往理论的第二次浪潮。在全球化的背景下，交往理论的研究成为全球化时代的新主题、新视界。这一时期从多角度对马克思交往理论进行了阐释，同时把西方哲学中交往理论与马克思交往理论进行了比较研究，不但拓宽了交往理论的内容，还拓展了交往理论研究的视域。这一时期主要从以下几个视角去研究交往理论。

探究交往理论的思想渊源。贾真从马克思交往的概念出发，探讨了其理论渊源。即马克思交往理论的形成是对古希腊交往观、16—18 世纪

---

① 王南湜：《主体与客体关系的社会历史规定性——兼与任平同志商榷》，《哲学研究》1992 年第 4 期。

② 宫敬才：《简论〈德意志意识形态〉中的交往范畴》，《社会科学》1992 年第 12 期。

③ 刘刚：《论交往在社会实践系统中的地位和作用》，《哲学研究》1991 年第 11 期。

④ 张洪武：《试论精神交往的职能》，《长白学刊》1990 年第 1 期。

英国交往观、18 世纪法国交往观、18—19 世纪德国交往观批判的扬弃与合理的继承。[①] 赵仁青主要研究了马克思交往思想的理论来源。马克思交往理论是在批判地继承前人相关思想上而形成的。古典政治经济学分工与交换理论启发了马克思应该从总体上关注交往主体个人的切身利益。法国 18 世纪功利主义交往观是马克思交往理论中唯物主义的思想底蕴。德国理性主义主体性交往思想的思维方式和实践、劳动等概念的提出是马克思交往理论直接的理论来源。[②]

从文本出发研究交往理论。主要是从对《德意志意识形态》的解读中去研究马克思交往理论。首先是交往的主要内容。对于马克思交往理论的主要内容当今学者不再认为仅仅是一种主客体间的活动，李庚全对交往的内容做了全面概括：第一，交往与人类社会的关系；第二，交往与生产的关系；第三，交往产生了意识与语言，二者也推动了交往的发展；第四，资本与交往密切相关，而资本的无限扩张则成为人们交往的障碍；第五，货币作为交换的尺度，在不同共同体和民族之间的交往中有着重要意义；第六，生产力与交往形式的矛盾引发了一切历史冲突；第七，交往的一定发展产生家庭、阶级和国家，而国家消亡需要交往普遍发展；第八，共产主义是消除不合理的交往，是普遍交往的社会。还有一种从发展观的角度，揭示交往是社会发展的重要维度。其次是交往范畴的定位。对于这方面的研究学者提出了不同的观点。“因此只能将‘交往’理解为与‘生产’并列的‘实践’的子范畴，而不能将其与实践并列，更无必要生造出一个‘交往实践’范畴。”[③] 再次是交往理论的基本特征。范宝舟认为，马克思交往理论作为唯物史观的重要组成部分，具有实践性原则与社会性原则的统一、物质性原则与历史性原则的统一、价值性原则与科学性原则的统一的鲜明特征。[④] 对于马克思交往

---

① 贾真：《马克思恩格斯交往理论的含义界定及学理渊源》，《传承》2011 年第 25 期。

② 赵仁青：《马克思交往理论的思想溯源》，《沈阳工程学院学报》（社会科学版）2013 年第 4 期。

③ 王善平：《从边缘走向中心：马克思“交往”范畴的当代定位》，《湖南大学学报》（社会科学版）2002 年第 5 期。

④ 范宝舟：《论马克思交往理论的基本特征》，《武汉大学学报》（人文科学版）2003 年第 5 期。

理论的特点，李庚全归纳为两点：概括性和实践性。① 又次是交往与人的主体性。“所谓人的主体性，从某种意义上说，是人的主观能动性，即人通过实践改造自然、社会和自身的能力和特性。交往是主体之间的往来，包括物质往来和精神往来，其实质，就是人的主体性的体现。”② 这篇文章还阐释了交往对人的主体性的影响。最后是交往的社会作用。这一时期的学者除了研究交往在生产力、社会历史发展、共产主义形成中的作用外，肖菊仙、刘同舫还立足于世界经济一体化的前提下，提出了“交往是使潜在生产力转化为现实生产力的重要途径”③ 的观点。任琳认真解读《德意志意识形态》中马克思交往思想的丰富内涵和深层意蕴。同时，以现实的眼光和当代性的阐释视角来审视《德意志意识形态》中所蕴含的马克思交往思想，以及它给我们带来的新启示。④ 李婷婷从文本出发，对马克思的交往理论的形成、发展等过程进行了梳理。在《1844 年经济学哲学手稿》阶段，从“人的类本质”出发，在人本主义语境下阐述了交往思想；从《神圣家族》到《关于费尔巴哈的提纲》中的交往思想，则以追求物质利益的人为出发点；在《德意志意识形态》阶段，以“现实的个人”为出发点，在唯物主义历史观的基础上集中阐述了交往思想；在《1857—1858 年经济学手稿》和《资本论》阶段，对资本主义条件下的交往进行了更为具体、实证的分析研究。⑤ 李秋梅主要结合当今中国面临的国际和国内形势，重新解读《德意志意识形态》中的交往理论，深入地揭示交往产生的条件，并分析交往的内涵和分类以及交往的重大作用。⑥ 王苗通过深入研读《德意志意识形态》，提出马克思关于交往的论述具有内在五重维度：现实的人是交往的前提，语言是交往

---

① 李庚全：《马克思交往理论及其特点》，《中共石家庄市委党校学报》2007 年第 1 期。

② 韩燕、郑支农：《略论交往与人的主体性》，《安徽教育学院学报》（哲学社会科学版）1997 年第 3 期。

③ 肖菊仙、刘同舫：《〈德意志意识形态〉中交往理论的时代意蕴探析》，《重庆科技学院学报》（社会科学版）2009 年第 2 期。

④ 任琳：《马克思的交往思想释析：以〈德意志意识形态〉为依据》，《鲁东大学学报》（哲学社会科学版）2013 年第 3 期。

⑤ 李婷婷：《马克思交往思想的逻辑进程——基于经典文本的解读》，《前沿》2016 年第 3 期。

⑥ 李秋梅：《马克思、恩格斯〈德意志意识形态〉交往理论探究》，《南方论刊》2017 年第 6 期。

的媒介，市民社会是交往的形式，物质交往和精神交往是交往的主要内容，生产力的发展是交往的最终结果。对前提、媒介、内容、形式和结果五重维度的厘清，进一步深化对马克思交往思想的理解。[①] 王思远通过深入研究马克思文本来探析其交往理论，《德法年鉴》时期，马克思立足于青年黑格尔派的宗教批判集中批判了德国古典观念论特别是黑格尔法哲学的弊端，在《论犹太人问题》《〈黑格尔法哲学批判〉导言》等著作中实现了“从国家到市民社会”的转向，与此同时，交往理论在马克思的思想轨迹中也呈现了从精神交往向社会交往的过渡与嬗变，这促使马克思在《穆勒笔记》《1844 年经济学哲学手稿》《德意志意识形态》的创作过程中逐渐从哲学转向了政治经济学研究，交往理论成为早期马克思建构唯物史观的重要方法论，并在《资本论》以及《人类学笔记》等晚期研究中得以拓深。[②]

另外，王萍以《共产党宣言》为基础，对马克思世界交往思想产生的历史背景、世界交往思想及其当代价值展开进行阐释。[③] 还有学者研究了马克思的《穆勒评注》中的交往异化理论。如唐正东分析了《穆勒评注》中的交往异化思想实质上是建立在人本主义的劳动异化观之基础上的。[④] 谢世良指出，马克思在《穆勒评注》中用交往异化理论从主客体二元逻辑结构分析异化劳动的第四个规定，不再局限于生产过程领域，而从更广阔的现实生活领域进行分析，丰富了异化理论的内涵。[⑤] 张岩冰认为在《穆勒评注》中马克思开始关注现实历史本身，从以往的抽象理论架构转变为立足现实的崭新理论逻辑。从思想和现实双重逻辑出发，马克思逐步将哲学路径和经济学路径统一起来，开始探索属于自己的研究道路，总体性批判方法至此也开始

---

① 王苗：《马克思交往思想的五重维度探究——重读〈德意志意识形态〉》，《中学政治教学参考》2018 年第 18 期。

② 王思远：《MEGA2 视域下马克思交往理论的再思考》，《大庆师范学院学报》2023 年第 3 期。

③ 王萍：《〈共产党宣言〉中的世界交往思想及当代价值》，《世纪桥》2019 年第 2 期。

④ 唐正东：《〈穆勒评注〉中的“交往异化”的准确内容及其思想史地位》，《现代哲学》2008 年第 4 期。

⑤ 谢世良：《从交往异化视角论述马克思劳动异化的第四个规定——重读〈穆勒评注〉》，《信阳师范学院学报》（哲学社会科学版）2016 年第 6 期。

孕育形成。[①] 沈江平、张婧也持相同的观点。

关于交往实践观的研究。对交往实践观论述的主要学者是任平，他对交往实践的概念进行了阐述，同时他还阐明交往实践的特征，即多极主体性、社会交往性、双向建构和双重整合、系统上升性、三重结构。任平高度评价交往实践的地位，交往实践观是 21 世纪中哲、西哲与马克思主义哲学的交汇点。[②] 他还提出了交往实践辩证法，即从辩证法的角度来研究交往实践，这是一种研究的新视角、新方法。近年来，很多学者将马克思交往实践观与当前社会建设出现的新情况、新问题联系起来进行研究，如李包庚认为马克思交往实践观理论形成的内在逻辑是其在宗教、政治与经济三个层面的批判。通过对宗教、政治与经济三者的批判，马克思实现了对以往哲学认识路线的根本否定，找到了解放被宗教异化的人的现实途径，深入剖析了资本主义制度，揭示了全球化交往实践的双重作用，对我国具有诸多启益。[③] 黄建烽从科技与文化发展的视野出发，阐述了马克思交往实践观及其当代意义。[④] 崔丽娜对马克思交往实践的公共性理想进行探究，以及此思想对社会主义现代化建设的促进作用。[⑤] 李岩、魏焜用马克思交往实践观去解决当前思想政治教育中面临人的主体性的丧失问题。[⑥] 杨克平、李齐以马克思交往理论作为人的实践活动的基本形式为出发点，不仅揭示出主体间性思想政治教育本质就是在人的实践基础上构成的交往活动，而且也指出了克服主体性思想政治教育困境的途径，帮助我们揭示出了主体间性思想政治教育的存在之基，为确立主体间性思想政治教育的真正内涵奠定了理

---

① 张岩冰：《附录中的思想遗珠——解读马克思〈穆勒评注〉中的交往异化》，《理论月刊》2020 年第 1 期。

② 任平：《交往实践观：21 世纪中哲、西哲与马克思主义哲学的交汇点》，《社会科学战线》1998 年第 2 期。

③ 李包庚：《马克思交往实践观出场的哲学革命意蕴与启示》，《西南大学学报》（社会科学版）2016 年第 2 期。

④ 黄建烽：《马克思主义交往实践观及其当代意义——从科技与文化发展的视角审视》，《理论探讨》2013 年第 6 期。

⑤ 崔丽娜：《马克思交往实践的公共意蕴》，《哈尔滨市委党校学报》2013 年第 6 期。

⑥ 李岩、魏焜：《论交往实践理论——主体性思想政治教育建构的基石》，《湖北经济学院学报》（人文社会科学版）2013 年第 12 期。

论基础。[①] 闫艳以马克思交往实践观为视野，对价值和思想政治教育价值进行深入思考。[②] 刘阳主要是在梳理马克思交往实践观的形成进程、国内外研究现状的基础上，对马克思交往实践观的内涵和特征进行了分析，从而概括出马克思交往实践观有着把脉全球化、为社会主义建设提供理论依据及促使人的全面发展等现实意义。[③] 黄勉勉阐释了马克思的交往实践观是在“主体—客体”“主体—主体”两重框架中的辩证统一关系，交往实践是对西方思想扬弃的全新思维模式。接着分析了马克思交往实践观对中国发展道路带来的启示，中国要摆脱这种西方现代化所走过的弯路，就需要走可持续发展道路。[④] 韩冬梅将马克思交往实践理论同协商民主联系起来进行研究。协商民主发展总体上与交往实践发展阶段相一致，协商主体是一定历史条件下交往实践的产物，协商主体间可沟通性建立在共同的交往实践基础上，协商民主的价值在于能够突破认识有限性，形成更具包容性、反思性、共识性的决策。[⑤] 何华宇将马克思交往实践理论用于大学生的社会主义核心价值观的培育路径研究。[⑥] 陈玮撰写了《基于马克思交往实践观视域下的“一带一路”战略实施探讨》。[⑦]

结合当代社会现实问题研究交往理论。一是交往理论与经济。有学者从货币开始，阐述了货币在人类社会交往的形成中起着促进的积极作用；有的通过重新演绎马克思的交往形式理论来解读我国经济体制改革过程中遇到的理论问题和挑战；有的阐述了马克思的交往理论促进社会

---

① 杨克平、李齐：《基于马克思交往实践观的主体间性思想政治教育》，《中南民族大学学报》（人文社会科学版）2015 年第 2 期。

② 闫艳：《对价值和思想政治教育价值的续思——基于马克思交往实践观的视角》，《湖北社会科学》2016 年第 6 期。

③ 刘阳：《马克思的交往实践观及其现实意义》，《延安职业技术学院学报》2014 年第 4 期。

④ 黄勉勉：《论马克思的交往实践对西方发展观的超越》，《理论观察》2014 年第 3 期。

⑤ 韩冬梅：《马克思主义交往实践理论视野中的协商民主》，《理论视野》2018 年第 3 期。

⑥ 何华宇：《新媒体环境下大学生社会主义核心价值观教育的路径研究——基于马克思交往实践观的视角》，《华南理工大学学报》（社会科学版）2018 年第 1 期。

⑦ 陈玮：《基于马克思交往实践观视域下的“一带一路”战略实施探讨》，《湖北函授大学学报》2017 年第 24 期。

经济的发展。二是交往与人类社会历史的发展。主要考察了在不同的社会状态下有不同的交往状况的观点；生产力的全球化和世界交往的形成促进人类社会历史转变为世界历史的观点；从社会历史哲学视野去研究交往及其作用，社会历史哲学首先承认有生命的个体的存在，而交往是人的本质的基本存在方式，社会历史哲学强调人类社会是一个不断更新和发展的过程，而这一过程是通过交往来实现的。李素霞将马克思交往理论与其“跨越卡夫丁峡谷”联系起来进行研究，她认为，马克思考察社会历史发展道路的方法和视角并不是单一的，交往分析法是马克思分析社会发展道路的具体形式。马克思晚年“跨越卡夫丁峡谷”设想的提出是他运用交往分析法分析社会历史发展道路的典范。[①] 三是交往与人的发展。主要阐述了当代交往方式对人的发展的积极影响和消极影响；科学发展观是交往发展的内在体现，是交往发展与人的自由全面发展的实践要求；网络交往对人的发展、个体道德自律和人的非理性的影响。江峰、张瑞敏将马克思交往理论与其人类幸福思想的理论相联系进行研究，即现实交往的人是人类幸福的主体，生存实践的交往是通往自由与解放的人类幸福之路。[②] 四是交往与全球化。陈力丹阐释了马克思恩格斯的全球交往观念。随着市场经济向全世界的扩张，世界交往必然要替代局部的民族交往成为现代交往的主旋律；民族交往必然会冲破以往的种种藩篱而成为世界交往的一部分。为了适应这个世界，就必须具备同文化背景、世界观和行为方式与自己完全不同的人交流的能力。[③] 唐踔分析了“世界交往”推动了马克思主义全球化思想的形成。[④]

这一时期关于交往与全球化的研究主要包括以下几方面内容：第一，交往与经济全球化。杨彦钧、陈雪亮论述了在全球化的大背景下，交往实践观的内容、特征和作用。[⑤] 叶良茂揭示了经济全球化本质上属

---

① 李素霞：《世界普遍交往与卡夫丁峡谷的跨越——兼论马克思社会交往理论的方法论意义》，《马克思主义研究》2012 年第 5 期。

② 江峰、张瑞敏：《试析马克思交往理论与人类幸福思想》，《江汉论坛》2014 年第 5 期。

③ 陈力丹：《论马克思恩格斯的全球交往观念》，《河南大学学报》（社会科学版）2011 年第 4 期。

④ 唐踔：《“世界交往”视阈下的马克思全球化思想》，《甘肃联合大学学报》（社会科学版）2012 年第 1 期。

⑤ 杨彦钧、陈雪亮：《全球化与交往实践》，《学术研究》2001 年第 10 期。

于交往范畴，明确当今全球交往结构的主体—客体的本质，在实际交往中怎样保持自身的主体地位。[①] 刘明松阐述了经济全球化是生产力高速发展和世界普遍交往与合力作用的结果。杨鲜兰认为："经济全球化所形成的普遍交往对人的发展的意义是双重的。经济全球化所形成的普遍交往加速了人的'世界历史性存在'；经济全球化所形成的普遍交往给人类带来了一系列的生存发展困境。"[②] 第二，交往与文化全球化。贺金瑞论述了经济全球化的实质是经济交往全球化，而文化交往则是核心、灵魂和纽带，梳理了文化交往的发展过程，从人类早期的文化交往到当今时代的文化交往全球化。[③] 第三，交往与价值全球化。汪辉勇阐释了交往实践对价值全球化的作用。第四，全球化进程中的交往与人的发展。唐踔探讨了马克思"世界交往"思想与人的全面发展紧密相连，即"世界交往"产生了人的全面发展所需的生产力、社会关系、社会条件。[④] 除此之外，路璐、王青耀探讨了马克思交往理论视角下全球伦理的构建。[⑤]

同时，还有的学者认为交往与当今社会发展的其他问题也是密切相关的。第一，国际交往对一个国家内部生产关系跨越的巨大作用。第二，马克思恩格斯世界交往理论的当代价值；马克思的普遍交往观及现代意义。张峰将马克思恩格斯的国际交往理论与"一带一路"联系起来进行研究。他认为，"一带一路"战略本质就是一种国际交往，马克思恩格斯的国际交往理论对于中国更好地参与全球化、完善并有效地实施"一带一路"战略，推动构建人类命运共同体，具有重要的现实意义。[⑥] 何喜均结合马克思国际交往理论，探索"一带一路"倡议的发展策略，

---

① 叶良茂：《马克思交往理论与经济全球化》，《华北电力大学学报》（社会科学版）2002 年第 4 期。

② 杨鲜兰：《经济全球化条件下的社会交往与人的发展》，《当代世界与社会主义》2008 年第 5 期。

③ 贺金瑞：《文化交往全球化》，《长春市委党校学报》2001 年第 1 期。

④ 唐踔：《"世界交往"与人的全面发展》，《河北工程大学学报》（社会科学版）2011 年第 4 期。

⑤ 路璐、王青耀：《马克思交往理论视角下全球伦理的建构》，《哈尔滨师范大学社会科学学报》2015 年第 1 期。

⑥ 张峰：《马克思恩格斯的国际交往理论与"一带一路"建设》，《马克思主义研究》2016 年第 5 期。

目的在于加快沿线各国与中国经济的转型和发展进程，同时以此为重要理论指导，建立起更为科学、合理的“一带一路”实施路径。[①] 年问问也对马克思的世界交往理论与“一带一路”战略进行探讨。邱玥撰写了《马克思交往理论视阈下的“一带一路”建设》。吕培杰从马克思主义交往理论出发，阐释了“人类命运共同体”的思想意蕴和当代价值。[②] 王星援、孙民、齐承水等学者都对这一问题进行了研究。其中孙民、齐承水认为，马克思交往理论是人类命运共同体的哲学根基，人类命运共同体是对马克思交往理论的继承与发展。[③] 李珊、李彤、马媛等主要从马克思的世界交往理论视域下对人类命运共同体进行阐述。其中马媛认为，人类命运共同体是在深刻认识世界交往基础上对人类社会发展的方向性把握，是在深刻认识世界交往关系基础上对国际社会秩序的价值性重构，是深刻认识全球性危机与挑战基础上对全球治理体系的创造性建构。阐释了以世界交往视角深刻把握构建人类命运共同体的理论意义，从世界交往理论把握人类命运共同体的实现路径。[④] 骞真认为人类命运共同体以维护全人类共同利益为目的的全球性交往新形式，不仅从理论上是对马克思交往理论的继承与发展，更是在现实中实现了对当代交往关系的合理性重构。[⑤] 翟婷婷认为，人类命运共同体面对世界不合理的政治经济秩序导致的全球性问题日益凸显，以及物质利益驱动所带来的异化交往困境，在全球化视域中拓展了交往类型、丰富了交往形式，以新的交往规则塑造新型交往关系。[⑥] 骞真、段虹认为，构建人类命运共同体，是站在马克思交往理论的角度思考人类未来发展道路的理论成果，是中国共产党将马克思主义科学理论在 21 世纪的应

---

① 何喜均：《马克思国际交往理论与“一带一路”倡议》，《人民论坛》2017 年第 31 期。

② 吕培杰：《“人类命运共同体”的思想意蕴及当代价值——基于马克思交往观视域》，《胜利油田党校学报》2017 年第 6 期。

③ 孙民、齐承水：《马克思交往理论视阈下的人类命运共同体》，《北京行政学院学报》2019 年第 2 期。

④ 马媛：《马克思主义世界交往理论及实践与当代人类命运共同体的建构》，《世界社会主义研究》2019 年第 4 期。

⑤ 骞真：《论马克思交往理论视域下的人类命运共同体》，《北方论丛》2021 年第 4 期。

⑥ 翟婷婷：《从马克思交往理论视角看人类命运共同体的基本内涵》，《内蒙古大学学报》（哲学社会科学版）2022 年第 5 期。

用和发展。[①] 代洪宝以马克思交往理论来透视民族交往的动态过程，阐述中华民族共同体的“交往性”形成和中华民族共同体意识的“交往性”生成，进而在多元民族交往中涵养、铸牢中华民族共同体意识。[②] 交往理论为铸牢中华民族共同体意识提供了科学阐释：一、中华民族共同体意识的生发是交往和生产相互作用的结果；二、铸牢中华民族共同体意识是中华民族加强精神交往的具体体现和深化其他交往的必要前提；三、铸牢中华民族共同体意识根本在于发挥物质交往的基础性作用。同时，在交往范畴下对“铸牢中华民族共同体意识”这一论断的价值作出了补充性评价，即：推动人才强国战略实现、间接促进社会发展以及为实现中华民族伟大复兴提供精神动力。[③] 第三，提高交往素质对国民素质培养的意义。第四，交往方式变迁与人的思维方式的转换联系在一起。第五，交往形态的新变化引起当代社会的新特征。王燕九联系党的十九大提出要推动形成全面开放新格局与马克思交往理论进行研究。对外开放的层次将提高到一个新的水平，推动形成全面开放新格局的对外交往方式能够推动全面开放新格局的实现，形成全面开放新格局有利于提高我国国际话语权。[④] 第六，现代社会交往的新情况和新特征；现代社会交往的精神生产力意义。史宏波将马克思交往理论与思想政治教育联系起来进行研究。以马克思交往理论为核心去挖掘其思想政治教育意蕴，去建构以交往为生成机制的教育主体与客体的关系，实现思想政治教育过程的重构，在实践中促进思想政治教育的自身转型和创新发展。[⑤] 任隆男、冯新平、黄小敏、郭晨璐等也对这一主题进行过研究。徐舒宁从马克思交往理论视野出发，探析了高校思政课的教学改革。胡亮华、查静主要把马克思交往理论引入大学生思想政治教育过程，构建具有生命力的“双主体”模式，对提升高校思想政治教育工作质量和水

---

① 骞真、段虹：《马克思交往理论当代异化形式与出路——人类命运共同体的价值坐标》，《北方论丛》2022 年第 6 期。

② 代洪宝：《马克思交往理论视域下中华民族共同体意识探析》，《江苏大学学报》（社会科学版）2020 年第 3 期。

③ 岳奎、杨雨婷：《铸牢中华民族共同体意识的价值意蕴——基于马克思交往理论的思考》，《中共南昌市委党校学报》2023 年第 1 期。

④ 王燕九：《马克思交往理论视域中的全面开放新格局》，《学理论》2018 年第 6 期。

⑤ 史宏波：《简论马克思交往理论与思想政治教育》，《理论月刊》2013 年第 10 期。

平具有重要的理论意义和实用价值。[①] 吴迪以马克思交往理论为基底，从当前思政课教学中的交往环境、交往内容和交往形式三个方面入手，探讨新时代思想政治教育工作中教育者和受教育者之间的交往关系，思考如何把思政教学效果最大化发挥，为我国社会主义现代化的建设和中华民族伟大复兴提供理论依据。[②] 苏婧以清华大学“健康”主题写作课的教学实践为例，运用马克思的交往理论展示了激活通识教育、发挥其教育价值的另一种现实可能性，即师生交往实践可以成为大学通识教育的核心环节，师生关系不应局限于传统的教与学、导师与学生的关系，而应克服交往的异化，摆脱对物的依赖，形成更富有弹性与韧性和具有持久生命力的交往关系。[③] 陆波、方世南提出，在马克思交往理论视域下，探求多元文化价值冲突的调适方法，从而实现在多元冲突中达到均衡的态势。[④] 马文雅研究了在民族交融的现实下，用交往理论来探究文化认同的“交往性”生成。[⑤] 齐勇阐述了马克思交往理论对社会主义核心价值观培育的作用。裴士艳、张愿娟、铁锚将马克思交往理论与网络交往联系在一起进行思考。纪欣朋、温波在对数字社群生存交往进行反思与批判的基础上，运用马克思交往理论分析了数字社群异化问题，并提出应对策略。[⑥] 第七，马克思交往理论蕴含着丰富的生态意蕴等。齐承水认为，马克思的交往理论是人与自然、人与人以及人与社会相互联系、相互制约的重要形式，其蕴含着丰富的生态思想。[⑦] 于天宇立足于马克思的交往理论分析全球性生态危机。即：在主体间交往维度，构建

---

① 胡亮华、查静：《马克思交往理论视域下新时代大学生思想政治教育“双主体”模式研究》，《南通航运职业技术学院学报》2020 年第 3 期。

② 吴迪：《马克思交往理论背景下思政课建设的路径研究》，《南方论刊》2022 年第 2 期。

③ 苏婧：《构建超越课堂的师生共同体——马克思交往理论对大学通识写作课教学的启发》，《高等教育研究》2022 年第 10 期。

④ 陆波、方世南：《马克思交往理论视域下多元文化价值观冲突的调适之道》，《学习论坛》2015 年第 3 期。

⑤ 马文雅：《民族交融中的文化认同——马克思交往理论的当代价值》，《西藏发展论坛》2021 年第 5 期。

⑥ 纪欣朋、温波：《马克思交往理论视域下数字社群异化问题研究》，《哈尔滨学院学报》2023 年第 4 期。

⑦ 齐承水：《马克思交往理论的生态意蕴探析》，《才智》2015 年第 36 期。

人类命运共同体推动全球政治经济秩序变革；在主客间交往维度，发展生态生产力为人类文明新形态提供物质支撑。[①]

对交往理论的国外比较研究。关于这一时期对交往理论的国外比较研究，笔者主要关注的是哈贝马斯和雅斯贝斯的交往理论与马克思交往理论的比较研究。一是哈贝马斯的交往理论。一方面比较分析了马克思的交往理论与哈贝马斯的交往理论。以交往理论的研究为起点、从交往的动力、交往实践视阈的历史发展视角进行比较；通过对两种交往理论的对比来说明交往行动理论对马克思交往理论的借鉴意义；在比较和分析哈贝马斯和马克思交往理论的基础上，论证了交往在社会发展、社会变革中的推动作用；马克思是以全球化的交往实践观为历史唯物主义理论体系中的基础地位，哈贝马斯是从语言学与释义学出发所建立的交往理性观作为主要理论基石对历史唯物主义的“重建”。另一方面研究了哈贝马斯的交往合理性；在社会整合问题上主张交往理性改造实践理性，用交往理性去化解当代现代性的矛盾；哈贝马斯的私人交往和公共交往；哈贝马斯以“理解”为核心、语言为本、融社会批判理论、普遍语用学、社会进化理论为统一架构的“交往行动理论”，并对其进行评价。二是雅斯贝斯的交往理论。雅斯贝斯认为“交往指的是作为个体而存在的自我之间的相互作用。这种作用对于每一个人来说都是极为必需的”[②]。交往是实现人全面发展的必需条件，是实现历史发展的内在动力机制。

笔者查阅到研究马克思交往理论的硕士、博士研究生学位论文达到229篇。有的研究马克思交往理论及其意义；有的研究马克思交往理论与共产主义理想；有的研究马克思交往理论与人的发展；有的研究全球化视阈下的马克思交往理论；有的研究劳动范式与交往范式；有的是将马克思与哈贝马斯交往理论的价值问题比较研究。近年来，比较多的硕士、博士研究生从马克思交往理论的视阈下，联系当前社会发展中的热点、焦点问题进行研究，如“人类命运共同体”思想、“一带一路”战略、高校思想政治教育及教学改革、大学生德育研究、微信交往、网络

---

① 于天宇：《马克思交往理论视域下全球生态危机实质及破解路径论析》，《东岳论丛》2022年第6期。

② 周宏：《雅斯贝斯交往理论探析》，《现代哲学》2000年第1期。

交往、网络直播交往、网络异化交往、网络游戏人际交往等。目前，查到的在国内召开的涉及马克思交往理论的会议共有6次，主题有马克思交往理论与社会主义和谐社会建设、马克思交往理论与中国新生代农民工交往转型分析、从世界交往的视角分析马克思主义国际关系理论、马克思哲学的时代转换与交往共识的价值原则、哈贝马斯重建历史唯物主义等。报纸上关于马克思交往理论的文章有5篇，贾真于2011年8月14日发表在《光明日报》的《马克思恩格斯交往理论与和谐社会构建》，胡伟于2013年1月30日发表于《中国社会科学报》的《"移民政治"与马克思"普遍交往"的深层契合》，苗德岁于2014年4月2日发表于《中华读书报》的《思想双峰各耸立》，陈太明撰写了《"历史唯物主义重建论"及其局限》，发表于2019年4月25日《中国社会科学报》，姜浩颖写了《基于马克思交往理论的新时代大学生全面发展研究》，发表于2013年5月9日《山西市场导报》。

三 国内外对和谐理论的研究现状

"和谐"是一个非常重要的历史辩证法范畴，它表征了社会发展过程中人的实践活动的全面性、协调性、有机性以及合乎规律性。国内外学者都对这一范畴做过研究。现将部分学者关于和谐思想的研究现状简述如下：

（一）国外学者对和谐理论的研究

国外学者对和谐理论的研究，最早明确提出和谐思想的哲学派别是古希腊时期的毕达哥拉斯学派。他们主张"'整个的天是一个和谐'。'一切都是和谐的'。和谐是普遍的、一般的、必然的、绝对的。总的来说，毕达哥拉斯学派不仅发现并承认了对立，而且更认识到对立之间的和谐，即对立面之间的统一"①。古希腊时期辩证法奠基人之一——赫拉克利特也阐述了和谐思想。他认为"和谐正是以承认对立并保持对立为基础的，是对立的产物"②。到了欧洲近代，亚当·斯密对和谐思想也有

① 张雪伟：《部分西方思想家关于社会建设（和谐社会）思想的概述》，《资料通讯》2005年第4期。

② 张雪伟：《部分西方思想家关于社会建设（和谐社会）思想的概述》，《资料通讯》2005年第4期。

研究，主要是自然和谐思想，“只要遵从这种自然秩序，人类社会就会自然和谐：和谐的经济生活、和谐的政治生活，还有个人利益和社会利益和谐统一”①。还有德国的莱布尼茨认为，“只有整体才是和谐的，犹如只有整体的造型才是和谐的一样。和谐就是可思想的东西的完美状态”②。空想社会主义者的思想中也包含和谐，傅立叶、欧文、圣西门在批判揭露资本主义制度的基础上就提出过和谐社会的价值理想。此外还有：孔德的和谐思想，其主张社会秩序是社会和谐的重要表现。他论述了家庭、宗教、道德、劳动分工等方面在维持社会环境中的作用。涂尔干的和谐思想，其主张社会团结是社会秩序的道德基础。社会团结和整合是涂尔干毕生所关注的问题，他一直努力了解社会团结的表现形式以及促使社会团结的机制。斯宾塞的和谐思想，其主张社会是一个有机整体。他认为，整个世界是由自然的“无机体”、生物的“有机体”、社会的“超机体”三部分组成。个人的自由活动、社会成员的分工合作、有效的行政管理体制和社会道德伦理的提升是实现社会平衡发展的条件。帕森斯的和谐思想：其主张社会整合是和谐社会的基础。他在《社会的演化》中归纳了社会整合的主要途径：自由在更大范围内得到体现；平等和社会公平不断形成；权利和权威更分散也更结合；坚持现代基本价值模式。默顿的和谐思想，其主张一体性和均衡性是和谐社会的基本特征。默顿的和谐社会思想主要体现在有关功能一体性理论和社会均衡性理论中。

（二）国内学者对和谐理论的研究

在党的十六届四中全会公报明确提出构建社会主义和谐社会以来，我国学术界对此高度关注，对这一问题展开了热烈的讨论和深入的研究。有关和谐理论的研究主要有以下几个方面：一是研究马克思和谐社会理论及其意义。马克思社会有机体理论与和谐社会的关系。主要阐述了社会有机体理论对构建和谐社会的路径、启示和意义。贺祥林阐发了“马克思的社会有机体理论，既是全面建设小康社会又是全面构建和谐

① 张雪伟：《部分西方思想家关于社会建设（和谐社会）思想的概述》，《资料通讯》2005 年第 4 期。

② ［德］H. 波塞尔、燕宏远：《莱布尼茨的和谐（杂多之统一）概念》，《世界哲学》2002 年第 4 期。

社会最切近的理论基础之一”[①]。“马克思的和谐社会思想包括社会和谐的价值理想；阶级斗争理论和对阶级社会阶级对立不和谐现象的批判；对资本奴役劳动这个当代社会最大不和谐现象的分析批判；对人与物关系种种不和谐现象的批判；追求人与规律、必然与自由关系的和谐等。”[②] 通过阐述马克思和谐社会思想看其对我国构建和谐社会的启示。有的学者认为，“马克思的和谐社会是建立在人摆脱了自然关系的奴役、社会关系的奴役和精神关系的奴役之后的和谐，是每个人都成为‘全面而自由发展的人’的基础上的和谐，是终极意义上的和谐社会”[③]。还有的学者研究马克思的和谐实践观，认为“马克思的实践观具有和谐实践的向度，它含有三层意蕴：一、具有以物质生产实践为基础的政治实践、道德实践和精神文化实践等多种实践和谐互动的总体性内容；二、集中表达了社会基本矛盾运动规律的本质；三、以每个人的全面而自由的发展为其价值指向”[④]。赵允福提出，马克思的实践观本身就内在地蕴含着和谐思想，即人与自然、人与自身、人与人、人与社会历史等关系中，全面展示了实践的和谐意蕴。[⑤] 近年来，学者们主要将马克思和谐思想与当前社会主义建设联系在一起进行研究。如李会、赵飞对马克思、恩格斯、列宁的社会和谐思想进行解读，并阐释了其对我国构建社会主义和谐社会具有重大的指导意义。[⑥] 韩跃民探讨了马克思恩格斯社会和谐发展的路径，即：一是人类社会发展是由“矛盾”不断走向“和谐”的过程；二是人类社会发展是由片面不断走向全面的过程；三是人的全面自由发展是人类社会发展的终极目的。[⑦] 赵华灵从马克思的制度

---

① 贺祥林：《马克思社会有机体理论与全面构建和谐社会》，《江汉论坛》2006 年第 1 期。

② 陈刚：《马克思的和谐社会思想及其当代意义》，《江苏社会科学》2008 年第 1 期。

③ 刘小力：《马克思恩格斯的“和谐社会”观及其时代意义》，《中共济南市委党校学报》2010 年第 4 期。

④ 徐海峰、胡延风：《马克思的和谐实践观及其当代价值》，《理论视野》2007 年第 9 期。

⑤ 赵允福：《论马克思的和谐实践观》，《理论学刊》2011 年第 1 期。

⑥ 李会、赵飞：《马克思恩格斯列宁社会和谐思想解读》，《沈阳大学学报》2011 年第 1 期。

⑦ 韩跃民：《马克思恩格斯关于社会和谐发展的探究理路》，《华北电力大学学报》（社会科学版）2011 年第 2 期。

伦理视野下探究了和谐社会的建设。[①] 吴倬、王贵贤通过对马克思和谐思想内容的剖析，深入挖掘其哲学方法论，从实践哲学和历史唯物主义出发分析马克思和谐思想的科学理性和价值理性，以及当代意义。[②] 李百玲对马克思“和谐”思想的内涵与源流进行深入分析，深刻理解当代社会主义核心价值观的和谐意蕴。[③]

二是阐发中国马克思主义者的和谐思想。第一，毛泽东同志和谐社会的实践。主要包括以下思想：正确处理人民内部矛盾是建设社会主义和谐社会的核心、统筹兼顾是构建社会主义和谐社会的基本方针、发展生产力是建设社会主义和谐社会的根本保障、做好民主法治建设是建设社会主义和谐社会的动力源。李新芝撰写了毛泽东阶层和谐理论的形成、发展，并归纳了其特点，具有鲜明的中国特色和时代特色，是马克思主义中国化的重要成果，还阐述了改革开放以来中国共产党几代中央领导集体对毛泽东阶层和谐理论与实践的继承与创新完善。[④] 第二，邓小平同志和谐社会构建的研究。“主张大力发展社会主义生产力”，为构建和谐社会奠定坚实的物质基础、提议“先富”带动“后富”和“共同富裕”，为实现和谐社会指出方向和道路、建议实施“三步走”战略，为建设和谐社会提出总体目标、提出“首先解决农村问题”搞活农村经济是实现和谐社会的关键点、强调“稳定压倒一切”，为实现和谐社会提供基础和保障、主张把教育摆在突出位置，为构建和谐社会提供高人才素质库。第三，江泽民同志的和谐社会理念。江泽民同志关于和谐世界的观点包含了以下几层意思：首先，和谐的思想是中国传统文化的优良传统，中国在处理国际关系时始终遵循这一价值观。其次，和而不同，是社会事物和社会关系发展的一条重要规律。再次，世界依然充满矛盾和冲突，需要各国人民在互相尊重、平等互利的基础上，通过对话、协商、合作来解决有关问题。最后，提倡和谐世界，就是各国在政

---

① 赵华灵：《马克思制度伦理视角下的和谐社会建设》，《社会主义研究》2012 年第 5 期。

② 吴倬、王贵贤：《马克思和谐思想及其当代意义》，《中国特色社会主义研究》2012 年第 4 期。

③ 李百玲：《马克思的和谐思想对于构建社会主义核心价值观的启示》，《当代世界与社会主义》2015 年第 3 期。

④ 李新芝：《毛泽东阶层和谐理论及其当代发展》，《毛泽东思想研究》2015 年第 2 期。

治上互相尊重、经济上互相促进、文化上互相借鉴，使之利于世界的和平与发展。[①] 第四，胡锦涛同志的和谐思想。2004 年 9 月 19 日中国共产党十六届四中全会通过《中共中央关于加强党的执政能力建设的决定》。中国共产党正式提出了“建立和谐社会”的历史目标。我们党提出了构建“‘民主法治、公平正义、诚信友爱、充满活力、安定有序、人与自然和谐相处’的社会主义和谐社会的目标，并指出：‘社会和谐是中国特色社会主义的本质属性’”[②]。第五，习近平同志的和谐思想。马苹阐述了习近平同志六个方面的和谐内涵，即民主法治、公平正义、诚信友爱、充满活力、安定有序、人与自然和谐相处，丰富和发展了社会主义和谐思想，引领和开创了和谐发展的新局面。[③] 李新芝阐述了习近平同志阶层和谐思想，具体途径以“五大发展理念”为导向、以阶层结构优化为基础、以全面深化改革为动力、以实现公平正义为根本途径，有效地增进了阶层关系和谐。[④] 谢宇、谢建社阐述了中国共产党波澜壮阔 90 年的历程，生动展示了党团结带领中国人民从胜利走向和谐，创造了一个又一个奇迹，奠定了幸福生活的基础，适时提出了社会主义和谐社会理论，极大地丰富和发展了马克思主义和谐社会理论。[⑤] 盛显容归纳了中国共产党 90 年来几代领导人的社会和谐思想，分析了其和谐社会的哲学基础，并指出是一致的。[⑥]

三是研究交往与和谐社会的理论。有的学者从和谐社会视阈去分析社会交往，如杨鲜兰、陈明吾分析了和谐社会的社会交往，通过合理处理人与人之间的关系，构建社会主义和谐社会，需要大力发展社会生产力，为实现和谐交往和构建和谐社会提供物质基础；进一步完善社会主

---

① 吴克辉：《江泽民和谐社会理念探析》，《社科纵横》2010 年第 6 期。

② 胡锦涛：《努力建设持久和平、共同繁荣的和谐世界》，《人民日报》2005 年 09 月 16 日第 01 版。

③ 马苹：《论习近平对社会主义和谐思想的丰富和发展》，《学术探索》2016 年第 6 期。

④ 李新芝：《论习近平新时代中国特色社会主义思想中的阶层和谐理论》，《四川师范大学学报》（社会科学版）2018 年第 1 期。

⑤ 谢宇、谢建社：《试论中国共产党对马克思主义社会和谐理论的新贡献》，《福建论坛》（人文社会科学版）2011 年第 7 期。

⑥ 盛显容：《论中国共产党 90 年来对社会和谐理论的继承与创新》，《湖北广播电视大学学报》2014 年第 5 期。

义市场经济体制，努力调整好各种利益关系；加强社会主义民主政治建设，为实现和谐交往和构建和谐社会提供政治保障；建设和谐文化，为实现和谐交往和构建和谐社会提供思想道德基础。① 有的学者通过阐述马克思的交往理论来说明其在构建和谐社会中的价值和意义，如翟婷婷通过论述马克思交往理论、苏联著名学者巴赫金的对话交往理论和当代德国著名社会学家哈贝马斯交往行为理论对我国构建和谐社会有着重要的实践意义。具体从三个方面去构建和谐社会：目标共识的达成是和谐社会构建的动力机制，互动沟通平台的建立是和谐社会构建的有效途径，语言交往的有效性是和谐社会实现的文化背景。② 米丽娟通过梳理概念的来龙去脉，揭示了自我、主体、主体性、主体间性与交往行为等概念在不同哲学背景下的不同意涵与内在关联，进而把主体间性视阈下交往行为的合理性与和谐社会的建构联系起来，论证了主体间良性交往是通达和谐社会的必要条件。③ 有的学者从心理学方面阐释了社会交往对构建和谐社会的作用；有的学者论述了哈贝马斯交往理论对现代人际和谐的启示；还有的学者论述了哈贝马斯交往理论中的和谐社会意蕴。周莹、程守梅撰写了《哈贝马斯的交往理论对和谐社会构建的启示》。学者们从多方面阐述交往与和谐社会的关系，都将成为本书的重要参考源。

除此之外，还有从其他学科视角去研究和谐社会的。第一，从社会学方面去研究和谐。一是从社会分工去论述和谐社会理论；二是从社会分层方面去研究和谐，即社会分层理论在构建和谐社会中的运用；三是社会系统论对构建和谐社会的意义。第二，从人学方面去研究和谐。一是和谐与人的发展。“人的本质的发展就体现在人在实践活动中所产生的这一切社会关系的和谐发展中。”④ 二是从人与自然、人与人、人与自身方面去研究和谐，即怎样实现人与自然、人与人、人自身三大和谐的协合机制。三是从经济学方面去研究和谐。主要阐述和谐社会建设与全球

---

① 杨鲜兰、陈明吾：《和谐社会视域下的社会交往分析》，《湖北大学学报》（哲学社会科学版）2011 年第 2 期。

② 翟婷婷：《交往理论视域下和谐社会的构建》，《忻州师范学院学报》2013 年第 5 期。

③ 米丽娟：《主体间性视阈下交往行为的合理性与和谐社会构建》，《重庆大学学报》（社会科学版）2014 年第 6 期。

④ 索雪瑞：《论和谐与人的本质的发展》，《河北学刊》1999 年第 5 期。

化。主要研究了全球化对和谐社会建设的影响。四是从伦理学方面去研究和谐。主要研究了构建和谐社会需要建设交往道德。五是从思维方式方面去研究和谐，怎样用先进的思维方式去引领社会主义和谐社会的构建。

席华娟认为，“分工与交往是同义相释的，通过对生产力发展不同阶段的不同交往表现形式的分析，认为分工本身就是交往：在这一认识的基础上，来理解生产力、分工和交往是一个和谐的动态发展”①。席华娟从生产力和交往的表现形式来看，交往就是分工，但她没有全面地考察交往和分工的实质。杨芳在《社会分工与和谐社会的关系及其理性分析》中认为：社会分工是构建和谐社会的现实条件，这是因为，社会分工制约着各种社会关系，制约着社会结合的方式并促进着社会结构的优化。② 徐国民、董妍也阐述了分工与和谐的关系，科学合理的社会分工内在地要求增强社会各成员的劳动能力及优化社会各成员劳动之间的组合和推进社会和谐发展。社会分工是生产力发展的结果，它促进了人类的解放和发展的历程，科学合理的社会分工是社会主义和谐社会的必然要求。对于分工与社会和谐的关系这些学者仅从社会生产方面来阐释，但没有全面地阐述社会的政治、文化、生态等方面。

笔者查阅到关于马克思和谐社会思想硕士、博士研究生的论文有84篇。有的学者研究马克思和谐社会思想当代意义；有的学者主要将马克思和谐社会思想联系当代中国发展的问题进行阐释；有的学者将马克思和谐社会理论与卢梭、中国的儒家等和谐思想进行比较研究。在中国召开的关于马克思和谐社会思想的会议比较多，达到50次。会议主题主要注重马克思和谐思想文本研究，大多数会议还是围绕中国当前和谐社会构建及其遇到的现实问题而召开。目前查到在报纸上进行马克思主义和谐社会思想研究的文章有6篇。主要有《中国社会科学报》《光明日报》等报纸，以研究马克思和谐社会思想的当代意义为主。如耿步健在《光明日报》上发表了《马克思恩格斯和谐社会思想及其当代意义》、杨路平在2013年9月23日的《中国社会科学报》

① 席华娟：《对〈德意志意识形态〉中分工与交往关系的解读》，《经济研究导刊》2010年第8期。

② 杨芳：《社会分工与和谐社会的关系及其理性分析》，《中国民营科技与经济》2008年第8期。

上撰写了《深化和谐世界的科学内涵与理论意蕴》、汤俊峰于 2018 年 5 月 30 日在《解放军报》上探讨了《树立唯物辩证的自然观》、舒正磊于 2018 年在《青海日报》上发表了《马克思主义指引人类社会与自然界和谐共生》。

第三节　本书的研究思路与研究途径和方法

一　研究思路

本书基于马克思主义视阈下来阐释分工、交往与和谐。绪论部分为第一章，主要阐述三个方面的问题：一是选题依据和研究意义；二是国内外对分工、交往与和谐的研究现状；三是研究思路、方法与基本内容结构。第二章阐述分工、交往与和谐三个范畴的基本理论。运用实践思维方式阐述分工、交往与和谐的内涵、基本内容、形式以及它们的地位和作用。第三章阐述分工、交往与和谐的辩证关系及其理论地位。论述分工、交往与和谐以实践为基础的辩证关系，以及这一辩证关系的理论地位，分别阐明其在历史唯物主义、政治经济学、科学社会主义体系中的理论地位。第四章从主体视野探讨分工、交往与构建和谐社会主义社会的辩证关系。分别从个人、家庭、集体、民族和国家及世界等方面来探讨分工、交往与构建和谐社会主义社会的辩证关系。第五章从客体视野探讨分工、交往与构建和谐社会主义社会的辩证关系。分别从人口因素与自然环境、生产方式、社会政治结构、社会意识、社会民生等方面来探讨分工、交往与构建和谐社会主义社会的辩证关系。本书立足于当前全球化时代，侧重以分工、交往、和谐三个范畴为研究对象，具体来说是对分工与交往、和谐从理论渊源、发展历程到基本特征和价值所在的全面探析，并对构建社会主义和谐社会以及和谐世界的建设，从哲学的层面和具体的层面上提出一些见解，期望能对人们的具体实践行为发挥理论上和实践上的某种导向或启示作用。

二　研究途径和方法

本书主要采取的研究途径：一是文献文本考察途径：笔者通过全面研读《马克思恩格斯全集》第 1 版 50 卷的相关卷、篇与《马克思恩格斯文集》10卷，做笔记摘抄，分类梳理出其中关于“分工”“交往”“和谐”的论述，通过对这些论述进行分析和相应的归纳，特别是作具体定位。二是以全面研读同题学者对本选题相关研究成果作为借鉴并作互动为途径：笔者通过中国知网查阅，对到目前为止所有公开发表的关于分别研究马克思主义分工、交往与和谐论题的专门论文先研读，有参考价值的打印出来，根据研究内容进行分类比较分析，作为本书重要的参考资源。

本书主要运用的方法：一是内在于实践思维方式中的基本思维方法，特别是其中的唯物辩证方法和辩证逻辑思维方法。主要用于阐述分工、交往与和谐三大范畴的内涵、本质、基本内容、形式以及它们的地位和作用。此方法还用于分析论述分工、交往与和谐以实践为基础的辩证关系，以及这一辩证关系的理论地位，分别阐明其在历史唯物主义、政治经济学、科学社会主义体系中的理论地位。

二是理论联系实际方法和社会有机体理论方法。从主体视野探讨分工、交往与构建和谐社会主义社会的辩证关系。分别从个人、家庭、集体、民族和国家及世界等方面来探讨分工、交往与构建和谐社会主义社会的辩证关系。从客体视野探讨分工、交往与构建和谐社会主义社会的辩证关系。分别从人口因素与自然环境、生产方式、社会政治结构、社会意识、社会民生等方面来探讨分工、交往与构建和谐社会主义社会的辩证关系。结束语部分，从培育和践行社会主义核心价值观来探析和谐社会的构建，从国家层面富强、民主、文明、和谐的价值目标，从社会层面自由、平等、公正、法治的价值取向，从公民层面爱国、敬业、诚信、友善的价值准则去构建和谐社会。

三是从不同的学科视野来研究本书。笔者主要借助于教育学、心理学、社会学、政治学、历史学等相关学科知识、学理及方法的互动，来作分析与探讨。此方法主要用于阐述分工、交往与和谐在构建和谐社会各领域中的地位和作用。

第二章　分工、交往与和谐三大范畴理论述要

第一节　分工理论述要

分工是人类社会基本而又非常广泛的社会现象。何谓分工？人们通常是从经济学视角来理解分工，主要是指社会分工，即指人类对社会各种劳动相对独立化和专业化的划分，它是人类社会文明发展的标志之一，也是商品经济发展的基础之一。在现代以来，随着学科分类演进及其整合，分工范畴在马克思开创的历史唯物主义理论体系中有着重要地位，在其政治经济学和科学社会主义等理论体系抑或整个马克思主义理论体系中都有着重要作用。分工问题一直为马克思恩格斯所重视，并对其进行过大量研究，留下了宝贵的理论遗产。

一　分工范畴的释义

关于分工理论，马克思早在《1844年经济学哲学手稿》中就进行过探索。他认为："分工是关于异化范围内的劳动社会性的国民经济学用语。换言之，因为劳动只是人的活动在外化范围内的表现，只是作为生命外化的生命表现，所以分工也无非是人的活动作为真正类活动或作为类存在物的人的活动的异化的、外化的设定。"① 此时，马克思把分工理解为"劳动社会性的国民经济学用语"，以及人类存在的基础性活动——劳动的外化抑或"人的活动的异化设定"，即把分工与生产劳动相联系。马克思指出："关于分工的本质——劳动一旦被承认为私有财

① 《马克思恩格斯文集》第1卷，人民出版社2009年版，第237页。

产的本质，分工就自然不得不被理解为财富生产的一个主要动力，——就是说，关于作为类活动的人的活动这种异化和外化的形式，国民经济学家们讲得极不明确并且自相矛盾。”① 从这句话可看出，马克思把分工和生产力联系起来了，即分工是促进社会生产力发展的一个动力因素。但是，他此时所阐述的“分工”是形成于生产资料私有制基础上的，是一种强制性的、不平等的和异化的分工。马克思进一步强调了这种思想：“只要分工还不是处于自愿，而是自然形成的，那么人本身的活动对人来说就成为一种异己的、同他对立的力量，这种力量压迫着人，而不是人驾驭着这种力量。”② 在以后的探究中，马克思对分工理论的考察越来越透彻，他指出：“分工是一种特殊的、有专业划分的、进一步发展的协作形式”③，是“不同种类的劳动的并存”④。这时马克思已经摆脱了异化和私有制的制约来对分工进行研究，这种研究更加全面、更加详细了。笔者认为，分工就是整个社会劳动按照不同专业划分成不同种类、不同方式的劳动，这种劳动有利于社会生产力的发展，以及整个社会的建设和发展。

二 分工理论的基础

实践是马克思主义哲学首要的和基本的范畴，马克思主义哲学视阈的实践观这一哲学同以前所有的旧哲学区别开来。实践作为一种社会活动，早就引起了哲学家们的注意。马克思在《关于费尔巴哈的提纲》中认为：“人的本质不是单个人所固有的抽象物，在其现实性上，它是一切社会关系的总和。”⑤ 即人只有处在现实性的各种各样的社会关系中才能真正成为人，所以人的本质就是现实性的一切社会关系的总和，而现实的社会关系都是在人们实践活动中生成的。不仅如此，马克思在《关于费尔巴哈的提纲》第八条有个更宽更好的理解：“全部社会生活在本质是实践的。凡是把理论引向神秘主义的神秘东西，都能在

---

① 《马克思恩格斯文集》第1卷，人民出版社2009年版，第237页。
② 《马克思恩格斯文集》第1卷，人民出版社2009年版，第537页。
③ 《马克思恩格斯全集》第47卷，人民出版社1979年版，第301页。
④ 《马克思恩格斯全集》第26卷（第三册），人民出版社1965年版，第296页。
⑤ 《马克思恩格斯文集》第1卷，人民出版社2009年版，第501页。

人的实践中以及对这种实践的理解中得到合理的解决。”① 无疑，其分工理论也是以实践为基础的。

马克思指出：人们“只有以一定的方式共同活动和互相交换其活动，才能进行生产。为了进行生产，人们相互之间便发生一定的联系和关系；只有在这些社会联系和社会关系的范围内，才会有他们对自然界的影响，才会有生产”②。从这段话可看出，由于生产工具的落后和自然界的强大，最初的人不是以孤立的个体而是必须结成一定的关系，以社会整体的形式进行物质生产，而社会整体的力量是由个人之间的相互作用即个人之间的实践活动构成的。由于人在与自然的物质变换过程中需要支付庞大的劳动量和各种特殊的劳动，这些劳动必须在个人之间进行合理、优化分配，使个人成为社会总劳动中一定数量和一种特殊劳动的承担者，这就是个人在社会劳动中的分工。它是社会化实践的形式，社会整体实践被它强制性地划分为相对独立又相互联系的若干部分，社会个体成员也被固定地分配在各种类型的实践活动中。因此，人类的分工就是在社会实践活动中形成的社会分工。实践与分工这两者的关系主要可以概述为以下四个方面：第一，社会实践活动中的人是社会分工的主体。第二，社会实践活动中的人产生新的需要，正是这种需要推动社会分工的萌芽和新的社会分工的产生和发展。第三，社会实践活动中的人不断发明创造新的劳动工具，劳动工具既稳定了社会分工的各个领域又促进了新的社会分工形式的出现。第四，社会实践活动中的人不断积累的劳动能力和劳动经验都会引起社会分工的逐渐细化或多样化。

分工一方面标志着人类原始群体的分化和独立化，显示了个人与个人之间、集团与集团之间的对立；另一方面又使人类的实践活动社会化，使个人之间、集团之间的联系更加紧密，从而形成一个有机联系的实践系统。从这个层面上来说，社会分工构成了实践的社会结构。正如马克思所说：“分工的各个不同发展阶段，同时也就是所有制的各种不同形式。”③ 根据分工发展的状况，马克思揭示了人类社会历史上的四种

① 《马克思恩格斯文集》第 1 卷，人民出版社 2009 年版，第 501 页。
② 《马克思恩格斯文集》第 1 卷，人民出版社 2009 年版，第 724 页。
③ 《马克思恩格斯文集》第 1 卷，人民出版社 2009 年版，第 521 页。

所有制形式：一是部落所有制，此时的分工还很欠缺。二是古典古代的公社私有制和国家私有制，在这一阶段分工已经比较发达。三是封建的或等级的私有制，处于这一所有制中的分工处于倒退的发展状态。四是资本主义现代私有制，由于工业和商业的分离以及机器大工业的出现，分工变得更加精细而广泛。这实质上是揭示了以生产力的发展为出发点、以分工为手段与以所有制由低到高的渐进过程，就是实践结构的纵向更替。

三 分工理论的形成

马克思主义分工理论形成的现实基础无疑是基于实践，同时又是在批判地吸收借鉴前人的理论基础上形成的，这理论的历史与逻辑相一致。早在古希腊时期的思想家就已经开始注意到分工问题。柏拉图是古希腊的大哲学家，他在《理想国》中对分工进行过探讨，“当生意人、辅助者和护国者这三种人在国家里各做各的事情而不相互干扰时，便有了正义，从而也就使国家成为正义的国家了”①。柏拉图所理解的理想的国家就是讲正义的国家，其核心思想就是在这个社会必须有分工，即每个人必须专注于自己所固定的行业。他已经认识到社会分工有利于生产力的发展、国家的发展。柏拉图还指出：“全体公民无例外地，每个人天赋适合做什么，就应派给他什么任务，以便大家各就各业，一个人就是一个人而不是多个人，于是整个城邦成为统一的一个而不是分裂的多个。”② 在这里，他提出了一个论断，即社会分工应该按照个人天赋和实际能力的不同来进行划分，只有这样国家才能形成一个统一体。总而言之，柏拉图的社会分工思想对于马克思分工理论的产生具有积极意义，但这种思想只是停留在唯经验观察和唯理论基础上。

真正比较系统地研究分工理论的是英国古典经济学家亚当·斯密。他在《国民财富的性质和原因的分析》中比较充分地阐述过分工思想。斯密指出，“劳动生产力上的改进，以及在劳动生产力指向或应用的任何地方所体现的技能、熟练性和判断力的大部分，似乎都是分

---

① ［希］柏拉图：《理想国》，郭斌和、张竹明译，商务印书馆2020年版，第158页。

② ［希］柏拉图：《理想国》，郭斌和、张竹明译，商务印书馆2020年版，第140页。

工的结果”[1]，并认为“分工是劳动效率提高的主要原因”[2]。马克思批判地吸取了斯密的观点。他对国民经济学中的分工思想进行评论时认为：“国民经济学从私有财产的事实出发。它没有给我们说明这个事实”[3]，“国民经济学没有向我们说明劳动和资本分离以及资本和土地分离的原因”[4]，国民经济学家“当他想说明什么的时候，总是置身于一种虚构的原始状态……他把他应当加以说明的东西假定为一种具有历史形式的事实”[5]。这是因为劳动、资本以及劳动产品三者的分离导致了“分工提高劳动的生产力，增加社会的财富，促使社会精美完善，同时却使工人陷于贫困直到变为机器。劳动促进资本的积累，从而也促进社会富裕程度的提高，同时却使工人越来越依附于资本家”[6]。从这些可看出，斯密等国民经济学家只是从经济学的角度来研究分工现象，而马克思则是从哲学和社会学的角度来研究分工过程中发生的生产关系和社会关系。马克思还对斯密、萨伊、斯卡尔培克、穆勒等人的分工和交换观点进行了评论，在这一过程中分工和交换问题就引起了马克思的极大兴趣和注意力，他写道：“对分工和交换的考察具有极为重要的意义。因为分工和交换是人的活动和本质力量——作为类的活动和本质力量——的明显外化的表现。”[7] 虽然此时，马克思察觉到了分工和交换的重要作用，但是他把分工和交换看作人的类的活动和本质力量，以至于他认为：“分工和交换是私有财产的形式。”[8] 在这里马克思把分工理解为是私有制的形式而不是其根源，他已经认识到了分工与私有制之间具有内在的联系。从总体来看，此时马克思注意到了分工观点，但对其的论述还处于异化劳动的范围内。

---

① ［英］亚当·斯密：《国富论》，晏智杰、唐日松等译，华夏出版社 2012 年版，第 7 页。

② ［英］亚当·斯密：《国富论》，晏智杰、唐日松等译，华夏出版社 2012 年版，第 7 页。

③ 《马克思恩格斯文集》第 1 卷，人民出版社 2009 年版，第 155 页。

④ 《马克思恩格斯文集》第 1 卷，人民出版社 2009 年版，第 155 页。

⑤ 《马克思恩格斯文集》第 1 卷，人民出版社 2009 年版，第 156 页。

⑥ 《马克思恩格斯文集》第 1 卷，人民出版社 2009 年版，第 123 页。

⑦ 《马克思恩格斯文集》第 1 卷，人民出版社 2009 年版，第 241 页。

⑧ 《马克思恩格斯文集》第 1 卷，人民出版社 2009 年版，第 241 页。

在考察分工与生产力时，马克思认为："一个民族的生产力发展的水平，最明显地表现于该民族分工的发展程度。任何新的生产力，只要它不是迄今已知的生产力单纯的量的扩大（例如，开垦土地），都会引起分工的进一步发展。"① 这段话阐述在国家范围内分工与生产力的关系，即生产力体现了分工的发展状况，同时分工的细化推动生产力的进一步发展。马克思从分工理论来说明私有制的起源构成了一种唯物史观的思维。如他认为："个人本身完全屈从于分工，因此他们完全被置于相互依赖的关系之中。私有制，就它在劳动的范围内同劳动相对立来说，是从积累的必然性中发展起来的。起初它大部分仍旧保存着共同体的形式，但是在以后的发展中越来越接近私有制的现代形式。分工从最初起就包含着劳动条件——劳动工具和材料——的分配，也包含着积累起来的资本在各个所有者之间的劈分，从而也包含着资本和劳动之间的分裂以及所有制本身的各种不同的形式。分工越发达，积累越增加，这种分裂也就发展得越尖锐。"②

马克思还用分工理论来说明异化或私有制，为科学唯物史观的形成奠定了坚实的理论基础。马克思探索了分工与生产关系："分工的各个不同阶段，同时也就是所有制的各种不同形式。这就是说，分工的每一个阶段还决定个人在劳动材料、劳动工具和劳动产品方面的相互关系。"③ 他根据分工的不同发展阶段论述了人类社会生产资料所有制的不同形式。分工一方面使资本积累增加，另一方面使资本、劳动和劳动产品分裂。马克思还认为"因为分工使精神活动和物质活动、享受和劳动、生产和消费由不同的个人来分担这种情况不仅成为可能，而且成为现实"④。这种分裂具体体现为，物质和精神、享受和劳动、生产和消费等活动间的分离，这种分离导致了不再从事物质生产劳动而只是消费和享受的剥削阶级的出现，以及只从事物质生产劳动却不能消费和享受被剥削阶级的出现。随着剥削阶级和被剥削阶级的产生和社会分工的细化，出现单个人或单个家庭与所有互相交往的个人之间利益的新冲突

---

① 《马克思恩格斯文集》第1卷，人民出版社2009年版，第520页。

② 《马克思恩格斯文集》第1卷，人民出版社2009年版，第579页。

③ 《马克思恩格斯文集》第1卷，人民出版社2009年版，第521页。

④ 《马克思恩格斯文集》第1卷，人民出版社2009年版，第535页。

“正是由于特殊利益和共同利益之间的这种矛盾，共同利益才采取国家这种与实际的单个利益和全体利益相脱离的独立形式”①。这说明马克思是通过研究分工理论引起人们各种活动分离的矛盾，导致人们之间阶级的分化——剥削阶级和被剥削阶级，当两大阶级之间产生不可调和的矛盾时就产生了国家，即探讨了分工与阶级、国家的产生及其相互关系。马克思的历史唯物主义理念已初见端倪。

马克思在《哲学的贫困》中主要是通过对蒲鲁东分工理论的批判来阐述其分工思想的。马克思强烈反对蒲鲁东将分工看作简单化、永恒化和抽象化的范畴，如通过一个分字的研究就可以了解每个时代的分工及其诸多影响，他认为，分工是特定历史阶段的必然产物，我们应该从实际出发，历史地、具体地考察分工及其影响。马克思对于分工和机器的关系也有论述，“在蒲鲁东先生看来，劳动工具的积聚就是分工的否定。而实际上我们看到的又是相反的情况。工具积聚发展了，分工也随之发展，并且反过来也一样”②。马克思认为劳动工具和分工是辩证统一的，并不是相互否定的关系。

四　分工类型的划分

分工是一种非常复杂的社会现象，在实际社会中以各种各样具体的形式和类型存在着。马克思恩格斯对分工的类型也进行过很多研究与概括，由此形成了他们关于分工类型的理论。

从纵向上看，按照人类社会发展的历程，分工作为一种客观现象大概经历了以下几个阶段性的类型：

（一）第一阶段是最初的性行为分工

人类历史的第一个前提就是有生命的个人的存在，而为了维持个人生命的存在，既需要通过物质生产劳动来维系自身的存在，同时还需要通过生育来维系整个人类社会。这样“分工起初只是性行为方面的分工”③。即男女之间为了繁衍后代生育子女而发生分工就是最初的分工，

---

① 《马克思恩格斯文集》第1卷，人民出版社2009年版，第536页。

② 《马克思恩格斯文集》第1卷，人民出版社2009年版，第626—627页。

③ 《马克思恩格斯文集》第1卷，人民出版社2009年版，第534页。

人类为了自身更好地生存下去在劳动中进行的最原始的男女性别的分工也是最天然的分工。

（二）第二阶段是简单的自然分工

自然分工是人类社会早期出现的，由于当时生产力水平极其低下，也没有任何生产技术，为了基本的生存，人们只能根据自然环境和男女性别身体差异等自身条件进行简单的分工。恩格斯在《家庭、私有制和国家的起源》中对自然分工做过考察：“分工是纯粹自然产生的；它只存在于两性之间。男子作战、打猎、捕鱼，获取食物的原料，并制作为此所必需的工具。妇女管家，制备衣食——做饭、纺织、缝纫。男女分别是自己活动领域的主人：男子是森林中的主人，妇女是家里的主人。”① 因此，马克思恩格斯将这种分工称为“由于天赋（例如体力）、需要、偶然性等等才自发地或‘自然地’形成的分工”②。

（三）第三阶段是盲目的自发分工

自发分工产生于原始社会解体时，受到私有制的制约，是一种没有目的性的分工。简单的自然分工并不是实际意义上的分工，“分工只是从物质劳动和精神劳动分离的时候起才真正成为分工。从这时候起意识才能现实地想象：它是和现存实践的意识不同的某种东西；它不用想象某种现实的东西就能现实地想象某种东西”③。自发分工不再是以自然环境和人类自身的条件为出发点，而是为了满足社会多方面的需要。由于生产力的发展，机器生产的采用，产生了大工业，“它使自然科学从属于资本，并使分工丧失了自己自然形成的性质的最后一点假象”④。自发分工是和私有制相联系的，因此具有自发性和强迫性的矛盾，它必将被共产主义社会的自觉分工所代替。

（四）第四阶段是有计划的自觉分工

自觉分工是以生产力充分发展为基础的，是以消灭与私有制相关的旧式分工为基础的，即“只要分工还不是出于自愿，而是自然形成的，那么人本身的活动对人来说就成为一种异己的、同他对立的力量，这种

---

① 《马克思恩格斯文集》第4卷，人民出版社2009年版，第178页。
② 《马克思恩格斯文集》第1卷，人民出版社2009年版，第534页。
③ 《马克思恩格斯文集》第1卷，人民出版社2009年版，第534页。
④ 《马克思恩格斯文集》第1卷，人民出版社2009年版，第566页。

力量压迫着人，而不是人驾驭着这种力量”[①]。所谓“消灭旧式分工”是指消灭非自愿的、异化的分工。随着脑力劳动与体力劳动分工的消灭，自觉分工的出现，促使人们可以按照自身的意愿和社会的需求从事不同的行业，分工不再是自发的、强迫的、盲目的，而是有计划的、自愿的、自觉的，个人不再是异化的、片面的、畸形的发展，而是全面的、自由的发展。

从横向上，马克思恩格斯从多个角度对分工类型进行过探讨，并由纵到横概括出物质劳动的分工和精神劳动的分工是社会两大最基本的分工形式，马克思恩格斯主张：“分工只是从物质劳动和精神劳动分离的时候起才真正成为分工。从这时候起意识才能现实地想象：它是和现存实践的意识不同的某种东西，它不用想象某种现实的东西就能现实地想象某种东西。”[②] 物质劳动和精神劳动的分工体现了真正分工的出现，它使意识完全独立出来，使体力劳动和脑力劳动分离，导致了阶级对立出现的可能。

在《资本论》中从相对剩余价值的生产的视阈，马克思认为：“单就劳动本身来说，可以把社会生产分为农业、工业等两类，叫做一般的分工；把这些生产大类分为种和亚种，叫做特殊的分工；把工场内部的分工，叫做个别的分工。”[③] 这里对分工的划分是从劳动本身或劳动主体来说的，按照一般、特殊、个别的方法来划分社会分工。马克思还阐述了社会内部的分工和工场手工业内部的分工，“社会内部的分工以及个人被相应地限制在特殊职业范围内的现象，同工场手工业内部的分工一样，是从相反的两个起点发展起来的”[④]。

恩格斯在《反杜林论》中认为：“到目前为止的一切生产的基本形式是分工，一方面是社会内部的分工，另一方面是每一单个生产机构内部的分工。”[⑤] 这种分工类型是以客体分工为研究对象来进行划分的。马克思还阐述了工场手工业的分工和社会内部分工的相互关系，即“工场

---

① 《马克思恩格斯文集》第1卷，人民出版社2009年版，第537页。
② 《马克思恩格斯文集》第1卷，人民出版社2009年版，第534页。
③ 《马克思恩格斯文集》第5卷，人民出版社2009年版，第406—407页。
④ 《马克思恩格斯文集》第5卷，人民出版社2009年版，第407页。
⑤ 《马克思恩格斯文集》第9卷，人民出版社2009年版，第306页。

手工业的分工要求社会内部的分工已经达到一定的发展程度。相反地，工场手工业分工又会发生反作用，发展并增加社会分工”①。马克思在《1861—1863 年经济学手稿》中以客体分工为研究对象，将分工分为社会内部的分工和企业内部的分工。

从物质劳动领域来看，社会分工表现为农业、工业和商业三个方面的分工。恩格斯在《家庭、私有制和国家的起源》中对三次社会大分工的形成和发展过程进行了探究，人们最初的谋生劳动是采集、狩猎、捕鱼，在长期的采集劳动中，人们逐渐掌握了某些植物的生产规律，并加以大量的培植，原始农业产生了；在狩猎的过程中，弓箭的发明、狩猎经验和技术的提高，猎物增多了，狩猎者开始饲养猎物，原始畜牧业产生了。由于自然环境等外在条件的不断变化，游牧部落开始出现。“游牧部落从其余的野蛮人群中分离出来——这是第一次社会大分工。”② 第一次社会大分工，提升了劳动生产率，劳动产品的增加和生产领域的扩大，个人交换成为交换的唯一形式，这些必然引起奴隶制的形成。“从第一次社会大分工中，也就产生了第一次社会大分裂，分裂为两个阶级：主人和奴隶、剥削者和被剥削者。”③ 第一次大分工真正开启了人类社会历史。

随着生产力的发展，铁制生产工具时代的到来，新的生产工具的出现引起了个人财富的迅速增加，逐渐出现了手工业生产类型的多样化，促进了新型行业的形成，如织布业、金属加工、酿造业等行业的出现，而这些门类众多的手工业活动不可能由同一个人来进行了，它们必须成为一个独立的生产领域，于是出现了“第二次大分工：手工业和农业分离了”④。第二次大分工不仅促进了生产力的发展和劳动生产率的大大提高，还提升了人类劳动力的价值，扩展了社会生产的规模和范围，加速了奴隶社会的形成，推动了人类社会的向前发展。

第二次大分工还使劳动产品中的一部分直接用于交换，单个生产者之间的交换上升为社会的生活必需，交换活动日益频繁，不断延伸交换

---

① 《马克思恩格斯文集》第 5 卷，人民出版社 2009 年版，第 409 页。
② 《马克思恩格斯文集》第 4 卷，人民出版社 2009 年版，第 179 页。
③ 《马克思恩格斯文集》第 4 卷，人民出版社 2009 年版，第 180 页。
④ 《马克思恩格斯文集》第 4 卷，人民出版社 2009 年版，第 182 页。

的范围，人类走到了文明时代的门槛。由于产品交换不断频繁和交换区域越来越大，导致产品生产者之间进行直接交换产生了困难。为了解决这种困难，这时“文明时代巩固并加强了所有这些已经发生的各次分工，特别是通过加剧城市和乡村的对立（或者是像古代那样，城市在经济上统治乡村，或者是像中世纪那样，乡村在经济上统治城市）而使之巩固和加强，此外它又加上了一个第三次的、它所特有的、有决定意义的重要分工：它创造了一个不再从事生产而只从事产品交换的阶级——商人”①。随着第三次大分工的出现，从此出现了脑力劳动和体力劳动的鲜明对立，使人类社会活动形式有了新的转变。

精神劳动分工从物质劳动分工中彻底脱离出来是分工形成的标志，精神劳动的分工就是意识形态的出现，它是一种完全不同于物质世界，并不再依赖于物质实践的一种形态。精神劳动的分工催生了专门从事理论、神学、哲学、道德等理论家。“分工也以精神劳动和物质劳动的分工的形式在统治阶级中间表现出来。”② 物质劳动和精神劳动的分离还产生阶级对立，形成统治阶级和被统治阶级。

五　分工理论的结构

马克思恩格斯分工理论在人类社会发展中的作用，主要是通过阐明分工在历史唯物主义中的地位与作用体现出来的。恩格斯在 1890 年 10 月 27 日致康拉德·施米特的信中认为：“关于历史唯物主义本身的问题。从分工的观点来看问题最容易理解。”③ 马克思则是通过探讨分工与异化劳动的关系、分工与生产力和生产关系的关系、分工与个人和家庭的关系、分工与阶级和国家的关系等具体方面的阐述，来创造性地作出他的第一个伟大发现——历史唯物主义。

（一）分工理论与异化劳动理论

马克思从私有制、劳动、资本的分离以及当时国民经济事实出发，揭示了异化劳动，主要表现为：第一，“工人对劳动产品这个异己的、

① 《马克思恩格斯文集》第 4 卷，人民出版社 2009 年版，第 185 页。
② 《马克思恩格斯文集》第 1 卷，人民出版社 2009 年版，第 551 页。
③ 《马克思恩格斯文集》第 10 卷，人民出版社 2009 年版，第 596 页。

统治着他的对象的关系"[①]，即工人生产的劳动产品越多，而他自己却越贫困。第二，"在劳动过程中劳动对生产行为的关系"[②]，工人的劳动是非自愿的劳动，是被迫的、强制性的劳动，是属于别人的、丧失自我的劳动。第三，"人的类本质，无论是自然界，还是人的精神的类能力，都变成了对人来说是异己的本质，变成了维持他的个人生存的手段"[③]，物质生产劳动不再是劳动者为了维持个人本身生存的方式，而变成了维持他人生存的方式。第四，"人同自己的劳动产品、自己的生命活动、自己的类本质相异化的直接结果就是人同人相异化"[④]，即人与人之间出现了剥削与被剥削的关系。

马克思在后面的阐发中对部分西方学者的分工和交换观点进行了评论，他写道："对分工和交换的考察具有极为重要的意义。因为分工和交换是人的活动和本质力量——作为类的活动和本质力量——的明显外化的表现。"[⑤] 此时，马克思还考察了分工的重要作用，他把分工看作人的类的活动和本质力量的形式之一，即分工就是被异化的劳动，是异化劳动的一种方式。马克思在探究工资时提到："分工提高劳动的生产力，增加社会的财富，促使社会精美完善，同时却使工人陷入贫困直到变为机器。"[⑥] 分工一方面发展劳动力，丰富了劳动产品，推动社会各方面的发展；另一方面却使工人越来越贫困，同时把人终身束缚于某一职业，成为了机器的奴隶，使人走向片面的、畸形的发展。

上述表明的是这种分工是异化劳动的表现形式，要消灭异化劳动就要消灭这种分工。马克思明确指出："三个因素即生产力、社会状况和意识，彼此之间可能而且一定会发生矛盾，因为分工使精神活动和物质活动、享受和劳动、生产和消费由不同的个人来分担这种情况不仅成为可能，而且成为现实，要使这三个因素彼此不发生矛盾，则只有再消灭分工。"[⑦] 为

① 《马克思恩格斯文集》第 1 卷，人民出版社 2009 年版，第 160 页。
② 《马克思恩格斯文集》第 1 卷，人民出版社 2009 年版，第 160 页。
③ 《马克思恩格斯文集》第 1 卷，人民出版社 2009 年版，第 163 页。
④ 《马克思恩格斯文集》第 1 卷，人民出版社 2009 年版，第 163 页。
⑤ 《马克思恩格斯文集》第 1 卷，人民出版社 2009 年版，第 241 页。
⑥ 《马克思恩格斯文集》第 1 卷，人民出版社 2009 年版，第 123 页。
⑦ 《马克思恩格斯文集》第 1 卷，人民出版社 2009 年版，第 535 页。

了调和生产中各要素的矛盾，只有消灭不合理的分工，才能克服劳动异化。也就是首先消灭现代私有制即资本主义私有制，才能消灭与之同行的异化分工和异化劳动。因此，分工就是人的劳动在其发展过程中产生异化的根源。正是因为对分工问题的探讨，马克思指出分工就是异化劳动的表现形式和其产生的根源，使自己走出了异化劳动和私有制的循环论证的怪圈，为异化劳动的克服最终奠定了坚实的理论基础。

（二）分工理论与生产力和生产关系理论

生产力是人们在物质生产活动中形成的解决社会同自然之间矛盾的实际能力，是人们改造自然使其能够适应社会需要的物质力量，从根本上说生产力体现了人与自然之间的现实关系。马克思指出："分工提高劳动的生产力，增加社会的财富，促使社会精美完善，同时却使工人陷入贫困直到变为机器。"[①] 分工推动社会生产力的发展，增加了社会产品，不断推进社会向前发展。马克思恩格斯分析了分工与生产力，"一个民族的生产力发展的水平，最明显地表现于该民族分工的发展程度。任何新的生产力，只要它不是迄今已知的生产力单纯的量的扩大（例如，开垦土地），都会引起分工的进一步发展。"[②] "分工，分工的阶段依赖于当时生产力的发展水平。"[③] 从此引文中可看出，分工体现了一个社会生产力的发展状况，同时生产力的发展引起分工的细化。人类社会中的任一历史阶段的分工形式都是通过生产力发展状况来表现的，同时生产力的提高又势必会促进分工不断地向前发展，引起分工的新阶段、新形式的形成。

生产力包括劳动对象、劳动资料和劳动者三个基本要素，以生产工具为核心的劳动资料不仅在人与自然之间起着中介作用，生产工具还对劳动组织形式和劳动方式也起着直接的制约作用。马克思在《哲学的贫困》中提出："劳动的组织和划分视其所拥有的工具而各有不同。手推磨所决定的分工不同于蒸汽磨所决定的分工。"[④] 这里马克思阐述了不同的生产工具对分工的发展具有决定性的意义。生产工具的发展引起分工

① 《马克思恩格斯文集》第1卷，人民出版社2009年版，第123页。
② 《马克思恩格斯文集》第1卷，人民出版社2009年版，第520页。
③ 《马克思恩格斯文集》第1卷，人民出版社2009年版，第587页。
④ 《马克思恩格斯文集》第1卷，人民出版社2009年版，第622页。

的细化，分工的发展又会引起新的生产工具的发明及其进一步使用。总之，生产工具和分工二者就是相互制约、相互促进，最后达到相互发展。生产工具对分工的作用还表现在，“由于机器和蒸汽的应用，分工的规模已使脱离了本国基地的大工业完全依赖于世界市场、国际交换和国际分工。最后，机器对分工起着极大的影响，只要任何物品的生产中有可能用机械制造它的某一部分，这种物品的生产就立即分成两个彼此独立的部门”①。机器和蒸汽等生产工具的应用引起了生产中的分工更加细化，扩大了分工的规模和生产的领域，最后促使分工向国际分工发展。

关于“生产关系”这一概念，马克思恩格斯在早期的研究中没有明确规定，“交往形式”“所有制形式”“市民社会”“生产关系”等术语都曾经用来表示“生产关系”。马克思在后期对生产关系有了明确具体的阐述，“人们在自己生活的社会生产中发生一定的、必然的、不以他们的意志为转移的关系，即同他们的物质生产力的一定发展阶段相适应的生产关系”②。当然，这里不仅包括占统治地位的生产关系，而且包括一定社会同时存在的其他生产关系。

马克思恩格斯在研究交往时指出分工导致了生产资料和劳动产品在劳动者之间分配，引起了资本与劳动之间的矛盾，促进了人类不同的所有制形式的出现。随后马克思恩格斯阐述了分工与生产关系的关系，“分工的各个不同阶段，同时也就是所有制的各种不同形式。这就是说，分工的每一个阶段还决定个人在劳动材料、劳动工具和劳动产品方面的相互关系”③。分工的每一个阶段决定了个人之间在生产中的相互关系，因此分工的各个不同阶段相对应于人类社会历史的不同阶段。马克思恩格斯按照分工的不同发展阶段阐释了与其相对应的人类社会生产资料所有制的不同形式。第一种是部落所有制。这种形式对应于落后的生产力，这一时期的分工比较落后，“仅限于家庭中现有的自然形成的分工的进一步扩大”④。第二种是古典古代的公社所有

① 《马克思恩格斯文集》第1卷，人民出版社2009年版，第627页。
② 《马克思恩格斯文集》第2卷，人民出版社2009年版，第591页。
③ 《马克思恩格斯文集》第1卷，人民出版社2009年版，第521页。
④ 《马克思恩格斯文集》第1卷，人民出版社2009年版，第521页。

制和国家所有制。这一时期的分工已经比较发达，同时还出现了私有制。第三种所有制形式是封建的或等级的所有制，这一时期的分工是很少的。马克思最后的观点是："分工和私有制是相等的表达方式，对同一件事情，一个是就活动而言，另一个是就活动的产品而言。"① 社会分工引起私有制的出现和人类社会历史的更替，也就是说分工制约着人类社会各时期生产关系的各个方面。马克思恩格斯把分工与生产力和生产关系联系起来进行研究，这样，分工就成为两者相互作用、相互制约的桥梁、纽带。

（三）分工理论与个人和家庭理论

个人和家庭是社会生活的起点，人类社会最初的分工是人们为了抵御自然灾害和动物的伤害，能够生存下去而形成的。人类最早的分工主要是按照天赋（例如体力）、需要、偶然性来进行的。分工的产生一方面促进了社会生产力的发展，提高了社会生产力，社会的劳动产品不仅可以实现个人自身的需要，还能够进行交换，有利于社会的发展和人的全面发展；另一方面这种分工使每个人长期固定在极其简单的操作上，人们某一方面的才能被发挥到极致，而其他方面的才能由于长时间地被隐藏而逐渐消退，直至完全消失。这种机械化的动作很容易导致劳动者的身心疲惫，对工作产生厌恶，降低工作效率，减少劳动产品，不利于社会的发展和人的发展。

人类"最初的分工是男女之间为了生育子女而发生的分工"②。这种最原始的男女性别分工促进家庭的形成。"每日都在重新生产自己生命的人们开始生产另外一些人，即繁殖。这就是夫妻之间的关系，父母和子女之间的关系，也就是家庭。"③ 在家庭内部，主要按照男女性别的天赋如体力的区别进行分工，男女从事的劳动也各不相同。"按照当时家庭内的分工，丈夫的责任是获得食物和为此所必需的劳动工具，从而，他也取得了劳动工具的所有权；在离婚时，他就随身带走这些劳动工具，而妻子则保留她的家庭用具。"④ 随着男子生产财富的增加，"财富

---

① 《马克思恩格斯文集》第1卷，人民出版社2009年版，第536页。
② 《马克思恩格斯文集》第4卷，人民出版社2009年版，第78页。
③ 《马克思恩格斯文集》第1卷，人民出版社2009年版，第532页。
④ 《马克思恩格斯文集》第4卷，人民出版社2009年版，第66页。

一方面使丈夫在家庭中占据比妻子更重要的地位”①。丈夫掌握了家庭的权柄，而妻子被贬成了丈夫淫欲的奴隶和生孩子的工具。随着社会的发展，分工的细化，“私人的家务变为社会的事业。孩子的抚养和教育成为公共的事情”②。妇女摆脱了家庭事务，她们在社会上和家庭中的地位发生了很大的改变，得到很大提高。

（四）分工理论与阶级、国家理论

在人类社会发展的过程中，最早与最小的社会经济结构在于个人与家庭，随后社会经济结构中出现了阶级以及一个耸立其上的国家。关于阶级的概念，学者们基本引用列宁的观点。他指出：“所谓阶级，就是这样一些集团，由于它们在一定社会经济结构中所处的地位不同，其中一个集团能够占有另一个集团的劳动。”③ 恩格斯阐述了国家的内涵，“国家是社会在一定发展阶段上的产物；国家是承认：这个社会陷入了不可解决的自我矛盾，分裂为不可调和的对立面而又无力摆脱这些对立面”④。

马克思恩格斯在《德意志意识形态》中研究了分工理论与阶级和国家理论之间的关系。他们认为，分工一方面提高生产力，增加了资本积累，另一方面使资本、劳动和劳动产品之间发生分裂。这种分裂的具体表现形式为，物质和精神、享受和劳动、生产和消费等活动的分裂，分离导致了不再从事生产劳动而只是消费和享受的阶级对立的出现。“分工包含着所有这些矛盾，而且又是以家庭中自然形成的分工和以社会分裂为单个的、互相对立的家庭这一点为基础的。与这种分工同时出现的还有分配，而且是劳动及其产品的不平等的分配（无论在数量上或质量上）；因而产生了所有制。”⑤ 分工的出现引起了资本、劳动同劳动产品之间的分离，同时还促使了劳动和劳动产品在生产者和非生产者之间不平等的分配。居民第一次被划分为两大阶级——剥削阶级和被剥削阶级。

---

① 《马克思恩格斯文集》第4卷，人民出版社2009年版，第67页。
② 《马克思恩格斯文集》第4卷，人民出版社2009年版，第89页。
③ 《列宁选集》第四卷，人民出版社2012年版，第11页。
④ 《马克思恩格斯文集》第4卷，人民出版社2009年版，第189页。
⑤ 《马克思恩格斯文集》第1卷，人民出版社2009年版，第535—536页。

随着分工的细化和阶级对立的产生，出现了个体利益同集体利益的矛盾，即阶级利益的对立产生了阶级矛盾。就有了“通过国家这种虚幻的‘普遍’利益来进行实际的干涉和约束成为必要”①。阶级对立的矛盾引起社会分裂，社会陷入自身不可解决的矛盾之中。为了维护剥削阶级所需要的社会秩序，这个社会需要一个专门从事管理社会的暴力机构；另外，由于生产力和分工的发展，脑力劳动与体力劳动、城市与乡村的分离等，也需要专门的行政机关和政治机构。这种实行阶级压迫的暴力机关和专门的行政机关和政治机构就是国家。分工引起了生产中和社会中的各种矛盾，这些矛盾产生了私有制、阶级和国家。马克思通过探讨分工理论与私有制、阶级、国家理论及其相互关系，充分肯定了分工理论在人类社会历史发展过程中的重要地位。

第二节　交往理论述要

交往是人与自然、人与人、人与社会之间经常发生的、普遍的活动。交往活动是人类第一个历史活动——物质资料生产的基础和前提，还推动人类社会历史大进步。交往范畴不仅在马克思开创的历史唯物主义体系中具有重要地位，还在其政治经济学和科学社会主义以及整个马克思主义理论体系中都占有核心地位。

一　交往范畴的释义

马克思历史唯物主义以社会实践为基本出发点。对现实的人，现存的世界以及其关系都必须从历史性的、现实性的和具体性的实践活动出发去探讨。实践活动不仅包括人类为了自身的生存与发展，同自然环境发生关系的生产活动，还包括在社会中人与人所进行的各种实践活动，这里的实践活动当然包括人们的交往活动。因此，马克思的交往理论自始至终是以实践为出发点的。

马克思提出：“人同自身的关系只有通过他对他人的关系，才成为

① 《马克思恩格斯文集》第1卷，人民出版社2009年版，第537页。

对他来说是对象性的、现实的关系。”① 人与自身的关系就是自我异化。另外，实现异化的手段本身就是实践的。马克思在《关于费尔巴哈的提纲》中，把人的本质归结为“不是单个人所固有的抽象物，在其现实性上，它是一切社会关系的总和”②。此时已潜在地包含了“交往”的倾向，奠定了其交往理论的实践基础。因为一切社会关系的动态化和具体化就是交往，而且它们只有通过交往才能体现出来。但这时的“交往”范畴还只是一种潜在的、非具体的活动，还没有发展到实践活动。

马克思还发展了费尔巴哈的社会关系观，把实践的观点赋予了“交往”。在亚当·斯密的劳动分工观的影响下，他们将交往与生产直接地联系起来，即“生产本身又是以个人彼此之间的交往为前提的。这种交往的形式又是由生产决定的”③。物质生产活动是以个人之间的交往为前提和基础的，而交往的具体形式又是由当时的生产方式所决定的。

马克思恩格斯在《共产党宣言》中也探讨过交往思想，他们指出：“资产阶级，由于开拓了世界市场，使一切国家的生产和消费都成为世界性的了。……于是由许多种民族的和地方的文学形成了一种世界的文学。”④ 在这里，《共产党宣言》作为马克思主义形成的标志，其交往的含义也逐步趋向成熟，得到了扩展和延伸，交往的范围扩展到世界范围内，它的宽度扩展到物质领域和精神领域，它从内涵上是从狭义逐步上升到广义的人类实践活动的一种过渡。

马克思在《资本论》中把交往看作私人劳动转化为社会劳动的一种工具和手段，也是唯一的一种工具和手段。他指出：“私人劳动在事实上证实为社会总劳动的一部分，只是由于交换使劳动产品之间、从而使生产者之间发生了关系。”⑤ 即在交换劳动产品的过程中，生产者之间发生了交往，此时每个生产者的劳动转化为社会总劳动的一部分，是具有社会性质的社会劳动。马克思恩格斯还把交往理解为商品社会的一般的社会生产关系，即“在商品生产者的社会里，一般的社会生产关系

---

① 《马克思恩格斯文集》第1卷，人民出版社2009年版，第165页。
② 《马克思恩格斯文集》第1卷，人民出版社2009年版，第501页。
③ 《马克思恩格斯文集》第1卷，人民出版社2009年版，第520页。
④ 《马克思恩格斯文集》第2卷，人民出版社2009年版，第35页。
⑤ 《马克思恩格斯文集》第5卷，人民出版社2009年版，第90页。

是这样的：生产者把他们的产品当做商品，从而当做价值来对待，而且通过这种物的形式，把他们的私人劳动当做等同的人类劳动来互相发生关系”[①]。人们在交换劳动产品的过程中，不仅私人劳动转化为社会劳动，劳动者之间还发生了各种社会关系。此时，马克思恩格斯已经把交往确认为一种社会生产关系，把交往活动真正上升到一种实践活动。

在《马克思恩格斯文集》第1卷注释中，编译者对于交往有较详细的解释：“‘交往’（Verkehr）这个术语在《德意志意识形态》中含义很广。它包括单个人、社会团体以及国家之间的物质交往和精神交往。马克思和恩格斯在这部著作中指出：物质交往，首先是人们在生产过程中的交往，这是任何其他交往的基础。《德意志意识形态》中所用的‘交往形式’、‘交往方式’、‘交往关系’、‘生产关系和交往关系’这些术语，表达了马克思和恩格斯在这个时期形成的生产关系的概念。”[②] 这就表明马克思恩格斯使用的“交往”的含义很广，它包括社会中的一切社会关系和联系，既包含个体、群体和社会之间的交往，又包含不同地域、不同国家、不同民族之间的交往，还包含政治、经济、思想、文化间的交往。此时，交往活动延伸扩展到一种广义的人类实践活动。

从马克思交往概念的形成演化来看，交往首先出自物质生产活动，然后是物质生产关系，最后形成为一切社会关系，包括政治关系和精神关系，它们都属于人类实践活动的抑或人类交往实践。在《关于费尔巴哈的提纲》中，马克思提出，“环境的改变和人的活动或自我改变的一致，只能被看作是并合理地理解为革命的实践”[③]，是我们理解交往活动的实质就是人类实践活动的重要依据。学者万光侠也持此观点，“马克思的社会交往概念，是指在一定社会历史条件下，人与人之间以一定的手段为媒介的、互为主体和客体的相互作用过程。这种活动归根结底是一种交往实践活动”[④]。

现在有很多学者将交往理论与实践融为一体，他们提出了交往实践

---

① 《马克思恩格斯文集》第5卷，人民出版社2009年版，第97页。

② 《马克思恩格斯文集》第1卷，人民出版社2009年版，第808页。

③ 《马克思恩格斯文集》第1卷，人民出版社2009年版，第500页。

④ 万光侠：《马克思的交往理论及其当代价值》，《江西社会科学》2000年第4期。

这一范畴，并对其概念做出了定义。张一兵认为，“交往实践（马克思多用生产交往、交往方式或交往关系）主要是指相对于人与自然关系的，人与人的‘社会的物质变换’关系”[①]。阎献晨指出，“所谓交往实践是诸主体间通过改造相互联系的中介客体而结成社会关系的物质活动”[②]。任平从结构方面来定义交往实践观时指出：“所谓交往实践观，从其结构来说，就是指实践自身是‘主体—客体’与‘主体—主体’双重关系的统一。这一界定，不但是对下一模式内在缺陷变革的必然产物，而且也是对马克思主义经典作家原意的遵循，更是对当代人类实践发展趋势的反映。”[③] 笔者认为，交往是指个人之间借助于一定的媒介，发生在主客体之间的一种普遍的社会活动。

二　交往类型的划分

交往是一种普遍而复杂的社会现象，它在社会中有多种形式和存在类型。从人类社会发展的过程看，马克思指出生产力的发展促进了交往的发展，交往可按历史形式来划分。交往的历史形式，一方面与生产力直接发生关系还受当时生产力发展水平的制约，“一切历史冲突都根源于生产力和交往形式之间的矛盾”[④]。另一方面从社会方式上体现着人类的本质规定是具体的、历史的统一。从纵向上，按照人类社会发展的历程，马克思把交往的历史形式分为：纯粹自发的交往形式、利益结构的交往形式、普遍物化的交往形式、真正联合的交往形式。

（一）从纵向划分：三种交往形式

从纵向而言，交往是一个从时间与空间不断延伸与扩张的过程，其交往的主体参与也是一个由少到多的过程。

1. 以纯粹个体自发的交往形式

在人类社会初期，人们纯粹自发地形成了以血缘为共同体的家庭及之间的战争、偶然的贸易而发生的最初的社会交往形式。这个时期，自

---

① 张一兵：《实践交往：人类社会主体的群际功能互动——关于一种哲学新视界的思考》，《天津社会科学》1993 年第 4 期。

② 阎献晨：《交往实践研究述评》，《哲学动态》1993 年第 1 期。

③ 任平：《论交往实践的三重结构》，《社会科学战线》1992 年第 1 期。

④ 《马克思恩格斯文集》第 1 卷，人民出版社 2009 年版，第 567—568 页。

然界以一种不可征服的力量与人类对立，人类只能屈服于自然界；另外人们“意识到必须和周围的个人来往，也就是开始意识到人总是生活在社会中的”①。这时，人类的活动都是在狭隘意识的情况下进行的，但是，这时人类已经意识到为了自身的生存，必须和周围的人进行交往，这种交往是单个的个体之间的一种纯粹自发产生的联合形式，它往往以一种偶然性的形式即部落间的战争和偶然发生的贸易表现出来。

2. 以人的独立性为特征的交往形式

随着物质劳动和精神劳动完整意义上的分离，城市和乡村也开始出现分离。马克思阐述道：“城乡之间的对立是随着野蛮向文明的过渡、部落制度向国家的过渡、地域局限性向民族的过渡而开始的。”② 随着城市和乡村的分离，人们被明显局限于两大区域：城市和乡村，城市拥有集中的人口、生产工具、资本、享受等资源，它代表着文明；而乡村则截然不同，乡村没有集中的人口、生产工具、资本、享受等资源，它代表隔绝、分散和愚昧。随着社会分工的发展，个人在交往中遇到的最突出的矛盾，即产生个体利益与共同利益的冲突，而且这些利益关系成为普遍的并且是当时主要的社会关系。以普遍利益和较大规模社会分工的出现为前提，劳动和产品的普遍交换是个人生存下去的必要活动。这种交换，引起了个人之间的关系展现出对他们个人自身是独立的、异己的。因此普遍交换的形成、交往开始发展以及商品货币的出现使得“个人的物化不是个人在其自然规定性上的物化，而是个人在一种社会规定（关系）上的物化”③。由于每个人只有通过交换价值——货币，他自己的活动或产品才成为他人的活动或产品。这时每个人的交往都采取了商品货币的形式，是普遍物化的交往形式。这时交往形式形成了以普遍物化为特征的需求、个人多方面的需求以及社会各方面的需求。人们之间的相互关系“表现为对他们本身来说是异己的、独立的东西，表现为一种物。在交换价值上，人的社会关系转化为物的社会关系；人的能力转化为物的能力”④。即人与人的关系被物与物的关系所替代。社会关系的

---

① 《马克思恩格斯文集》第1卷，人民出版社2009年版，第534页。

② 《马克思恩格斯文集》第1卷，人民出版社2009年版，第556页。

③ 《马克思恩格斯全集》第46卷（上），人民出版社1979年版，第176页。

④ 《马克思恩格斯文集》第8卷，人民出版社2009年版，第51页。

普遍物化一方面使个人只有通过交往才能在社会上生存；另一方面交往又引发了个人成为一种孤立的存在，“人的孤立化，只是历史过程的结果……交换本身就是造成这种孤立化的一种主要手段”①。此时的交往发展到以人的独立性为特征的交往。

3. 以人的个性自由为特征的全面的交往形式

社会化大生产和交往的发展，形成了世界市场，未来社会的交往范围非常广泛，交往能力不断增强，人类的交往进入全面的交往形式即理想的交往形式，而这些都是资本矛盾运动的结果。马克思指出，资本的矛盾运动“结果就是：生产力或一般财富从趋势和可能性来看的普遍发展成了基础，同样，交往的普遍性，从而世界市场成了基础”②。以人的个性自由为特征的全面的交往形式是对以往自然血缘共同体的无个性社会的摆脱，又克服了普遍异化，自觉产生的交往形式。此时，“单个人才能摆脱种种民族局限和地域局限而同整个世界的生产（也同精神的生产）发生实际联系，才能获得利用全球的这种全面的生产（人们的创造）的能力”③。这种交往不仅是人类自身发展的需要，还是人对交往的完全拥有；是自由人的联合；是人对自己生命本质的全方位表现；具有美的性质，是审美关系的普遍化。这是一种人自身、人与他人、人与自然、人与社会之间的自由、全面、和谐的交往。

交往是一定时代的人的活动方式和生产方式，因此，交往形态的更替与人本身的能力发展的阶段是相适应的。马克思在考察资本运行的基础上，提出了人类交往的三大形态：“人的依赖关系（起初完全是自然发生的），是最初的社会形式，在这种形式下，人的生产能力只是在狭小的范围内和孤立的地点上发展着。以物的依赖性为基础的人的独立性，是第二大形式，在这种形式下，才形成普遍的社会物质变换、全面的关系、多方面的需要以及全面的能力的体系。建立在个人全面发展和他们共同的、社会的生产能力成为从属于他们的社会财富这一基础上的自由个性，是第三个阶段。第二个阶段为第三个阶段创造条件。”④ 这种

---

① 《马克思恩格斯全集》第46卷（上），人民出版社1979年版，第497页。

② 《马克思恩格斯全集》第46卷（下），人民出版社1980年版，第36页。

③ 《马克思恩格斯文集》第1卷，人民出版社2009年版，第541—542页。

④ 《马克思恩格斯文集》第8卷，人民出版社2009年版，第52页。

交往形态的划分是以人的发展历史阶段为标准的。

（二）从横向划分：两大交往类型

马克思在其著作中除了对交往的形式进行纵向演进的研究外，还对交往的类型进行横向分类。根据不同的标准，交往划分为各种类型。马克思认为，交往的方式有物质的和精神的，根据人的存在方式还可分为个体交往和普遍交往。

1. 物质交往和精神交往

在马克思交往理论类型划分中，物质交往和精神交往是两大基本类型。其各自内涵分别是：

物质交往主要是指从事物质生产劳动个人之间的活动和能力的交往，还包括人们物质生产活动和能力的对象化结果的产品的交换。物质交往主要是通过劳动工具来完成的，是一种实物交往。精神交往是指从事物质生产和精神生产的个人之间的一种以语言为中介的思想、观念、理论和风俗习惯的交流与交换。精神交往以思想、观念为中介，是一种符号活动。物质交往和精神交往是辩证统一的，马克思对此进行过探究："思想、观念、意识的生产最初是直接与人们的物质活动，与人们的物质交往，与现实生活的语言交织在一起的。人们的想象、思维、精神交往在这里还是人们物质行动的直接产物。表现在某一民族的政治、法律、道德、宗教、形而上学等的语言中的精神生产也是这样。"① 从这段话中，可看出物质交往和精神交往有以下几方面的关系：一是在人类社会历史的早期阶段，精神交往还没有从物质交往中真正分离，而是融合在其中；二是物质交往的性质决定了精神交往的性质，精神交往的深度和广度受限于物质交往的深度和广度；三是精神交往对物质交往的发展有巨大的影响和反作用；四是物质交往和精神交往是具体的历史的统一。总之，物质交往是精神交往的前提和基础，精神交往是物质交往的最后目的和归宿。

2. 个体交往和普遍交往

马克思还依据人的存在方式将交往分为个体交往和普遍交往两种形式。个体交往是指个人为了自身生存在劳动的过程中同群体进行的交

---

① 《马克思恩格斯文集》第1卷，人民出版社2009年版，第524页。

往，个体交往是最基本的形式。普遍交往就是各民族和各国家都被纳入全球交往体系中的一种交往形式。

从交往的历史形式可看出，在原始社会，个体为了自身的生存在群体的协作劳动中进行自发的交往，这种以血缘、家庭和部落为基础的个体之间的交往是人类最初的交往形式，这种交往带有自发性和偶然性。“我们越往前追溯历史，个人，从而也是进行生产的个人，就越表现为不独立，从属于一个较大的整体：最初还是十分自然地在家庭和扩大成为氏族的家庭中；后来是在由氏族间的冲突和融合而产生的各种形式的公社中。”① 由于个人的能力的有限性，为了人类的生存，人们必须借助于一定的组织，个人之间为了更好地生存下去，他们开始以血缘为关系组成家庭共同体来生活。因为“人是最名副其实的政治动物，不仅是一种合群的动物，而且是只有在社会中才能独立的动物”②。随着交往范围的逐渐扩展，交往能力不断增强，出现普遍的交往形式，商品货币是人与人之间交往的普遍物化的社会化形式。“只有随着生产力的这种普遍发展，人们的普遍交往才能建立起来；普遍交往，一方面，可以产生一切民族中同时都存在着‘没有财产的’群众这一现象（普遍竞争），使每一民族都依赖于其他民族的变革；最后，地域性的个人为世界历史性的、经验上普遍的个人所代替。”③ 个体交往是普遍交往的起点，而普遍交往是个体交往的必然结果，普遍交往促进民族交往、世界交往的形成。

三　交往理论的结构

人类社会形成于人的实践和交往活动中，人是社会最基本的组成元素，社会就是由人们相互交往而不断形成的。马克思在《致帕维尔·瓦西里耶维奇·安年科夫》中提出了一个论断：“社会——不管其形式如何——是什么呢？是人们交互活动的产物。”④ 交往是以实践为基础的一种主体性活动，交往不仅是构成人们之间普遍的主体之间的社会联系即

① 《马克思恩格斯文集》第 8 卷，人民出版社 2009 年版，第 6 页。
② 《马克思恩格斯文集》第 8 卷，人民出版社 2009 年版，第 6 页。
③ 《马克思恩格斯文集》第 1 卷，人民出版社 2009 年版，第 538 页。
④ 《马克思恩格斯文集》第 10 卷，人民出版社 2009 年版，第 42 页。

关系的主要桥梁，这种交往结构都是与社会存在中的自然环境、生产力和生产关系、经济基础和上层建筑等及其基本要素紧密结合并相互作用。

（一）交往理论与自然环境理论

何谓自然环境？自然环境或地理环境是指与人类社会所处的位置相联系的各种自然条件的总和，如气候、土壤、山脉、河流、矿藏等，它是社会存在和发展经常的、必要的前提条件。[①] 自然环境是人类社会生存和发展永恒的、必要的条件，是人们生活和生产时的自然基础。自然环境提供了人类在社会生活和劳动中必需的物质生活资料的来源。因此，自然环境的优劣直接影响人们的生产劳动，以至影响整个人类社会。

马克思认为："为了进行生产，人们相互之间便发生一定的联系和关系；只有在这些社会联系和社会关系的范围内，才会有他们对自然界的影响，才会有生产。"[②] 人们只有处于一定的交往形式中才能对自然界进行改造，同时自然界对于交往的形式和发展也有重要影响。马克思还指出："他们是什么样的，这同他们的生产是一致的——既和他们生产什么一致，又和他们怎样生产一致。因而，个人是什么样的，这取决于他们进行生产的物质条件。"[③] 这句话表明人们的生活及其所进行的各种活动都是在一定的物质条件下进行的。物质条件是自然环境表现出来的一种物质形式，是人的实践活动范围内并具有了社会属性的自然物质。自然环境不仅是人类交往实践活动的前提条件，它的优劣还对交往活动、生产的发展和人类社会的发展又有重要影响作用。优的自然环境就会产生好的物质条件，就有利于社会的生产，好的物质条件下的生产不仅会增加社会劳动产品，还会促进人们之间交往的发展；反之，劣的自然环境就会产生坏的物质条件，就不利于社会生产的发展，即差的物质条件下的生产会延缓生产的发展，同时还会给人们的交往带来很多困难，限制了人们交往活动的范围和方式。

---

① 李秀林、王于、李淮春：《辩证唯物主义和历史唯物主义原理》第5版，中国人民大学出版社2004年版，第47页。

② 《马克思恩格斯文集》第1卷，人民出版社2009年版，第724页。

③ 《马克思恩格斯文集》第1卷，人民出版社2009年版，第520页。

（二）交往理论与生产力理论

人类交往与生产力是辩证统一的。一方面，交往活动是生产力存在与发展的前提。生产力是人类在生产实践中形成的改造自然、使其适应社会需要的物质力量。在生产力系统中，人是最基本最活跃的因素，然而单个人在生产中的力量是有限的，劳动者之间必须进行交往，才能构成现实的生产力，交往还使生产力得以进一步的发展。对于这一思想，马克思指出："各个人——他们的力量就是生产力——是分散和彼此对立的，而另一方面，这些力量只有在这些个人交往和相互联系中才是真正的力量。"① 同时，交往是生产力持续发展的重要途径。马克思又论道："某一个地域创造出来的生产力，特别是发明，在往后的发展中是否会失传，完全取决于交往扩展的情况"②，交往对生产力的延续和发展等都起了直接的、决定性的作用。

另一方面，生产力的状况决定了人类交往的状况。生产力是人类社会发展的最终决定力量，还是决定交往状况的关键要素。生产力发展水平的高低直接决定了交往的形式、范围、手段等的不同。马克思在研究市民社会时对此进行过说明："受到迄今为止一切历史阶段的生产力制约同时又反过来制约生产力的交往形式，就是市民社会。"③ 即不仅生产力发展状况决定了交往形式，同时，交往形式也受到生产力发展状况的制约。马克思还论述了交往形式的联系："已成为桎梏的旧交往形式被适应于比较发达的生产力，因而也适应于进步的个人自主活动方式的新交往形式所代替；新的交往形式又会成为桎梏，然后又为另一种交往形式所代替。"④ 各种交往形式的联系是与生产力的发展水平密切相关的。由于生产力的发展，交往不再限于狭隘的地域内，世界市场和世界交往逐步形成，最后出现了世界历史。"因此，按照我们的观点，一切历史冲突都根源于生产力和交往形式之间的矛盾。"⑤ 全部人类社会历史就是在生产力和交往形式的矛盾冲突中相互制约、相互

① 《马克思恩格斯文集》第1卷，人民出版社2009年版，第580页。
② 《马克思恩格斯文集》第1卷，人民出版社2009年版，第559—560页。
③ 《马克思恩格斯文集》第1卷，人民出版社2009年版，第540页。
④ 《马克思恩格斯文集》第1卷，人民出版社2009年版，第575—576页。
⑤ 《马克思恩格斯文集》第1卷，人民出版社2009年版，第567—568页。

促进的过程中不断引起社会的变革，由此不断推动人类社会历史向前发展。

（三）交往理论与生产关系（经济基础）理论

交往通常是指个人、集体、国家之间发生的各种社会实践活动。而生产关系则特指人们在物质生产过程中形成的各种交往形式。“迄今为止的一切交往都只是在一定条件下个人的交往，而不是作为个人的个人的交往。这些条件可以归结为两点：积累起来的劳动，或者说私有制，以及现实的劳动。如果二者缺一，交往就会停止。”① 可见，交往与生产关系相互影响、相互促进。一方面，生产关系制约着交往。马克思对于两者关系的认识是一个逐步深化的过程。在《德意志意识形态》中，马克思经常用交往、交往形式去代替生产关系，即交往和生产关系是与生产力相对的无区别的概念，这里还没涉及人与人是社会关系。马克思在随后的研究中，特别是在《哲学的贫困》中，他开始深入地研究生产关系范畴和交往范畴，生产关系主要指在生产劳动中人与人的关系。这些关系就是交往关系。马克思在《哥达纲领批判》中明确指出：“消费资料的任何一种分配，都不过是生产条件本身分配的结果。而生产条件的分配，则表现生产方式本身的性质。”② 即生产关系是交往的基础，是交往的主体部分，它决定了交往的状况。

另一方面，交往是生产关系存在和发展的基础。生产劳动是人类生存的首要条件，这种劳动最初就具有社会性，人们只有在社会关系中，只有在人与人的相互交往和协作的过程中，劳动才能顺利开展，才能维持现有的生产发展情况。即生产关系仅在交往活动中体现出来，交往是生产关系存在的基础和前提。另外，交往的发展状况对生产关系的发展起着促进或延缓的功能，其范围广、手段先进、频率高，生产关系就不断地向前优化；相反，交往的范围狭小、手段落后、频率低，相应的生产关系就会倒退或很缓慢。

（四）交往理论与政治上层建筑理论

上层建筑在整个社会有机体系统中占有重要地位，它包括观念上

---

① 《马克思恩格斯文集》第1卷，人民出版社2009年版，第579页。

② 《马克思恩格斯文集》第3卷，人民出版社2009年版，第436页。

层建筑和政治上层建筑两个部分。马克思的交往理论与政治上层建筑有着重要联系。一方面，交往理论促进国家政治上层建筑的形成和发展。通过人们的交往直接推动政治上层建筑的各项内容的形成和发展，使其不断更新和完善，使其更加符合人们的需求。人们的交往范围不断扩大，交往方式得到提升，新的交往形式推动社会生产的发展，产生了丰富的劳动产品，这些不但为政治上层建筑提供了坚实的物质基础，还对社会意识形态起着催化作用，先进的社会意识形态不仅有助于政治上层建筑的发展，还有利于社会的发展；另一方面，政治上层建筑为交往的存在和发展提供有力的政治保障和各种有利的条件，具体来说，政治上层建筑为交往提供丰富的资源、先进的工具、有序的社会环境等。

（五）交往理论与社会意识理论

马克思的交往理论揭示了人们在进行物质交往的同时发生了精神交往。马克思在《德意志意识形态》中对两者进行了解释："思想、观念、意识的产生最初是直接与人们的物质活动，与人们的物质交往，与现实生活的语言交织在一起的。人们的想象、思维、精神交往在这里还是人们物质行动的直接产物。表现在某一民族的政治、法律、道德、宗教、形而上学等的语言中的精神生产也是这样。"[①] "发展着自己的物质生产和物质交往的人们，在改变自己的这个现实的同时也改变着自己的思维和思维的产物。不是意识决定生活，而是生活决定意识。"[②] 即精神交往是以物质交往为基础的，精神交往是物质交往的产物。

精神交往在现实生活中表现为改变着人们的主观世界和人们相互的精神关系。精神交往的过程就是人们走向个人和谐的阶段。人们建设的精神交往活动产品，其理论成果最后形成各种社会意识形态。正是在这些形态的指导下，作为政治、法律制度及其设施的政治上层建筑才能得以建立和巩固，更好地保障交往的进行和发展。同时，社会意识形态为交往的存在与发展提供理论指导，有助于交往范围的扩展、交往手段的改进，促进交往的发展。

① 《马克思恩格斯文集》第1卷，人民出版社2009年版，第524页。

② 《马克思恩格斯文集》第1卷，人民出版社2009年版，第525页。

第三节　和谐理论述要

自从有人类社会以来，人类就从来没有停止过对幸福生活的追求，对良好社会秩序即社会和谐的向往。正如胡锦涛同志指出："实现社会和谐，建设美好社会，始终是人类孜孜以求的一个社会理想，也是包括中国共产党人在内的马克思主义政党不懈追求的一个社会理想。"[①] 以下从马克思主义视阈对和谐理论简述其要。

一　和谐范畴的释义

在中国所谓"和"是指融洽、和合；"谐"是指协调、一致。马克思主义和谐理论是建立在科学的实践观基础上的，其和谐理论集中表现在他的两类尺度的理论即"人的尺度"和"物的尺度"的对立统一中，也就是主体与客体之间特别是主体之间的对立统一，同时也表现为主观能动性与客观规律性在实践基础上的对立统一。马克思主义和谐理论突出地体现在其社会和谐理论中，其社会和谐理论是在批判地吸收空想社会主义中的社会和谐理论以及实践的基础上产生的。笔者认为，和谐就是力求人的主观能动性和社会的客观规律性达到辩证统一，这是人类不断而又永恒追求的目标。因而社会和谐的主要任务就是既要遵循客观规律又要发挥主体能动作用，不断地去求真务实，要在遵循真理的前提下来务实求和谐，而违反客观规律务虚就会导致不和谐。

二　和谐价值的指向

马克思主义的和谐理论的价值指向或核心理念是"以人为本"，或其价值就是"以人为本"。或说和谐理论体现在"人的尺度"中，要求人必须在遵循客观规律的基础上，发挥人的主观能动性，"以人为本"地来实现真理尺度和价值尺度的统一。人的全面发展就是整个社会和谐发展过程中的追求与最终体现，马克思对社会和谐的掌握是以每个人自由而全面发展为其价值指向。人的全面发展问题是马克思唯物史观的核

① 胡锦涛：《论构建社会主义和谐社会》，中央文献出版社 2013 年版，第 45 页。

心。他认为："从前的一切唯物主义（包括费尔巴哈的唯物主义）的主要缺点是：对对象、现实、感性，只是从客体的或者直观的形式去理解，而不是把它们当做感性的人的活动，当做实践去理解，不是从主体方面去理解。"① 我们要从人的活动中，以主体为入口去认识人类社会历史，这里的主体就是人。这一点是马克思主义哲学同旧唯物主义的根本区别。他还强调指出，每个人"应当通过全面的实践活动获得全面的发展"②。每个人从事的不同实践活动在不同程度上都促进人的发展，体现出人的本质。通过各种各样的实践活动，每个人的多种需求与外部世界联系起来，使自己的需要得到满足，达到这样的状态，即每个"人以一种全面的方式，就是说，作为一个完整的人，占有自己的全面的本质"③。最后，每个人的自由发展都是别人发展的条件，此时人实现了全面发展。当人实现自身、全面、自由、充分发展时，人就实现了自身的和谐发展，整个社会就处于一种和谐的状态。因此，马克思主义和谐理论的最终价值追求就是人的全面自由的发展。在《反杜林论》中，恩格斯指出："不言而喻，要不是每一个人都得到解放，社会也不能得到解放。因此，旧的生产方式必须彻底变革，特别是旧的分工必须消灭。"④

三　和谐理论的缘出

社会和谐理论在马克思主义整个学说中占有重要地位。这一理论是在对旧哲学进行批判，并对社会基本矛盾与人的发展理论的阐发中缘起，并发挥其理论作用。

（一）和谐理论与对以往理论的批判

马克思主义和谐理论是对以往社会问题的形而上学之见的批判中起步的。纵观马克思主义哲学的产生与发展的过程，从其唯物辩证法、唯物史观、剩余价值理论都是以批判为其理论的逻辑起点，由此阐发其和谐理论的。马克思认为"辩证法不崇拜任何东西，按其本质来说，它是

① 《马克思恩格斯文集》第1卷，人民出版社2009年版，第499页。
② 《马克思恩格斯文集》第9卷，人民出版社2009年版，第310页。
③ 《马克思恩格斯文集》第1卷，人民出版社2009年版，第189页。
④ 《马克思恩格斯文集》第9卷，人民出版社2009年版，第310页。

批判的和革命的"①。马克思的这一精辟论述表明其唯物辩证法是在对形而上学的批判而逐步形成的，而在对形而上学批判的过程又是一个由哲学层面具体通过经济学层面，特别是社会主义理论层面的批判与阐发的过程。

马克思政治经济学中从剩余价值理论的阐发到劳动和谐论的创立都是在对雇佣劳动现象的批判中形成的。资本是马克思主义研究政治经济学的基本范畴，也是其批判资本主义的逻辑起点。雇佣劳动是资本主义社会特有的现象，它和资本是相互联系、相互作用的。"资本以雇佣劳动为前提，而雇佣劳动又以资本为前提。两者相互制约；两者相互产生。"② 资本一方面产生雇佣劳动，资本的增加，导致工人阶级——资本主义制度的掘墓人的增加。那时，"劳动不再能变为资本、货币、地租，一句话，不再能变为垄断的社会力量"③。这就从政治经济学视角指示了社会由不和谐到和谐的发展方向，从而在其中具有重要理论地位。

科学社会主义理论中的和谐理论是对空想社会主义和谐理论的批判中形成的。在空想社会主义者的著作中含有积极的成分，特别是和谐理论的合理内容，马克思主义创始人评价说，他们其中"关于未来社会的积极的主张，例如消灭城乡独立、消灭家庭、消灭私人营利、消灭雇佣劳动、提出和谐社会、把国家变成纯粹的生产管理机构——所有这些主张都只是表明要消灭阶级对立"④。这些积极的思想主张都成为马克思恩格斯创立的科学社会主义理论中和谐理论的重要理论来源，同时既有继承又有创新，从而具有重要理论地位。

（二）和谐理论与社会有机体理论

和谐理论是基本矛盾运动的表现与结果，社会基本矛盾运动及其不断解决是社会和谐产生与发展的基本动力。人类社会有机体是在自然环境与人口因素、生产力与生产关系、经济基础与上层建筑、社会存在与社会意识等矛盾交织运动中不断发展的，这是人类社会发展的四大基本矛盾。四者之间的矛盾交织运动过程，如果使得社会有机体各层次要素

① 《马克思恩格斯文集》第5卷，人民出版社2009年版，第22页。

② 《马克思恩格斯文集》第1卷，人民出版社2009年版，第727页。

③ 《马克思恩格斯文集》第2卷，人民出版社2009年版，第47页。

④ 《马克思恩格斯文集》第2卷，人民出版社2009年版，第63—64页。

彼此适合，这就是一种社会和谐运动过程。马克思主义和谐理论就包含在社会有机体的各层次、各要素的全面协调及可持续发展中，这是衡量社会发展状况的好坏标准与尺度。

马克思主义社会有机体构成包括：前提性构成部分（即人口因素和自然环境）、基础性构成部分（即物质资料生产方式）、上层性构成部分（即社会政治组织与设施和法律制度）、观念性构成部分（即社会精神生产与社会精神生活领域）。这些构成部分不断发生着有机联系与展开着相互作用，即只有自然环境与人口因素的数量和质量相适应，生产关系与生产力的发展水平状况相适应，上层建筑的发展水平与经济基础的发展状况相适应、社会意识与社会存在的发展状况相适应，此时就实现了社会和谐。

资本主义创造的文明成果超过了以往一切历史时代，但它本身充满了各种矛盾，充斥着尖锐的阶级对抗。资本主义是人类历史进程中的一个重要环节，其社会有机体内的四大矛盾非常突出，使得社会极度不和谐。要消除这些矛盾，就必然要求用共产主义社会代替资本主义社会。和谐是社会有机体内四大基本矛盾运动的一种表现和结果，但和谐是相对的、不断发展变化的，它是随着生产力的发展和经济基础的变化而不断变化，即合适变为不适合，和谐也会变为不和谐。

四 和谐理论的基本视阈

马克思主义社会和谐理论是以实践为基础的，是与前述的社会有机体理论紧密相连的，这也为把握和谐理论的基本视阈奠定了理论依据。具体来说，马克思主义和谐理论的基本视阈包括主体与客体之间和主体与主体之间等方面的和谐统一。

（一）主体与客体的和谐

马克思主义社会和谐理论中主体与客体之间的和谐是其重要内容之一，它主要包括人与自然、人与社会两大领域的和谐。

1. 人与自然的和谐

人与自然的和谐是马克思主义社会和谐理论的重要内容之一。对此，马克思恩格斯分别有其由远而近的探索。就其远而言，马克思早期就认为，在共产主义社会里，“人和自然之间、人和人之间的矛盾的真正解决，是存在和本质、对象化和自我确证、自由和必然、个体和类之间的斗争的真正解决”①。此时“真正的解决”是对未来社会中的人与自然之间和谐关系的一种向往。就其近而言，马克思指出：“自然界一方面在这样的意义上给劳动提供生活资料，即没有劳动加工的对象，劳动就不能存在，另一方面，也在更狭隘的意义上提供生活资料，即维持工人本身的肉体生存的手段。”② 从这句话可看出，人类基本的而又切近生存条件如衣、食、住、用、行都必须通过实践从自然界摄取。马克思在强调自然界对人类生存的前提性地位的同时，还进一步深化了自然界同人的辩证关系。他论述道：“自然界是不依赖任何哲学而存在的；它是我们人类（本身就是自然界的产物）赖以生长的基础”③，而“自然界是人为了不致死亡而必须与之处于持续不断的交互作用过程的、人的身体。所谓人的肉体生活和精神生活同自然界相联系，不外是说自然界同自身相联系，因为人是自然界的一部分”④。这其中深蕴着人与自然和谐的必然性思想，也由必然性引出人类应自觉掌握好人与自然和谐的必要性及紧迫性。

由此可见，马克思恩格斯当时就观察到并预见了人与自然不和谐的表现及趋向。他们认为，人在实践活动中，人与自然相互作用的过程中不可避免地会改变自然规律起作用的范围和结果，改变了各种自然过程，这就可能会导致因人对自然的过度行为而产生对人类生存不利的负面影响。正如恩格斯所说的自然界“对人进行报复”的问题，即告诫我们不要对自然界过分地索取，否则，自然界会自发地来报复人类。“如果说人靠科学和创造性天才征服了自然力，那么自然力也对人进行报复，按人利用自然力的程度使人服从一种真正的专制，而不管社会组织怎样。”⑤ 我们为了生存和发展，在社会活动中一定要按照自然规律性和合人的目的性，去合理地调节人与自然之间的物质变换，达到人与自然的良性互动和共生共荣，实现人与自然的和谐。

---

① 《马克思恩格斯文集》第 1 卷，人民出版社 2009 年版，第 185 页。
② 《马克思恩格斯文集》第 1 卷，人民出版社 2009 年版，第 158 页。
③ 《马克思恩格斯文集》第 4 卷，人民出版社 2009 年版，第 275 页。
④ 《马克思恩格斯文集》第 1 卷，人民出版社 2009 年版，第 161 页。
⑤ 《马克思恩格斯文集》第 3 卷，人民出版社 2009 年版，第 336 页。

2. 人与社会的和谐

社会是由人组成的，人是存在于任何一定社会中的主体，人与社会是辩证统一的，不能离开人去理解社会，没有人就没有社会，人的发展是社会发展的条件并影响着社会的发展；也不能离开社会去理解人，社会发展依赖于人的发展，同时还是人的发展的基础和前提。人与社会应当是融为一体，浑然天成，只有这样的人才是自由而全面发展的人，这样的社会才是高度和谐的社会，这样才真正实现人与社会的和谐。

马克思指出："人是最名副其实的政治动物，不仅是一种合群的动物，而且是只有在社会中才能独立的动物。"① 即人只有存在于一定的社会中，处于一定的社会关系中才能成为独立的人。人与社会和谐的主要内涵就是要创造一个使每个人都能自由而全面发展的社会条件。这个条件系统中有物质条件和精神条件，还有作为二者之间的中介条件即社会制度。在私有制条件下社会里，受封建思想或资本话语的影响和某些旧的思维习惯的存在，严重阻碍着人们之间以经济权益为基点的公平正义的形成，导致人与社会之间出现一系列不和谐的现象。在当代社会由于生产力不够发达，人们的各种需求不可能得到完全满足，人与社会之间也会出现不和谐的现象。只有以人为本，不断发展社会生产力，创造丰富的物质文化生活，同时注意从制度入手来兼顾各阶层和各方面利益关系，不断满足人们的各种需求，才能实现社会公平正义。也就是说，要逐渐缓解社会中的各种矛盾，使人与社会在各个组成部分之间保持一种和谐的状态，使人与社会都能够得到全面而自由的发展，这样才能够实现人与社会的和谐。

(二) 主体与主体的和谐

马克思主义社会和谐理论还包括主体与主体之间的和谐，这从以人为本的视角看，是其更为重要的内容，它主要包括人与人的和谐、人与自身两大主体领域的和谐。

1. 人与人的和谐

社会就是人与人之间各种关系的总和。人与自然的和谐、人与社会的和谐以及人自身的和谐都依赖于人与人的和谐。我们通常所说的"以

---

① 《马克思恩格斯文集》第8卷，人民出版社2009年版，第6页。

人为中心”，还应作为一个关系范畴或命题来把握，这就是人与人之间应当实现人与人的本质及其表现在正能量上的良性互动，由此去影响与促进人与自然、人与社会及人自身的和谐。因为，人作为三大基本实践在活动中的主体，不管是改造自然的物质生产实践、改造社会的管理实践，还是精神生产实践都应当是在与人和谐交往中进行的。因此，人与人的和谐是和谐社会的主体基础和活动的前提，也是和谐社会以人为本的要求及体现。马克思在《关于费尔巴哈的提纲》中把人的本质明确规定为：人的本质是社会关系的总和。人生活在各种社会关系中，只有在人与人的各种交往中人的本质的正面价值才能得以充分体现，社会就能得以构成为和谐社会，一个和谐的社会应该是人与人之间的矛盾不断消除的过程，使每个人处于和谐的关系中。

马克思认为，人们追求的东西直接关系到他们的利益，而且人们的关系首先表现为物质利益关系。正确地处理这种关系是达到人与人之间和谐的最根本、最有效的手段与途径。马克思认为：“人对人的直接的、自然的、必然的关系是男人对妇女的关系。在这种自然的类关系中，人对自然的关系直接就是人对人的关系，正像人对人的关系直接就是人同自然的关系，就是他自己的自然的规定。”① 马克思关于这个多维的关系的论述中，无疑突出的是人与人的关系，内在地揭示了这一关系在多维关系中具有举足轻重的核心地位。

在原始社会里，人与人之间是和谐的。但是这种和谐是在原始公有制条件下最天然的形成，它的产生还与原始社会的贫困与纯真等条件相关，是一种本能的又是低能的相互依赖关系。随着私有制的产生，人与人之间的关系开始发生变化，人与人之间的关系首先体现在物质利益关系上，就是在获取所需物质利益的过程中，主体间出现了不可调和的矛盾，人的全面发展被束缚，人与人之间原有的和谐变成了人与人之间的纷争、对立。只有在物质生产力高度发展，物质财富极为丰富，每个人的素质得以充分提高，人的全面发展才成为可能。只有这样，人们的社会关系才会得到和谐的全面的发展，从而由人与人之间的和谐关系去推动整个和谐社会的形成。

---

① 《马克思恩格斯文集》第 1 卷，人民出版社 2009 年版，第 184 页。

2. 人与自身的和谐

人是和谐社会的主体，人自身的和谐是所有和谐中最基本的元素，同时也是人作为“类”存在的本质特征或基本属性。这里“人”强调的是每个人，即以“个体”的形式存在于现实社会生活中的单个的、有血有肉的人。人自身的和谐蕴含了多方位的和谐，因为这是每个或单个人内在素质的生成内化与展现外化的过程，其内化是根据，外化有条件，内化优劣规定着其与他人、与社会、与自然交往或外化的优劣，这是以人为本的以自身为之所在。

人与自身的和谐还表现为个人的身与心两方面的“自身”和谐，就是个人的生理和心理的和谐。人自身的和谐意味着人不仅要有物质需求，而且还要有精神需求，特别是这两种需求还要达到统一即和谐。人不仅要满足自己的欲望，而且还要满足自己的声望，特别是这两种求欲的完美统一即达到人性的和谐。人不仅要有逻辑的理性，而且还要有丰富的感性，特别是这两重性还要达到统一即和谐。因此，人自身的和谐中的身体和心理的和谐是人为其人的并为人的一生去不断掌握的过程，从而使人能不断与他人、与社会、与自身融为一体。

人自身的和谐也可以说是“人以一种全面的方式，就是说，作为一个完整的人，占有自己的全面的本质”①。这是人的本质力量的全面提升过程，是人的全面而自由的发展，是人的各种显能与潜能、品质与需要等都得以最大限度地激发和发展。当然，背离外在条件，尤其是时代条件，就会陷入空谈。在现代工业文明的飞速发展过程中，一方面带来巨大的物质文明和精神文明，同时却导致了人的片面化。这被马克思描述为：“劳动生产了美，但是使工人变成畸形。劳动用机器代替了手工劳动，但是使一部分工人回到野蛮的劳动，并使一部分工人变成机器。劳动生产了智慧，但是给工人生产了愚钝和痴呆。”② 这个时期的劳动严重影响了工人的身心健康，不利于工人自身的全面发展，工人变得机械、愚钝和痴呆。随后，马克思指出，只有消灭私有制及其异化劳动，以公有制而代之并实现体面劳动，在逐步迈向共产主义的过程中，人的自身的各个方面才能不断得到和谐发展。

---

① 《马克思恩格斯文集》第1卷，人民出版社2009年版，第189页。

② 《马克思恩格斯文集》第1卷，人民出版社2009年版，第158—159页。

第三章　分工、交往与和谐的辩证关系及其理论地位

分工、交往与和谐在马克思主义理论体系中占有举足轻重的地位，特别是相对历史唯物主义理论在当代的发展而言，对三者或三大范畴或三大理论之间的辩证关系及其理论地位的阐明尤为重要。这是历史唯物主义理论体系中一个全新的理论条链，而这无疑都只能在实践的基础上才能作出合理的阐明。

第一节　分工、交往与和谐的区别与联系

实践对于把握分工、交往与和谐三者的辩证关系起着方法论作用，它是分工、交往与和谐既相互区别又相互联系的基础。

一　分工、交往与和谐的相互区别

以实践为基础的分工、交往与和谐作为历史唯物主义理论体系中一个全新的理论条链，首先应理解三者之间是相互区别的。下面分别以实践为基础，从分工、交往与和谐的内涵及归宿两个视角来阐明其相互区别。

（一）从分工、交往与和谐的内涵不同看其相互区别

分工是马克思主义理论体系中的一个重要范畴。通常理解的分工是指随着生产力的发展而引起的社会生产部门的分化，它包含社会各生产部门之间和部门内部之间生产的分化，其结果是出现了许多相互间联系紧密而又相对独立的生产部门，代替了过去单一的生产部门的形式，促进了生产力的发展。马克思恩格斯认为："分工是一种特殊的、有专业

划分的、进一步发展的协作形式"①，是"不同种类的劳动的并存"②。从这些论述中，我们不难理解马克思主义所讲的分工，是人类在各种物质生产实践的过程中，建立在生产资料私有制基础上、不平等、异己的分工，是私有制统治下的产物，是一种强制性的分工，这种分工严重阻碍了人的发展与社会发展。从社会历史观的视角来看，分工是人类社会一种基本的社会现象，是生产力有了一定的发展而又发展不足的特有的劳动组织形式，是生产活动本身、人类的本质以及社会历史进步的体现，这些都是以生产实践为基础。分工反映了特定的历史阶段的社会关系。

交往也是人类社会普遍而常见的一种社会活动，是人类社会本身不断发展的条件，是人类生存发展的第一个历史活动，随着各种生产活动的展开，它是加速社会发展的动力因素，交往还是人与人之间交流沟通并建立和谐关系的最有效的手段和方式。交往是马克思主义理论体系中的一个重要范畴。在马克思主义经典著作中，交往范畴有着丰富的内涵。马克思在1846年致帕维尔·瓦西里耶维奇·安年科夫的信中，对交往进行了定义，即"为了不致丧失已经取得的成果，为了不致失掉文明的果实，人们在他们的交往［commerce］方式不再适合于既得的生产力时，就不得不改变他们继承下来的一切社会形式。——我在这里使用'commerce'一词是就它的最广泛的意义而言，就像在德文中使用'Verkehr'一词那样。例如：各种特权、行会和公会的制度、中世纪的全部规则，曾是唯一适应于既得的生产力和产生这些制度的先前存在的社会状况的社会关系"③。从这一论述中可看出，虽然分工是一定历史阶段的社会现象，但是交往则有更长的时间，它所涵盖的范围是很广泛的，是人们在各种生产过程中形成的以人与人之间的各种实践关系为基础或以一切社会关系为基础。交往促进生产力的发展、人的发展和社会的发展，具有社会历史性。

和谐是马克思恩格斯一生所追求的一种高尚的人类社会生活状态与

① 《马克思恩格斯全集》第47卷，人民出版社1979年版，第301页。
② 《马克思恩格斯全集》第26卷（第三册），人民出版社1965年版，第296页。
③ 《马克思恩格斯文集》第10卷，人民出版社2009年版，第43—44页。

理想的社会目标。和谐是指事物之间协调、均衡、有序的发展态势，而社会和谐是指社会共同体中各要素处于一种相互依赖、相互适应、相互促进的良性循环状态，主要包括人与自然、人与社会、人与人、人与自身处于一个有序的共同体中。和谐是马克思主义理论体系中的一个重要范畴，马克思主义把社会和谐与人的全面发展联系在一起进行分析，并把人的全面发展的程度和状态作为检验社会发展是否和谐的手段与标准。马克思在《德意志意识形态》中论述道："只有在共同体中，个人才能获得全面发展其才能的手段，也就是说，只有在集体中才可能有个人的自由。……在真正的共同体的条件下，各个人在自己的联合中并通过这种联合获得自己的自由。"① 马克思向往的理想社会是解决了生产的社会化和生产资料私人占有矛盾的共产主义社会，是没有剥削、没有压迫，人与人之间和谐相处的社会，人获得自由全面发展的社会。和谐是在物质生产过程中生产力得到不断发展，物质财富不断丰富，社会关系不断完善而形成的，交往普遍发展的一种良好的状况与过程，这都是建立在实践基础之上的。和谐不是静止的，而是一个动态的状态与过程，在人类社会演进过程中，和谐又是一种相对的、具体的、历史的人类生活状态。

不管是从分工、交往的内涵还是和谐的内涵视角看，都表明了实践就是分工、交往与和谐三者相互区别的基础。

（二）从分工、交往与和谐的不同归宿看其相互区别

分工是一种具体的历史社会现象，而不是一种抽象的、永恒的社会现象。交往与和谐虽然是由分工引发的社会现象和社会要求，但交往与和谐将成为人类永恒的社会现象与社会要求。这是分工同交往与和谐相互区别的首要之点。此外，还可对分工、交往与和谐的相互区别作深入的阐明。

分工在促进交换和社会有机体发展的同时也带来了弊端。斯密在《国富论》中谈到，分工的发展使从事劳动的劳动者被固定在极其单调的操作上，简单的工作内容极易引起劳动者的身心疲惫，直接降低工作效率，社会总体的生产水平相对有所下降。除此之外，分工将不同的人

---

① 《马克思恩格斯文集》第1卷，人民出版社2009年版，第571页。

束缚于特定的行业和领域，促使处于不同领域的人在生活水平和社会地位上有了很大的差距。同时对于部门内部，劳动者长期被捆绑在某些操作上，他们其他方面的能力就自然地逐渐退化或被磨灭了。对此，马克思有经典描述："人的才能的差异与其说是分工即交换的原因，不如说是它的结果。"① 分工以强制的形式出现，限制了单个人能力的提升。分工的发展导致了人的劳动生产的异化，分工的进一步发展还会引起社会关系的改变，分工和私有制是同时出现的，私有制直接的后果就是两个对立的阶级——剥削阶级和被剥削阶级的出现，正是由于分工的发展带来了这些弊端。因而只有消灭分工才能使生产力、社会状况和人的意识三要素之间的冲突得以消除，"要使这三个要素彼此不发生矛盾，则只有再消灭分工"②。这里的消灭分工，并不是要消灭不同物质生产过程中的专业划分，而是在物质生产活动——实践的基础上，大力发展生产力，用消灭分工的办法去消灭私有制，消灭异化劳动，消灭人的异化和社会的异化。

交往是人的生存及其一切社会活动的前提。交往促进了生产力和分工的发展，也促进了人和社会的发展。随着社会有机体的发展而多样化的交往推动着人类社会从低级的社会形态向高级的社会形态不断发展，而交往的历史形式也依次经历了纯粹自发的交往形式、利益结构的交往形式、普遍物化的交往形式、真正联合的交往形式。马克思还考察了交往形态的更替与人本身的能力发展的阶段是相适应的。他根据人的能力的发展相应地提出了人类交往的三种形式。通过此论述我们可看出，普遍交往是个人的全面自由发展的必要条件。马克思还分析了交往和民族的关系，认为"各民族之间的相互关系取决于每一个民族的生产力、分工和内部交往的发展程度。这个原理是公认的。然而不仅一个民族与其他民族的关系，而且这个民族本身的整个内部结构也取决于自己的生产以及自己内部和外部的交往的发展程度"③。人类社会历史的发展与交往地域的扩展是一致的。在历史发展的初期，交往只是共同体内部封闭性

① 《马克思恩格斯文集》第1卷，人民出版社2009年版，第240页。
② 《马克思恩格斯文集》第1卷，人民出版社2009年版，第535页。
③ 《马克思恩格斯文集》第1卷，人民出版社2009年版，第520页。

的交往；进入奴隶社会和封建社会，此时的交往是狭隘地域性的交往；世界市场的形成，人类的交往发展到世界交往，由此形成了“世界历史”。不管是从人的发展还是人类社会历史发展来看，交往都会在物质生产实践的基础上，随着社会有机体的发展而成为普遍交往，这是人类社会发展不可逆的趋势。

追求社会和谐，一直是马克思主义先驱们追求的一种美好的理想社会。马克思恩格斯在科学社会主义理论中揭示了怎样使人类和谐社会的理想变为现实。分工是一个自然产生的历史产物，分工在带来生产力和交换发展的同时，也带来了许多社会矛盾。分工导致了私有制的出现，私有制带来了剥削和压迫，带来了个人利益和共同利益的矛盾；分工还带来了人自身、劳动的异化以及人类交往的异化，使片面的人和完整的人成为社会的主要矛盾。因为分工产生了不利于社会发展的因素，马克思揭示了社会有机体的发展带来了社会分工，同时描绘了消灭分工后的社会，即“在共产主义社会里，任何人都没有特殊的活动范围，而是都可以在任何部门内发展，社会调节着整个生产，因而使我有可能随自己的兴趣今天干这事，明天干那事，上午打猎，下午捕鱼，傍晚从事畜牧，晚饭后从事批判，这样就不会使我老是一个猎人、渔夫、牧人或批判者”①。随着不合理分工的消灭，交往形式得到了飞速发展，交往由地域性向世界性发展。马克思恩格斯认为，“只有随着生产力的这种普遍发展，人们的普遍交往才能建立起来；普遍交往，一方面，可以产生一切民族中同时都存在着‘没有财产的’群众这一现象（普遍竞争），使每一民族都依赖于其他民族的变革；最后，地域性的个人为世界历史性的、经验上普遍的个人所代替。……共产主义只有作为占统治地位的各民族‘一下子’同时发生的行动，在经验上才是可能的，而这是以生产力的普遍发展和与此相联系的世界交往为前提的”②。随着生产力的发展，在物质生产实践的基础上，旧式的不合理的分工的消灭，世界历史性的、真正普遍的个人交往才能形成，现实中的人成为了自由而全面发展的人，共产主义才能建立起来，即和谐社会才能变为现实。

---

① 《马克思恩格斯文集》第1卷，人民出版社2009年版，第537页。

② 《马克思恩格斯文集》第1卷，人民出版社2009年版，第538—539页。

从分工、交往与和谐的发展归宿看，都表明了实践也是分工、交往与和谐相互区别的基础。

二 分工、交往与和谐的相互联系

实践活动既能把分工、交往与和谐相互区别开来，实践又能把分工、交往与和谐相互联系起来，实践的这种基础作用在后一方面的主要表现可从分工、交往与和谐的形成与发展过程两个视角中来阐明。

（一）从分工、交往与和谐的形成看其相互联系

实践是指人能动地改造物质世界的对象性活动。实践有三种基本形式：物质生产活动、社会关系活动、精神生产活动。在这三种基本形式中，物质生产活动是人类“第一个历史活动”，也是最基本的实践形式。

在原始社会，生产力水平极为低下，为了生存，面对强大的自然界，人们集群结队寻找食物，虽然在寻找食物的过程中人们从事的共同活动有差异，但这种差异少于共同性，还谈不上是社会分工。随着生产工具的出现，尤其是弓箭的发明，在物质生产实践活动——劳动的过程中，人们借助生产工具，使其自然器官的能力得到了加强和延展，促进了生产力的进一步发展，人类逐渐摆脱了动物性，自我意识水平得到了提升。此时，分工开始发展起来。最初形成的分工就是性别的分工，这种分工使人类得以繁衍并增添劳动力，分工与生产力是辩证统一的，随着分工的形成便促进了生产力的发展，反过来促成了分工逐渐细化。“分工起初只是性行为方面的分工，后来是由于天赋（例如体力）、需要、偶然性等等才自发地或‘自然地’形成的分工。分工只是从物质劳动和精神劳动分离的时候起才真正成为分工。”① 只是这时的分工，马克思恩格斯才看成是真正的严格意义上的分工。可见，分工的形成是物质生产实践活动发展到一定阶段的产物，实践在此对于分工的形成有着决定性的意义。

实践是人的存在方式，也是交往形成的基础。马克思主义就是立足于实践，与在物质生产实践活动中形成的分工相适应来阐明交往的形成及其横向关系问题。分工的最初形成阶段是天然的男女性别双方的分

---

① 《马克思恩格斯文集》第1卷，人民出版社2009年版，第534页。

工，而男女性别的分工只有通过随之而来的两性交往才能进行人口生产，即这本身也是两性交往的形成，由此才会有人类自身的世代相传。分工首先形成的是在物质生产实践中劳动者之间的关系，这种关系形成之后，每个人由于天赋、需求、偶然性等因素的影响都不可能生产出自己所需的所有产品，所以必然导致人们生产的产品的按需交换，产品交换关系就是这样形成的，同时产品交换又促成了人们其余交往活动的形成。随着生产力水平的提高，社会财富的增长，社会上出现了一部分拥有大量物质财富的人，他们开始脱离生产劳动，专门从事精神生产活动，催生了物质生产和精神生产的分离，这是继男女性别分工之后的又一真正的分工，是由家庭分工走向社会分工。这种分工随之又促进了物质交往与精神交往的需要，从而促进了广泛意义上的交往。从这个意义上说，广泛交往的形成是紧随人们最基本的实践形式即物质生产活动中又分离出精神生产活动而形成的，并随着社会分工多样化的形成进而形成多样化的交往。

分工与交往的形成阶段都蕴含着矛盾，在分工的基础上产生了私有制，导致了人们在交往活动中的地位、分配及消费形成变异乃至人自身的异化。交往是社会人的一种生存方式，只有以物质生产实践活动为基础，使生产力得到极为充分的发展，进而消灭不合理的旧式分工，人类交往活动过程中才能达到和谐，这是人类追求的最理想状态。人类在物质生产劳动中形成的交往关系是最基本的交往关系，并成为其他交往形成的基础，因此，从某种意义上说物质交往为实现社会和谐状态提供物质基础和经济保障。和谐是以此为基础进而要求社会共同体内各要素之间实现协调的发展。而交往就是联结社会共同体各要素之间相互依赖、相互促进的枢纽。社会和谐的形成就是以这样的生产力和这样的交往而形成并获得发展的。

从分工、交往与和谐的形成看，都表明了实践也是分工、交往与和谐相互联系的基础。

（二）从分工、交往与和谐的发展过程看其相互联系

以实践为基础的分工、交往与和谐在发展过程中也是相互联系的。分工是人类社会一定阶段形成的，随之有了交往又有了和谐的内在要求，由此一并步入人类社会的发展过程。这个发展过程也就是实践的多

彩纷呈过程，实践无疑成为三者相互联系的动态基础。

马克思恩格斯以物质生产实践为起点，他们把分工与生产力相联系指出："一个民族的生产力发展的水平，最明显地表现于该民族分工的发展程度。任何新的生产力，只要它不是迄今已知的生产力单纯的量的扩大（例如，开垦土地），都会引起分工的进一步发展。"① 由于生产力的发展促进了分工的发展，但是分工形成后，则出现了单个人的劳动能力的局限性和人类需求的多样性的矛盾，这个矛盾引起了交往形式和内容的变化，同时，交往的发展也促进了新的分工的出现。随着生产力的提高，人类历史上产生了三次大分工，人类社会的交往活动也有了长足发展。生产工具的改进，狩猎逐渐成了一个独立的劳动部门，随着猎物的增多出现了早期的畜牧业，"游牧部落从其余的野蛮人群中分离出来——这是第一次社会大分工"②。这次大分工标志着出现了专职化的劳动，专职化的劳动必然要求个体劳动者之间应建立起较多交往与和谐合作的关系。第二次社会大分工是手工业和农业的分工，此次分工的最大特点是生产劳动的多样化，多样化的生产劳动加大了人与人之间的交往程度与和谐需求。第三次社会大分工是商业与农业、手工业的分离，出现了直接以交换为目的的商业，以及以交换为职业的特殊阶层商人的形成，这种商品交换就是人们之间的物质交往，这次社会大分工带来较高的劳动生产率、较丰富的物质财富，同时也在更广阔的空间与长久的时间上给人与人之间、人与社会之间的交往与和谐的发展过程提供了更多的机会、更多的内容和更多的问题。

马克思认为："个人本身完全屈从于分工，因此他们完全被置于相互依赖的关系之中。私有制，就它在劳动的范围内同劳动相对立来说，是从积累的必然性中发展起来的。起初它大部分仍旧保存着共同体的形式，但是在以后的发展中越来越接近私有制的现代形式。分工从最初起就包含着劳动条件——劳动工具和材料——的分配，也包含着积累起来的资本在各个所有者之间的劈分，从而也包含着资本和劳动之间的分裂

① 《马克思恩格斯文集》第1卷，人民出版社2009年版，第520页。

② 《马克思恩格斯文集》第4卷，人民出版社2009年版，第179页。

以及所有制本身的各种不同的形式。”① 在这里，由于分工还不是出于自愿，但分工必然产生私有制。最后的结论是：“分工和私有制是相等的表达方式，对同一件事情，一个是就活动而言，另一个是就活动的产品而言。”② 这其中前一个“活动”必然表现出“交往”，后一个“活动的产品”必然表现出“交换”，表明分工和私有制同交往和交换是相互联系的。但是分工和私有制又导致交往与交换的不和谐，导致了人与人之间地位的不平等与利益分配的不合理，即因异化而导致了整个社会不和谐。而只有消灭私有制，消除异化，同时发展生产力，促进分配合理，促进交往发展，才能消灭不合理分工，使人与人之间的关系步入真正的和谐。

马克思指出：“共产主义所造成的存在状况，正是这样的一种现实基础，它使一切不依赖于个人而存在的状况不可能发生，因为这种存在状况只不过是各个人之间迄今为止的交往的产物。”③ 此时，由于生产力高度发达，公有制取代了私有制，物质财富极其丰富，人们摆脱了自发的分工的束缚。那时“代替那存在阶级和阶级对立的资产阶级旧社会的，将是这样一个联合体，在那里，每个人的自由发展是一切人的自由发展的条件”④。这些经典性的论述或展望表明，未来理想社会是人类实践深入发展的必然趋势，这个深化了的实践就是不合理的分工被淡化以至摆脱，人与人之间的交往走向自由，和谐走向良性，即分工、交往与和谐三者相互联系在实践的基础上深化了。

这就说明，无论是私有制还是公有制条件下的分工、交往与和谐，无论其特殊状况何等不一定，其发展过程都展示出它们的不同而又统一的基础，都是人类的实践活动本身。

第二节　分工、交往与和谐的辩证关系

分工、交往与和谐是马克思主义理论体系中的三个重要范畴，前一

① 《马克思恩格斯文集》第1卷，人民出版社2009年版，第579页。
② 《马克思恩格斯文集》第1卷，人民出版社2009年版，第536页。
③ 《马克思恩格斯文集》第1卷，人民出版社2009年版，第574页。
④ 《马克思恩格斯文集》第2卷，人民出版社2009年版，第53页。

节侧重以实践为基础由静到动从纵向上阐明了三者之间既相互区别又相互联系，这本身就是三者之间的辩证关系的重要内容，这为继续深入探讨三者之间的辩证关系奠定了理论基础。本节仍以实践为基础，侧重彼此互动从横向上阐明三者之间相互影响、相互作用的辩证关系，这是更显重要的内容，也是本书的重点抑或创新之点。

一 分工是交往与和谐的前提

“分工”是马克思主义理论体系中的重要范畴，马克思恩格斯以物质生产劳动为起点，对分工及与其密切相关的交往与和谐两个范畴的辩证关系进行了考察，笔者在此加以梳理阐明。

（一）分工是交往的前提

马克思恩格斯对分工及其相关的内容所进行的研究，首先表现在《1844 年经济学哲学手稿》中，对斯密、萨伊、斯卡尔培克、穆勒等人的分工观点进行评述时，其分工和交换的关系问题引起了马克思的极大兴趣。他写道：“对分工和交换的考察具有极为重要的意义，因为分工和交换是人的活动和本质力量——作为类的活动和本质力量——的明显外化的表现。”[①] 此时，马克思已经注意到分工和交换的重要作用，以及分工和交换之间的关系，这里的交换是产品的交换，而产品的交换就伴随着人与人之间的交往。分工使人类的活动片面化、独立化，而交往恰恰把这种片面化加以联合，不断整合为社会进步、人的发展所需的全面性力量。分工使人类活动相互分离，交往却把人类的各种活动整合为一体，分工的局限性的消解就是交往的合理性的追求，分工越发展越精细，交往也就越来越扩大，并蕴含着合理性安排或追求。

1. 最初的分工引发了交往的需要

马克思在《德意志意识形态》中强调：“全部人类历史的第一个前提无疑是有生命的个人的存在。因此，第一个需要确认的事实就是这些个人的肉体组织以及由此产生的个人对其他自然的关系。”[②] 个人的存在是人类历史的前提，而要维持生命的个人的存在就必须有两种生产：人

---

① 《马克思恩格斯文集》第 1 卷，人民出版社 2009 年版，第 241 页。

② 《马克思恩格斯文集》第 1 卷，人民出版社 2009 年版，第 519 页。

类自身生产和物质资料生产。人类最原始的分工就是男女性别的分工，男人和女人之间必须通过交往，人类才能够存在和繁殖，家庭得以形成。当有生命的个体出现以后，伴随其首要的问题就是生存问题。个人的生存需要劳动提供其所需的物质生活资料，而在人类社会初期，人们为了自身的生存，必须利用大自然，并且按照男女性别身体的差异进行分工来从事物质生产劳动以获取生活资料。这种男女性别的划分以及对其劳动产品的分配都必须通过人们的交往活动来实现。

2. 分工的发展促进交往形式的多样化

马克思恩格斯还认为生产力的发展引起分工的进一步精细化，精细化的分工促进新的交往手段和形式的多样化。关于分工的发展引起新的交往形式的多样化及其更新这一论点，马克思恩格斯对此进行了论证，一方面认为在各种社会形态下分工和交往形式是相对应的；另一方面认为分工与交往在不同历史发展形态的更新也是如此。对于后一个方面而言，在原始社会，人与人之间的分工是最原始、最天然的男女性别的分工，对应的人们的交往也局限在家族、氏族、部落内。人类社会进入自发地或“自然产生的”分工之后，随着社会的发展，人们的需求多样化了，由此交往也就多样化了。随着生产力的进一步发展，社会物质财富的进一步增加，社会上出现了一部分人，由于他们拥有大量的生产资料，使得他们能够不参加生产劳动就可以占有别人的劳动产品，而他们专门从事精神生产劳动。人类社会出现了物质劳动和精神劳动的分工。这种分工的出现和发展不仅扩展了交往的范围，还带来了多样化的交往形式。“分工的进一步扩大是生产和交往的分离，是商人这一特殊阶级的形成。”① 城市内部的分工导致了特殊阶级——商人的出现，同时出现了直接以交换为目的的商业，商业的出现促进了交往的快速发展，推动着交往形式的不断发展。城市内部分工的发展引起不同城市间的分工，分工也越来越精细化，随着交通工具的改善，出现了不同地域民族间的交往，促进各城市间的分工进一步成熟，产生了工场手工业。工场手工业的出现使世界市场成为可能，每个国家都实现最广泛的分工，各国自然经济时期的孤立状态不再存在，交往的地域限制开始消失，交往变为

① 《马克思恩格斯文集》第1卷，人民出版社2009年版，第559页。

了世界性交往，此时的交往形式也变得多样化。

(二) 分工也是和谐的前提

1. 分工提供了和谐所需的条件

马克思在《1844 年经济学哲学手稿》中指出“人和自然界之间、人和人之间的矛盾的真正解决”[①]，是一个很长的社会历史过程。但是这些由于分工产生的矛盾及其解决就是和谐所需的社会条件。除此之外，未来的社会将是一个旧式分工退出历史舞台，各种生产力空前提高，人类劳动产品非常丰富，人类的思想素质得到提升，每个人都全面发展的和谐社会。分工作为社会发展的一种基本现象，它是具体的、历史的。分工对社会的交往都具有历史前提的意义。分工创造了先进的生产工具，提高了生产力的飞速发展，大幅度地提高了社会生产率，创造了丰富的社会产品，因而为社会和谐提供了所需的物质条件。分工充分的发展会提升每个人的才能，包括人类的认识能力、劳动能力以及满足自身需求的能力等方面都得到极大提高，促进人的发展。因而为社会和谐提供了所需的主体条件。生产力越发展，分工越精细化，激励着人们不断地在物质生产之外去开辟科学文化领域，推动着各门科学与精神文化的快速发展，因而为社会和谐提供了所需的精神条件。

2. 分工的必然要求就是和谐

按照中国传统的“分久必合”的哲学观点，有了分工就有联系，有效联系就会走向和谐。因此，分工必然要求人与人之间的和谐。对此观点马克思恩格斯虽然没有直接提出，但是有些间接研究。马克思在《资本论》中指出：分工“一方面，它表现为社会的经济形成过程中的历史进步和必要的发展因素；另一方面，它表现为文明的和精巧的剥削手段”[②]。这说明分工一方面在社会劳动中推动了经济发展与加速了生产技术革新；另一方面分工又造成了不文明即各种矛盾。分工引起了个人利益与群体利益的冲突。随着分工的进一步发展，出现了“单个人的利益或者单个家庭的利益与所有互相交往的个人的共同利益之间的矛盾”[③]。

---

① 《马克思恩格斯文集》第 1 卷，人民出版社 2009 年版，第 185 页。

② 《马克思恩格斯文集》第 5 卷，人民出版社 2009 年版，第 422 页。

③ 《马克思恩格斯文集》第 1 卷，人民出版社 2009 年版，第 536 页。

结果正是这种分工引起了人类劳动的异化。“只要人们还处在自然形成的社会中，就是说，只要特殊利益和共同利益之间还有分裂，也就是说，只要分工不是出于自愿，而是自然形成的，那么人本身的活动对于人来说就成为一种异己的、与他对立的力量，这种力量压迫着人，而不是人驾驭着这种力量。”① 这就加深了生产力和生产关系的矛盾，严重阻碍了人的全面发展，人类社会无法进入和谐状态。因此，只有大力发展生产力，消灭这种不合理的旧式分工才能建立和谐社会。就像恩格斯指出的：“不言而喻，要不是每一个人都得到解放，社会也不能得到解放。因此，旧的生产方式必须彻底变革，特别是旧的分工必须消灭。”②

二　交往是分工与和谐的中介

交往是使生产与分工获得现实性意义的动力因素，又是促进人与人之间交流并建立和谐社会的手段和方式。概言之，交往是分工与和谐的中介。交往的这种纽带或桥梁作用主要是通过纵向和横向两个方面来体现的，纵向是就人的生产能力的发展阶段而言的，横向是就交往中的主客体关系而言的。

（一）从纵向上看交往是分工与和谐的中介

人的分工同人的生产能力特别是交往能力有着紧密的联系，“只有随着生产力的这种普遍发展，人们的普遍交往才能建立起来……最后，地域性的个人为世界历史性的、经验上普遍的个人所代替”③。这是说个人彼此之间的交往是分工发展的中介，或说交往对人类的生产能力、人的分工乃至和谐发展都起到纽带作用。

关于交往与人的能力以及社会形态发展的过程，马克思指出：“人的依赖关系（起初完全是自然发生的），是最初的社会形式，在这种形式下，人的生产能力只是在狭小的范围内和孤立的地点上发展着。以物的依赖性为基础的人的独立性，是第二大形式，在这种形式下，才形成普遍的社会物质变换、全面的关系、多方面的需要以及全面的能力的体

① 《马克思恩格斯文集》第1卷，人民出版社2009年版，第537页。
② 《马克思恩格斯文集》第9卷，人民出版社2009年版，第310页。
③ 《马克思恩格斯文集》第1卷，人民出版社2009年版，第538页。

系。建立在个人全面发展和他们共同的、社会的生产能力成为从属于他们的社会财富这一基础上的自由个性，是第三个阶段。第二个阶段为第三个阶段创造条件。”① 马克思这一段著名的宏论，为我们从纵向上阐明交往是分工与和谐的中介提供了理论依据和广阔的历史空间。他这里所说的“最初的社会形式”、“第二大形式”或“第二个阶段”与“第三个阶段”，完全可以概括为人类社会发展的三大社会形态的理论。

在“最初的社会形式”即原始社会形态下，是一个以人的依赖性为特征的社会形态，由于当时的生产力极其低下，分工的原始性，人们为了自身的生存处于以血缘为基础的依赖关系这样一种交往形态中，人们交往的范围和方式非常有限，因此“人的生产能力只是在狭小的范围内和孤立的地点上发展着”，个人之间的关系“只是作为具有某种规定性的个人而互相发生关系”②，这种交往关系“表现为人的限制即个人受他人限制的那种规定性”③。而“人们对自然界的狭隘的关系制约着他们之间的狭隘关系，而他们之间的狭隘关系又制约着他们对自然界的狭隘关系”④。此时的分工是最天然的男女性别的分工，即处于萌芽式的自然分工时期，导致交往主要限于家庭、氏族、部落内部，这种交往关系决定了人们处于一种最原始的和谐社会。

随着人类的生产能力得到提高，发生了人类历史向“第二大形式”的转变，对马克思这个提法，人们过去几乎无一例外地称为“以物的依赖性”为特征的社会形态。笔者依据文本，发现这个定位有失原意，马克思说的是“以物的依赖性为基础”而非以此为特征，是指的人类进入以物的依赖性为基础的人的独立性——以人的独立性为特征的社会形态。在这一时期，商品生产与货币交换促使了商品经济的充分发展，因而“在这种形式下，才形成普遍的社会物质变换、全面的关系、多方面的需要以及全面能力的体系”，人不得不同以往社会一样，要“以物的依赖性为基础”，但此时因人的能力的发展，“活动和产品的普遍交换已成为每一单个人的生存条件，这种普遍的交换，他们的相互关系，表现

① 《马克思恩格斯文集》第 8 卷，人民出版社 2009 年版，第 52 页。
② 《马克思恩格斯文集》第 8 卷，人民出版社 2009 年版，第 58 页。
③ 《马克思恩格斯文集》第 8 卷，人民出版社 2009 年版，第 58 页。
④ 《马克思恩格斯选集》第 1 卷，人民出版社 1972 年版，第 35 页。

为对他们本身来说是异己的、独立的东西，表现为一种物。在交换价值上，人的社会关系转化为物的社会关系；人的能力转化为物的能力”①。笔者认为，这一特征的社会形态，可以推断为“最初的社会形式”即原始社会解体之后，是指经过并带着奴隶社会与封建社会的发展成果而来的现代资本主义社会形态。换句话说，这一特征的社会形态是以奴隶社会和封建社会作为长时间的过渡而来的现代资本主义社会。这一特征的社会形态，其交往非常突出地表现为分工与和谐的中介或纽带，铸就了人类历史的辉煌，创造出以往一切世纪的财富总和都难同其比肩的物质成果。但是，这一特征的社会形态，同时又造成了人与人在权利与财富上两权对立，特别是造成了马克思揭示的资本主义社会的异化劳动。这种成就与这些对立乃至异化劳动本身就是马克思所说的“第二个阶段为第三个阶段创造条件”。因此，在这个创造条件的时期，交往一直是作为人的生存手段而存在，人类的生产能力和人的发展既有巨大进步同时又受到严重阻碍，社会就处在不和谐状态向着和谐社会状态而又艰难的转变之中。

随着生产力的高度发达，社会物质也极其丰富，这时私有制已经消失，交往就更加突出地表现为分工与和谐的中介或纽带。这时的人类便步入最高级的社会形态——以个人自由个性全面发展为特征的社会形态。这就是“建立在个人全面发展和他们共同的、社会的生成能力成为从属于他们的社会财富这一基础上的自由个性”的社会形态。马克思恩格斯指出：这“就像共产主义——它的事业——只有作为‘世界历史性’存在才有可能实现一样”②。他们还指明：“不这样，（1）共产主义就只能作为某种地域性的东西而存在；（2）交往的力量本身就不可能发展成为一种普遍的因而是不堪忍受的力量：它们会依然处于地方的、笼罩着迷信气氛的‘状态’；（3）交往的任何扩大都会消灭地域性的共产主义。”③ 这是因为：只有世界交往的普遍发展，旧式分工和私有制才会消亡，人的个性自由与全面发展也会实现，共产主义才会最终实现，或

---

① 《马克思恩格斯文集》第8卷，人民出版社2009年版，第51页。

② 《马克思恩格斯文集》第1卷，人民出版社2009年版，第539页。

③ 《马克思恩格斯文集》第1卷，人民出版社2009年版，第538页。

者说人类和谐社会就会最终实现。

（二）从横向上看交往是分工与和谐的中介

交往从横向而言，不仅包括物质交往、精神交往和文化交往，还包括人与自然的交往、人与人的交往以及人与社会的交往，而这些交往无一不是相对于分工与和谐而起着中介作用。

物质交往主要是指从事物质生产劳动过程中人们之间的活动和能力的交往，还包括人们的物质生产活动和能力的对象化结果的产品的交换。精神交往是指从事物质生产和精神生产过程中的人们之间的一种以语言为中介的思想、观念、理论和风俗习惯的交流与交换。关于物质交往和精神交往辩证的关系，马克思指出："思想、观念、意识的生产最初是直接与人们的物质活动，与人们的物质交往，与现实生活的语言交织在一起的。人们的想象、思维、精神交往在这里还是人们物质行动的直接产物。表现在某一民族的政治、法律、道德、宗教、形而上学等的语言中的精神生产也是这样。"① 即在物质生产和物质交往的过程中，产生了精神交往，属于精神产品的文化交往也伴随着产生。随着交往形式多样化的发展，激励着分工越来越精细化，人们从事不同的行业，带来丰富的劳动产品，满足了人们多样化的需求，社会的矛盾不断得以解决，社会逐渐走向和谐。

人同自然发生实践性关系就是物质生产过程，也是人与自然的交往过程。在人与自然交往的过程中，一方面，自然是人和人类社会存在和发展的重要物质基础；另一方面，人类又要对纯粹自然进行能动性的人化自然式的改造。当分工导致了私人利益和公共利益之间发生矛盾时，就会有人对最直接利益追求的最大化，导致人们对生产资料需要的无节制，引发了人与自然关系的恶化。特别是"资本主义生产使它汇集在各大中心的城市人口越来越占优势，这样一来，它一方面聚集着社会的历史动力，另一方面又破坏着人和土地之间的物质变换，也就是使人以衣食形式消费掉的土地的组成部分不能回到土地，从而破坏土地持久肥力的永恒的自然条件"②。人们为了自身的生存必须改善人与自然的关系，

① 《马克思恩格斯文集》第1卷，人民出版社2009年版，第524页。

② 《马克思恩格斯文集》第5卷，人民出版社2009年版，第579页。

而改善这种关系的唯一途径就是人与自然之间进行合理有序的交往，即人在实践中认识和改造自然的同时，以尊重和维护自然的生存，以便使其来为人类更好地服务。这就是为了实现人与自然的和谐。

人与人的交往是马克思恩格斯关注的焦点，他们首先揭示了人与人之间交往的必要性，在每个社会，个人为了生存和发展而必须与他人结成同盟来获取生活资料。人类为了繁衍后代，两性之间也必须进行交往。人类社会的发展促进个人的需求越来越多样化，人们处在错综复杂的社会关系中，这些决定了个人必须与他人进行交往。马克思指出："一个人的发展取决于和他直接或间接进行交往的其它一切人的发展；彼此发生关系的个人的世世代代是相互联系的，后代的肉体的存在是由他们的前代决定的，后代继承着前代所积累起来的生产力和交往形式，这就决定了他们这一代的相互关系。总之，我们可以看到，发展不断地进行着，单个人的历史绝不能脱离他以前的或同时代的个人的历史，而是由这种历史决定的。"① 马克思还揭示了人与人之间交往的目的性，即"任何人如果不同时为了自己的某种需要和为了这种需要的器官而做事，他就什么也不能做"②。由于人与人交往的必要性和目的性，因为分工产生了物质劳动和精神劳动、享受和劳动、生产和消费的分离，形成了剥削阶级和被剥削阶级，导致了人与人之间交往的异化。为了克服人与人之间交往的异化，只有通过大力发展生产力，不断增加物质财富，使普遍交往形成，形成个人的自由发展成为其他一切人自由发展的条件，才能真正实现人与人之间的和谐。

三　和谐是分工与交往的归宿

和谐是人类渴望的一种最崇高的生活和社会状态，和谐社会更是马克思主义者不懈追求的理想社会。和谐作为分工和交往的最后目标和归宿，可作以下分述。

（一）和谐是分工的归宿

在历史唯物主义和剩余价值学说两大理论的指导下，马克思恩格斯

---

① 《马克思恩格斯全集》第3卷，人民出版社1960年版，第515页。

② 《马克思恩格斯全集》第3卷，人民出版社1960年版，第286页。

剖析了和谐是分工发展的永恒目标。人类为了自身的生存和发展，其实践活动中的人与人之间出现了分工，分工发展既促进了人们的交往又促进了人全面自由的发展，这既为和谐提供了现实的可能，又成为和谐的必然归宿。譬如，原始社会的简单分工及其交往，导出的作为归宿的和谐是最原始的极低要求、极低程度的和谐社会。随着分工发展，生产工具水平的更新，推动着生产力向前发展，丰富了社会物质财富，个人的某些才能被扩展，个人得到了发展，原始的和谐社会被打破。又如，在带来较高生产力的资本主义社会，这时的“分工和私有制是相等的表达方式，对同一件事情，一个是就活动而言，另一个是就活动的产品而言”[①]。这时的私有制引起了资本、劳动和消费的分离，这三者的分离导致了生产劳动的异化、人的异化和社会的异化，人的发展受到极大阻碍，社会发展成了极不和谐的社会。这是不合理的分工导出的不和谐的归宿。为了人的发展与社会和谐，必须消灭旧的不合理分工，而消灭这种分工是以消灭私有制和异化为前提的，所有这些都是以生产力的高度发展来实现的。马克思还认为：“这种‘异化’（用哲学家易懂的话来说）当然只有在具备了两个实际前提之后才会消灭。要使这种异化成为一种‘不堪忍受的’力量，即成为革命所要反对的力量，就必须让它把人类的大多数变成完全‘没有财产的’人，同时这些人又同现存的有钱有教养的世界相对立，而这两个条件都是以生产力的巨大增长和高度发展为前提的。”[②] 因此，不合理的旧式分工的消灭、异化的消除以及共产主义的实现，都是以大力发展生产力为前提的，又是以消灭私有制与资产阶级为途径的，只有这样才能实现个人全面自由的发展，才能使和谐社会变为现实。这是以对不合理的分工的反抗与奋争而导出的和谐的归宿。

分工制约着所有制形式，伴随分工的发展阶段，人类社会经历了不同的所有制形式。从纵向看和谐是分工的归宿，其第一种是与原始分工相联系的天然共同体。由于当时生产力水平极低，这种分工是最简单的分工，社会只能实行原始的公有制，人与人之间是最低级的平等和谐关

① 《马克思恩格斯文集》第1卷，人民出版社2009年版，第536页。

② 《马克思恩格斯文集》第1卷，人民出版社2009年版，第538页。

系。随着生产发展人类进入第二种所有制形式，与自发分工相联系的虚幻共同体，自发分工主要存在于生产力水平较低的阶级社会，这种分工带有自发性与强迫性。“随着分工的发展也产生了单个人的利益或单个家庭的利益与所有互相交往的个人的共同利益之间的矛盾；而且这种共同利益不是仅仅作为一种‘普遍的东西’存在于观念之中，而首先是作为彼此有了分工的个人之间的相互依存关系存在于现实之中。”① 这种分工特有的强迫性导致个人利益与共同利益的矛盾，而这种共同利益实质是代表某些特定阶级的特殊利益，是“虚幻的共同利益”，因此，这种社会是作为一种独立的力量与单个的人相独立的，在这种虚幻共同体内，人与人之间是剥削与被剥削的关系，整个社会处于一种非常不和谐的状态。第三种所有制形式是与自觉分工相联系的真实共同体。自觉分工主要是共产主义社会，是一种积极主动的、自觉的分工。马克思指出：“在共产主义社会高级阶段，在迫使人们奴隶般地服从分工的情形已经消失之后，从而脑力劳动和体力劳动的对立也随之消失之后；在劳动已经不仅仅是谋生的手段，而且本身成了生活的第一需要之后；在随着个人的全面发展，他们的生产力也增长起来，而集体财富的一切源泉都充分涌流之后，——只有在那个时候，才能完全超出资产阶级权利的狭隘眼界，社会才能在自己的旗帜上写上：各尽所能，按需分配！”② 共产主义社会，旧式固定的分工被消灭，技术性分工得到快速发展，分工越来越精细、越来越专业，另外因人的能力获得全面自由发展而使旧式分工消失，此时的社会才是全面和谐的社会。

（二）和谐是交往的归宿

交往是人类生存的一种基本方式，人类为了自身的生存和发展只有通过不断的交往才能开展生命性生产活动、物质性生产活动、精神性生产活动和制度性生产活动。在这些生产活动中，个人的才能不断得到发展，社会关系不断得到完善，最后达到这样一种境界：个人得到全面发展，社会不断走向和谐，和谐成了交往的必然归宿，这种和谐关系是由交往本身的性质与状况所决定的。马克思主义理论作为一种指导思想和

① 《马克思恩格斯文集》第1卷，人民出版社2009年版，第536页。

② 《马克思恩格斯文集》第3卷，人民出版社2009年版，第435—436页。

行动指南，其风向标始终指向由社会主义迈向共产主义。在《共产党宣言》中，马克思恩格斯指出："在1847年，社会主义意味着资产阶级的运动，共产主义则意味着工人的运动。……所以我们一刻也不怀疑究竟应该在这两个名称中间选定哪一个名称。而且后来我们也根本没有想到要把这个名称抛弃。"① 这就鲜明体现了马克思主义理论代表了最广大无产阶级的根本利益，其理论指引下的实践及其交往指向或归宿就是建立共产主义社会。这种交往由分出共产主义第一阶段与共产主义第二阶段即社会主义社会和共产主义社会。也就是说，资本主义社会之后的和谐作为交往的归宿是分两大步循序渐进的。

马克思恩格斯从纵向论及这一和谐是交往的归宿时，侧重的还是共产主义社会。他们论道：共产主义创造的存在状况"只不过是各个人之间迄今为止的交往的产物"②，"共产主义和所有过去的运动不同的地方在于：它推翻一切旧的生产关系和交往关系的基础，并且第一次自觉地把一切自发形成的前提看做是前人的创造，消除这些前提的自发性，使这些前提受联合起来的个人的支配。因此，建立共产主义实质上具有经济的性质，这就是为这种联合创造各种物质条件，把现存的条件变成联合的条件"③。从这些可看出，无论从《共产党宣言》标题还是从正文内容看，都一再地表明了共产主义社会的高级形态的和谐是人类交往的最后归宿，那时的交往实践是实现共产主义的根本手段，那时的交往性质和状况决定其最后必然指向共产主义社会理想或和谐社会。

马克思主义从现实的人出发，通过描述交往与物质生产实践的关系来阐明和谐是交往的归宿。譬如他在《共产党宣言》中指出："共产主义只有作为占统治地位的各民族'一下子'同时发生的行动，在经验上才是可能的，而这是以生产力的普遍发展和与此相联系的世界交往为前提的。"④ 即共产主义社会是人类交往发展的必然指向，即和谐社会是交往发展的最后归宿。另外，马克思还分析了不同历史时期相对应的三种相互联系的交往形式，即：人的依赖性的交往形式，人的独立性的交往

① 《马克思恩格斯文集》第2卷，人民出版社2009年版，第21页。
② 《马克思恩格斯文集》第1卷，人民出版社2009年版，第574页。
③ 《马克思恩格斯文集》第1卷，人民出版社2009年版，第574页。
④ 《马克思恩格斯文集》第1卷，人民出版社2009年版，第538—539页。

形式，人的自由个性全面发展的交往形式。对此，已在前面相关部分中作了较详细的阐述。

在不同的社会形态之中，其历史条件、具体目标与要求达到的程度是不同的。而且分工与交往指向和谐也不是一次完成的，而是三者循环往复以至无穷。

第三节　分工、交往与和谐理论条链的理论地位

分工、交往与和谐是马克思主义理论体系中的三个重要范畴，它们在马克思主义理论体系中具有重要理论地位，前两节分别阐明了分工、交往与和谐这三个范畴之间是相互区别与相互联系、相互影响与相互作用的辩证关系，本节对基于三个范畴之间的这种辩证关系进而阐明它们作为一个理论条链在马克思主义理论体系中的重要理论地位。

一　在历史唯物主义中的理论地位

分工、交往与和谐的辩证关系表明其为一个理论条链，首先是体现在马克思主义哲学层面，主要体现在具有世界观意义特别是历史观意义的历史唯物主义理论体系中。笔者通过解读《1844 年经济学哲学手稿》和《德意志意识形态》来阐明这一理论地位。

（一）从《1844 年经济学哲学手稿》看其理论地位

苏联著名学者巴加图利亚在《马克思的第一个伟大发现》一书中就曾指出："当马克思注意到分工问题的时候，马克思似乎预感到了正是这方面对历史和社会规律性的进一步探索将会获得特别重大的成果，……正是经过对分工的分析，马克思在制定唯物主义历史观方面就迈出了下一步，而且是有决定意义的一步。"① 在这里，马克思批判吸收了国民经济学的观点，因为私有财产、劳动、资本、土地、工资、资本利润、地租的相互分离，导致了异化劳动的出现。马克思阐述"异化劳动"主要是在生产关系领域进行的，即"通过异化劳动，人不仅生产出

① ［苏］巴加图利亚：《马克思的第一个伟大发现》，陆忍译，中国人民大学出版社 1981 年版，第 35 页。

他对作为异己的、敌对的力量的生产对象和生产行为的关系，而且还生产出他人对他的生产和他的产品的关系，以及他对这些他人的关系"[①]。马克思以异化劳动为出发点，对分工进行了分析，他还认为"分工是关于异化范围内的劳动社会性的国民经济学用语。换言之，因为劳动只是人的活动在外化范围内的表现，只是作为生命外化的生命表现，所以分工也无非是人的活动作为真正类活动或作为类存在物的人的活动异化的、外化的设定"[②]。随后马克思指出："关于分工的本质——劳动一旦被承认为私有财产的本质，分工就自然不得不被理解为财富生产的一个主要动力。"[③] 在这里，马克思把分工理解为生产力，进而对斯密、萨伊、斯卡尔培克、穆勒等人的分工观点进行评论时，他写道："对分工和交换的考察具有极为重要的意义。因为分工和交换是人的活动和本质力量——作为类的活动和本质力量——的明显外化的表现。"[④] 此时，马克思已经察觉到了分工和交换的密切关系，而产品的交换不得不涉及人与人之间的交往关系，他指出："因为分工是从交换的倾向产生的，所以分工依交换的大小、市场的大小而发展或受到限制。"[⑤] 产品的交换不仅引起了分工进一步的发展，交换的发展状况还直接决定了分工的发展状况。

马克思通过对分工和交换以及两者关系的探究，其思想触角已经伸到生产力、生产关系领域，并作为一个不可分割的环节的两端。马克思还指出："分工和交换是私有财产的形式，这一情况恰恰包含着双重证明：一方面人的生命为了本身的实现曾经需要私有财产；另一方面人的生命现在需要消灭私有财产。"[⑥] 虽然马克思在《1844 年经济学哲学手稿》中还只是侧重谈到分工与交换（交往），还没有明确使用到和谐或相似用语，但以分工与交往这一环两端而阐发与其同和谐作为理论条链的思路在《1844 年经济学哲学手稿》中已经明确萌生。笔者想引一段

① 《马克思恩格斯文集》第 1 卷，人民出版社 2009 年版，第 165 页。
② 《马克思恩格斯文集》第 1 卷，人民出版社 2009 年版，第 237 页。
③ 《马克思恩格斯文集》第 1 卷，人民出版社 2009 年版，第 237 页。
④ 《马克思恩格斯文集》第 1 卷，人民出版社 2009 年版，第 241 页。
⑤ 《马克思恩格斯文集》第 1 卷，人民出版社 2009 年版，第 240 页。
⑥ 《马克思恩格斯文集》第 1 卷，人民出版社 2009 年版，第 241 页。

名论为证，即马克思指出："共产主义是对私有财产即人的自我异化的积极的扬弃，因而是通过人并且为了人而对人的本质的真正占有；因此，它是人向自身，也就是向社会的即合乎人性的人的复归，这种复归是完全的复归，是自觉实现并在以往发展的全部财富的范围内实现的复归。这种共产主义，作为完成了的自然主义，等于人道主义，而作为完成了的人道主义，等于自然主义，它是人和自然界之间、人和人之间的矛盾的真正解决，是存在和本质、对象化和自我确证、自由和必然、个体和类之间的斗争的真正解决。它是历史之谜的解答，而且知道自己就是这种解答。"① 这不能不说是马克思论述了人类分工与交往，特别是这一环两端都循序充分与高度发展之后，对随之出现的充分而又高度和谐社会即真正共产主义社会的揭示，就是关于构成分工、交往与和谐历史条链的思想。

（二）从《德意志意识形态》看其理论地位

《德意志意识形态》是马克思、恩格斯承先启后而全面系统地阐明了历史唯物主义的基本原理的合著，是历史唯物主义形成的基本标志，为其政治经济学和科学社会主义奠定了坚实的哲学基础。在《德意志意识形态》中，他们从科学的实践观点出发，从理论上探究了分工、交往在社会历史进程中的地位，主要通过对分工和交往对生产力的发展、私有制的产生、阶级和国家的出现，最后人类进入共产主义社会这些关系的阐述，从而形成其唯物史观的基本原理。具体来说，他们在《德意志意识形态》中主要考察了在社会物质生产中所产生的各种矛盾和对立，而这些都是由于分工造成的，通过交往的发展来解决各种矛盾，最后实现人的全面发展，进入和谐社会。马克思首先从"我们首先应当确定一切人类生存的第一个前提，也就是一切历史的第一个前提，这个前提是：人们为了能够'创造历史'，必须能够生活。但是为了生活，首先就需要吃喝住穿以及其他一些东西。因此第一个历史活动就是生产满足这些需要的资料，即生产物质生活本身"②。

马克思恩格斯以物质生产劳动的实践为基础，以分工为起点，阐明

① 《马克思恩格斯文集》第1卷，人民出版社2009年版，第185—186页。

② 《马克思恩格斯文集》第1卷，人民出版社2009年版，第531页。

了包括交换、交往在内的生产关系的思想。在《德意志意识形态》中，马克思恩格斯经常用“交往形式”“所有制形式”“市民社会”“生产关系”这些术语来表述“生产关系”思想。马克思随后在《政治经济学批判·序言》中明确指出：“人们在自己生活的社会生产中发生一定的、必然的、不以他们的意志为转移的关系，即同他们的物质生产力的一定发展阶段相适应的生产关系。”[①] 从这句话中可看出生产力决定生产关系的含义，此前，他们在《德意志意识形态》中还阐明了作为生产关系表现的各种交往形式对生产力反作用的思索，即“各种交往形式的联系就在于：已成为桎梏的旧交往形式被适应于比较发达的生产力，因而也适应于进步的个人自主活动方式的新交往形式所代替；新的交往形式又会成为桎梏，然后又为另一种交往形式所代替”[②]。这深刻揭示的是生产力与作为生产关系表现的各种交往形式良性渐进。

马克思对分工与私有制关系的阐释，一般被认为构成了一种唯物史观的思维。在私有制的基础上，随着分工的深化，马克思进一步分析了“因为分工使精神活动和物质活动、享受和劳动、生产和消费由不同的个人来分担这种情况不仅成为可能，而且成为现实”[③]。这种分工的多样表现形式，随之引起复杂的交往，其交往的走向就是一个由矛盾的产生到解决的过程，也就是一个由不太和谐不断走向比较和谐的过程。马克思以私有制为出发点，通过分析分工引起的各种矛盾，来阐明分工与阶级、国家的形成。还联系物质生产与精神生产的分工来阐明物质交往与精神交往乃至语言交往等唯物史观范畴及关系问题。譬如其指出：“思想、观念、意识的生产最初是直接与人们的物质活动，与人们的物质交往，与现实生活的语言交织在一起的。人们的想象、思维、精神交往在这里还是人们物质行动的直接产物。表现在某一民族的政治、法律、道德、宗教、形而上学等的语言中的精神生产也是这样。”[④]

---

① 《马克思恩格斯文集》第2卷，人民出版社2009年版，第591页。
② 《马克思恩格斯文集》第1卷，人民出版社2009年版，第575—576页。
③ 《马克思恩格斯文集》第1卷，人民出版社2009年版，第535页。
④ 《马克思恩格斯文集》第1卷，人民出版社2009年版，第524页。

二 在政治经济学中的理论地位

分工、交往与和谐的辩证关系不仅创建了历史唯物主义理论体系一个新的理论条链，它们在政治经济学中也占有举足轻重的理论地位。马克思恩格斯主要是通过阐明社会再生产过程和剩余价值理论来确立其理论地位的。

（一）从阐明社会再生产过程看其理论地位

马克思用分工、交往与和谐的辩证关系分析了社会再生产过程，这一过程形成的生产、交换、分配和消费各个环节的关系，就是政治经济学所研究的对象。恩格斯对于生产和交换的关系进行了阐释："生产和交换是两种不同的职能。没有交换，生产也能进行；没有生产，交换——正因为它一开始就是产品的交换——便不能发生。……这两种职能在每一瞬间都互相制约，并且互相影响。"① 恩格斯在此对社会再生产过程中的生产和交换二要素的相互关系进行分析，其背景是以分工为前提来阐明生产对交换的决定作用，以及交换反过来对生产的促进作用，这里隐含或侧重阐明的分工与交往作为社会再生产过程中的一环两端不可分割。

恩格斯进而对以分工为前提的生产和交换进行考察时指出："随着历史上一定社会的生产和交换的方式和方法的产生，随着这一社会的历史前提的产生，同时也产生了产品分配的方式和方法。"② 随着生产和交换的产生和发展，从而引起了产品的分配以及产品分配方式的发展。同时"分配并不仅仅是生产和交换的消极的产物；它反过来又同样地影响生产和交换"③。这里实质上揭示了分配方式和方法对生产和交换具有两种反作用，即用今天的话说就是不和谐（即消极）与和谐（即积极）每一种新的生产方式和交换形式一开始都会受到旧的分配方式的阻碍，经过长时期的斗争才能得到与自己相适应的新的分配方式。

（二）从剩余价值理论看其理论地位

马克思在分析资本主义生产方式隐藏的剩余价值生产理论时，首先

---

① 《马克思恩格斯文集》第9卷，人民出版社2009年版，第153页。

② 《马克思恩格斯全集》第20卷，人民出版社1971年版，第161页。

③ 《马克思恩格斯全集》第20卷，人民出版社1971年版，第162页。

是从经济元素中最基本的商品开始的。他指出："商品首先是一个外界的对象，一个靠自己的属性来满足人的某种需要的物。"① 用来满足人的需要的物的有用性就是商品的使用价值。他紧接着对商品的价值进行了探究并说道："它们剩下的只是同一的幽灵般的对象性，只是无差别的人类劳动的单纯凝结，即不管以哪种形式进行的人类劳动力耗费的单纯凝结。……这些物，作为它们共有的这个社会实体的结晶，就是价值——商品价值。"② 由于每个生产者都是生产资料的所有者，劳动成果自然归他私人所有，此时的劳动产品不是商品。要生产商品，他不仅要生产使用价值，而且还要为别人生产使用价值，即产品的价值，只有在交换过程中，产品才转化成了商品，商品是一种具有使用价值和价值的物。商品是由劳动创造的，商品的二要素包含了劳动二重性，即商品的使用价值和价值是由生产商品的具体劳动和抽象劳动决定的，具体劳动创造商品的使用价值，抽象劳动形成商品的价值。劳动的二重性是"理解政治经济学的枢纽"③。马克思对商品的价值属性进行了进一步阐述："价值是商品的社会关系，是商品的经济上的质。……作为价值，商品按一定的比例同时是其他一切商品的等价物。作为价值，商品是等价物；作为等价物，商品的一切自然属性都消失了；它不再和其他商品发生任何特殊的质的关系，它既是其他一切商品的一般尺度，也是其他一切商品的一般代表，一般交换手段。作为价值，商品是货币。"④ 产品在交换过程中转化为了商品，具有价值的商品成为了等价物，作为等价物，它固定地充当一切商品的价值尺度，商品转化成了货币。随着生产的发展，发明了新的生产工具，在这种情况下，各个人受劳动产品的支配特别是资本，人与人之间的联系只有交换，这时脑力劳动和体力劳动之间实际上已经必须实行分工。所有者对非所有者实行统治，"这种统治必须采取物的形式，通过某种第三者，即通过货币"⑤。这个商品和货币的经济关系之间又蕴含着劳动关系与价值关系，其所有这些或明或暗

---

① 《马克思恩格斯文集》第5卷，人民出版社2009年版，第47页。
② 《马克思恩格斯文集》第5卷，人民出版社2009年版，第51页。
③ 《马克思恩格斯文集》第5卷，人民出版社2009年版，第55页。
④ 《马克思恩格斯文集》第8卷，人民出版社2009年版，第38页。
⑤ 《马克思恩格斯文集》第1卷，人民出版社2009年版，第556页。

的关系无一不是以人类实践的分工、财产的分割为前提与手段，由此有了生产与交往（或交换）和分配与消费等经济环节的出现。马克思正是由此进一步揭示了剩余价值产生的理论。

这就是资本家为了扩大生产，在资本原始积累的基础上，雇用大量被迫流离失所的工人、农民，这些人必须靠出卖自己的劳动力为生，即劳动力被当作商品出售，劳动力变成商品，这是货币转化为资本的前提。像其他商品一样，劳动力商品也具有价值和使用价值，但是，劳动力是特殊商品，它的价值和使用价值也具有特殊性。劳动力商品的价值是由生产和再生产劳动力所需要的社会必要劳动时间决定的，“它的使用价值本身具有成为价值源泉的独特属性，因此，它的实际消费本身就是劳动的对象化，从而是价值的创造”①。劳动力的使用价值能创造大于自身价值的价值。劳动力使用价值带来大大超过劳动力价值的那部分新价值，就是剩余价值。因此，“剩余价值就是雇佣工人所创造的并被资本家无偿占有的超过劳动力价值的那部分价值，它是雇佣工人在剩余劳动时间支出的剩余劳动的凝结”②。当货币购买的劳动力带来剩余价值时，货币就变成了资本。资本在本质上不是物，它是在物质外壳掩盖下的一种社会生产关系，是资本家剥削工人劳动的秘密。随着生产力的提高，新航路的发现，产品交换和分工得到进一步发展，加速了资本的积累和流通，促进了大工业的发展，它“首次开创了世界历史，因为它使每个文明国家以及这些国家中的每一个人的需要的满足都依赖于整个世界，因为它消灭了各国以往自然形成的闭关自守的状态”③。此时，“大工业到处造成了社会各阶级间相同的关系，从而消灭了各民族的特殊性。最后，当每一民族的资产阶级还保持着它的特殊的民族利益的时候，大工业却创造了这样一个阶级，这个阶级在所有的民族中都具有同样的利益，在它那里民族独特性已经消灭，这是一个真正同整个旧世界脱离而同时又与之对立的阶级”④。大工业的发展，形成了普遍交往，各

① 《马克思恩格斯文集》第5卷，人民出版社2009年版，第195页。

② 逄锦聚、洪银兴、林岗、刘伟：《政治经济学》第三版，高等教育出版社2007年版，第139—140页。

③ 《马克思恩格斯文集》第1卷，人民出版社2009年版，第566页。

④ 《马克思恩格斯文集》第1卷，人民出版社2009年版，第567页。

民族间的原始闭关自守的状态被打破了，使得整个世界日益分裂为两个相互直接对立的阶级——无产阶级和资产阶级，大工业还造成了资本主义社会的掘墓人——无产阶级。马克思恩格斯以大工业生产时代的分工为起点，探究了商品、货币、资本的形成，进而揭示了剩余价值产生的过程的理论，这其中无一不展示出分工、交往与和谐或不和谐正反两个方面的辩证关系，换句话说，马克思创建的伟大理论——剩余价值理论中，包含了分工、交往与和谐这一经济理论的条链在资本主义社会的特殊表现。

三　在科学社会主义中的理论地位

科学社会主义理论是马克思主义的行动指南和实现归宿，是马克思主义理论体系的重要组成部分。马克思恩格斯主要是通过阐明资本主义的必然灭亡和社会主义必然胜利的历史规律来确立分工、交往与和谐在其中的理论地位的。

（一）从《共产党宣言》看其理论地位

《共产党宣言》是科学社会主义理论乃至全部马克思主义理论诞生的标志，马克思恩格斯通过分工、交往与和谐的辩证关系，进一步阐明了社会主义代替资本主义的必然趋势。在资本主义社会早期，美洲的发现，新航线的开通，使交换手段更加多样化，分工也发展起来，“各种行业组织之间的分工随着各个作坊内部的分工的出现而消失了”①。随着生产力的提高，分工的细化，工场手工业阻碍了生产的发展。同时，生产工具的机械化推动了工业革命，产生了现代大工业，它代替了工场手工业。所有这些都促进了交往的发展，“大工业建立了由美洲的发现所准备好的世界市场”②。世界市场促进了社会各方面的发展。资产阶级在发展经济的同时，其政治领域也获得了很大发展，“从大工业和世界市场建立的时候起，它在现代的代议制国家里夺得了独占的政治统治。现代的国家政权不过是管理整个资产阶级的共同事务的委员会罢了”③。随

① 《马克思恩格斯文集》第2卷，人民出版社2009年版，第32页。

② 《马克思恩格斯文集》第2卷，人民出版社2009年版，第32页。

③ 《马克思恩格斯文集》第2卷，人民出版社2009年版，第33页。

着大工业和世界市场的出现，资产阶级变成了国家统治的工具。资产阶级“用公开的、无耻的、直接的、露骨的剥削代替了由宗教幻想和政治幻想掩盖着的剥削”①。同时，以世界市场为阵地，资产阶级把一切国家的生产和消费都变成世界性的，把一切国家和民族都卷入世界市场，形成了世界性的普遍交往。另外，生产工具的改进，分工也越来越精细。这些都大大促进了资本主义社会生产力的发展，正如马克思所说：“资产阶级在它的不到一百年的阶级统治中所创造的生产力，比过去一切世代创造的全部生产力还要多，还要大。”② 而资产阶级所形成的生产关系是在封建社会内部产生的，随着生产力的发展，这种关系阻碍了生产力的提高。即“这种关系已经在阻碍生产而不是促进生产了。它变成了束缚生产的桎梏。它必须被炸毁，它已经被炸毁”③。资产阶级使社会的生产力和生产关系产生了激烈的矛盾，同时，“资产阶级不仅锻造了置自身于死地的武器，它还产生了将要运用这种武器的人——现代的工人，即无产者”④。随着人类社会的进步，无产阶级得到了相同程度的发展。由于机器的推广，分工的精细发展，劳动强度的增加，导致劳动使人感到越来越厌恶，而工资却越来越少，无产阶级对资产阶级的反抗、斗争也越来越激烈。经济的发展，工业的进步，把统治阶级中的有些人变成了无产阶级，他们给无产阶级带来了大量的积极因素，促进了无产阶级的发展。“随着大工业的发展，资产阶级赖以生产和占有产品的基础本身也就从它的脚下被挖掉了。它首先生产的是它自身的掘墓人。资产阶级的灭亡和无产阶级的胜利同样是不可避免的。”⑤ 无产阶级想要建立的社会是“代替着那存在着阶级和阶级对立的资产阶级旧社会的，将是这样一个联合体，在那里，每个人的自由发展是一切人的自由发展的条件”⑥。这样的联合体就是一个和谐的社会。

这一系列的论述表明，现代资本主义社会基本矛盾导致“两个必

---

① 《马克思恩格斯文集》第2卷，人民出版社2009年版，第34页。
② 《马克思恩格斯文集》第2卷，人民出版社2009年版，第36页。
③ 《马克思恩格斯文集》第2卷，人民出版社2009年版，第36页。
④ 《马克思恩格斯文集》第2卷，人民出版社2009年版，第38页。
⑤ 《马克思恩格斯文集》第2卷，人民出版社2009年版，第43页。
⑥ 《马克思恩格斯文集》第2卷，人民出版社2009年版，第53页。

然”的趋势，以致社会主义社会还将被共产主义社会所代替，而这个人类社会形态更替的总过程的大脉论进中，任何一个历史时期乃至历史阶段，无不以分工、交往与和谐的不断的对立统一运动为契机。

（二）从《社会主义从空想到科学的发展》看其理论地位

《社会主义从空想到科学的发展》是继《共产党宣言》之后的科学社会主义的理论杰作。恩格斯此著主要深化了资本主义必然灭亡和社会主义必然胜利的历史规律。他分析了资本主义社会矛盾是怎样逐步产生的，这时分工又怎样使人的劳动力成为了商品，商品交换是怎样满足了人们的不同需求等。他指出："在这种个体生产者即商品生产者的社会中，渗入了一种新的生产方式。它在整个社会中占支配地位的自发的无计划的分工中间，确立了在个别工厂里的有组织的有计划的分工；在个体生产旁边出现了社会化生产。"① 随着生产资料集中在大作坊主和手工工场主的手中，生产资料变为了真正社会化的生产资料。"生产方式虽然已经消灭了这一占有形式的前提，但是它仍然服从于这一占有形式。"② 虽然这时的生产方式社会化了，但是它们仍然服从于以个体的私人生产为前提的这种占有形式。"赋予新的生产方式以资本主义性质的这一矛盾，已经包含着现代的一切冲突的萌芽。"③ 资本主义社会基本矛盾一方面产生了产业后备军——无产阶级；另一方面造成了生产力和生产关系之间产生了不可调和的矛盾。恩格斯由此进一步指出："无产阶级革命，矛盾的解决：无产阶级将取得公共权力，并且利用这个权力把脱离资产阶级掌握的社会化生产资料变为公共财产……人终于成为自己的社会结合的主人，从而也就成为自然界的主人，成为自身的主人——自由的人。"④ 此时，无产阶级通过革命来解决了资本主义社会的基本矛盾，生产资料成为了公共财产，无产阶级成为了当前社会和自然界的主人，成为了自由发展的人，社会也发展成为和谐社会。

---

① 《马克思恩格斯文集》第 3 卷，人民出版社 2009 年版，第 549 页。
② 《马克思恩格斯文集》第 3 卷，人民出版社 2009 年版，第 550—551 页。
③ 《马克思恩格斯文集》第 3 卷，人民出版社 2009 年版，第 551 页。
④ 《马克思恩格斯文集》第 3 卷，人民出版社 2009 年版，第 566 页。

第四章　主体视野下的分工、交往与构建和谐社会的实践

人是一种实践的存在物，又是处在各种实践活动中的主体。从现实的人出发即从实践活动的主体出发，通过人的实践活动去探索与改造主体与客体、人与世界的关系。在马克思主义哲学体系中，由于实践是一个核心范畴，因而实践的主体和客体是贯通各个部分的两大范畴。所谓“主体是指从事着实践活动和认识活动的人，客体是指实践活动和认识活动所指向的对象”①。分工、交往与和谐作为历史唯物主义理论体系中的一个理论条链，它们源自实践，因而在主体视野下来阐明分工、交往与和谐社会的构建，同时又在客体视野下来阐明分工、交往与构建和谐社会的实践，无疑是对历史唯物主义理论体系的完善，更是对当下构建中国和谐社会的实践，实现中华民族伟大复兴的“中国梦”都具有重大意义。本章先从主体视野下来阐发分工、交往与构建和谐社会的实践。

从社会实践主体构成的视角来看，实践主体一般分为个人主体、集体主体、社会主体和人类主体四大层次。

第一节　个人视野下的分工、交往与构建和谐社会的实践

个人有其相对独立的实践范围和实践形式，从这个意义上看，个人成为了独立的主体，即个人主体。由于个人在社会实践活动中的实践范

① 李秀林、王于、李淮春：《辩证唯物主义和历史唯物主义原理》，中国人民大学出版社2004年版，第73页。

围及实践形式的特殊性，使其在分工、交往与构建和谐社会的实践中有其特殊性。

一 个人视野下的分工、交往对构建和谐社会实践的正负影响

个人的分工、交往对构建和谐社会既有积极影响又有消极影响。个人的分工与交往在社会实践活动中本身是辩证统一的：一方面，个人的分工促进了交往的发展；另一方面，个人的交往也促进了分工的进一步发展。分工本身具有二重性，即“不可自由选择的固定性、强制性和形成种属能力或整体力的‘整合’能力”①。由于分工的这种二重性，历史上的分工划分为两种形式：第一种是可自由自愿选择的分工；第二种是不自由被强制选择的分工。第一种形式的分工通过交往对构建和谐社会具有积极影响；第二种形式的分工完全限制了个人的全面发展，对构建和谐社会具有消极影响。

（一）个人的分工、交往对构建和谐社会实践的积极影响

可自由选择的个人分工、交往对构建和谐社会实践的积极影响主要表现在以下几个方面：

第一，这种个人的分工、交往使每个人能各尽其才、各尽其能，更好地提供了和谐社会所需的物质基础。个人分工增强了个人在某一领域的“专注”，极大可能地发挥每个人的专业和特长，形成了专业人做专业事的良好局面。专门化的分工将个人分配到不同的领域从事不同的实践活动，一方面造成了个人之间的割裂，另一方面自觉地加强了人与人之间交往的需要性。个人之间的交往加快了个人才能和特长的提升，专业人能够更加熟练地从事自己的工作，一方面大大节省了劳动时间，另一方面提高了劳动产品的质量，从而提高了劳动生产率。另外专业人非常了解自己的工作，他们善于从工作中总结经验和规律，个人之间的交往是人们总结工作经验教训和规律的最有效的手段之一，有利于先进的、专门的生产工具和机器的发明和出现，促进了生产力的发展。

第二，这种个人的分工、交往有利于每个人各得其所、安居乐业，为推动构建和谐社会注入了稳定持久的成长条件。个人的分工有利于生

① 韩庆祥、秦小星：《关于分工和异化的几个理论问题》，《学术界》1987 年第 6 期。

产品种齐全、丰富多样、高品质的劳动产品，包括物质产品和精神产品。随着社会的发展，人们的需求变得多样化，人们为了满足自己多样的需求，必须进行各种形式的交往。而满足这种需求最快捷的途径就是人与人之间的交往。通过交往，个人的各种需求得到满足后，人与人之间将不再存在很突出的矛盾，人们和平相处、安居乐业、社会秩序良好，促进了和谐社会的稳定发展和构建。

第三，这种个人的分工、交往有利于每个人在精神文化上的发展并不断创新，更好地提供了和谐社会所需的精神基础。个人的分工只需要社会中的大部分人从事社会生产劳动，就能满足全社会所有人的物质生活产品的需求，这样就能让社会中的一小部分有天赋的人，有时间和精力去专门地进行科学研究和艺术创作，为其他人和整个社会提供精神产品。另外，个人分工的发展，消除了人对人、人对物的依赖性，大大减少了人为了生存而必须付出的必要劳动时间，延长了个人的自由闲暇时间，扩大了个人从事科学研究和自由创作的空间。这些活动不仅愉悦了自己的身心，也愉悦了其他人的身心。通过个人的交往突破了地域的局限性，使社会科学文化研究的对象从广度上进行了扩展，深度上更加深化，丰富了精神文化产品，推动了社会精神文明的发展，有利于和谐社会的构建。

第四，这种个人的分工、交往有利于每个人自由而全面地发展，从而推动社会全面和谐发展。从马克思主义理论中可看出，分工与个人的发展之间存在着一定的对应关系。著名学者王锐生对这种对应关系进行过考察：建立在只有自然分工基础上的原始全面的人；旧式分工支配下的片面发展的人；新式分工引导下的真正的全面的人。[①] 个人的分工使人能够更好地支配分工，分工被重置于人的支配之下，分工从属于人类，此时，出现了合理的、自觉的、新式的分工。新式分工有利于人的个性的自由发展、作为目的本身的人类能力的发展和人的一切社会关系的发展。随着交往范围的扩大，交往形式的革新，个人的交往使人的自身素质、社会物质和精神等方面的发展达到极致，促进了每个人自身得

① 王锐生：《论人的两种全面发展（对话）》，《首都师范大学学报》（社会科学版）2002年第1期。

到和谐发展。

（二）个人分工、交往对构建和谐社会实践的消极影响

不自由、被强制选择的个人的分工、交往对构建和谐社会带来以下几个方面的消极影响。

第一，这种个人分工、交往加深了社会各阶层的分化。这种个人的分工、交往进一步发展，以职业为基础，以组织资源、经济资源和文化资源的占有情况为标准，构建的阶层、等级太复杂而且难以逾越。例如，当前中国社会阶层结构由十个社会阶层和五个社会地位等级组成。其十个社会阶层是：国家与社会管理者阶层，经理人员阶层，私营企业主阶层，专业技术人员阶层，办事人员阶层，个体工商户、商业服务业员工阶层，产业工人阶层，产业劳动者阶层，城乡无业、失业、半失业者阶层。[①] 其五个社会等级分层是：社会上层（最高层领导干部、大企业经理人员、大私营企业主及最高等级的学者专家）、中上层（中低层领导干部、大企业中层领导人员、中小企业经理人员、中高级专业技术人员及中等企业主）、中中层（初级专业技术人员、小企业主、办事人员、个体工商户）、中下层（个体体力劳动者、一般商业服务业人员、工人、农民）、底层（生活处于贫困状态并就业缺乏保障的工人、农民和无业、失业、半失业人员）。[②] 个人分工加深了社会阶层的划分，使社会等级更加明显，加大了不同群体之间身份、地位的悬殊区别，而且这种社会阶层越来越难以改变，社会上流行“寒门难出贵子”的论调，如2018 年，国内某知名教育机构公布了，对全国近十年来 40 位高考状元的家庭背景进行调查，结果显示：高考状元 85% 出自城市家庭，“寒门状元”占比不足两成，状元父母的学历显著上升。社会阶层的出现造成了个人间的利益冲突和对立，不利于个人与个人的交往，不利于和谐社会的构建。

第二，这种个人分工、交往导致了个人的片面发展。分工一方面促进了个人劳动技能的职业化、专业化；另一方面使得人的发展逐渐片面

---

① 陆学艺：《中国社会阶层研究丛书：当代中国社会阶层研究报告》，社会科学文献出版社 2002 年版，第 8 页。

② 陆学艺：《中国社会阶层研究丛书：当代中国社会阶层研究报告》，社会科学文献出版社 2002 年版，第 9 页。

化。分工使一部分人被长期地固定在某一工作，局限于某一简单的操作，不停地重复着同一动作，而这部分人其他方面的才能和天赋因为长时间地被湮没而渐渐退化以至最后消失，这些个人成为不完整的、局部人。这种局部人一旦掌握了某一种技艺，为了生活被迫终身从事简单的、机械的操作，没有时间，也没有机会从事其他的职业或者工作。马克思指出："时间是人类发展的空间。一个人如果没有自己处置的自由时间，一生中除睡眠饮食等纯生理上必需的间断以外，都是替资本家服务，那么，他就还不如一头役畜。他不过是一架为别人生产财富的机器，身体垮了，心智也变得如野兽一般。"① 长期以往，个人分工致使某些个人的发展呈现出片面性。另外，个人分工，不自然地把从事相同工种的人联系在一起，把从事不同工种的人拉开了距离，大大缩小了一部分人们的交往范围。由于交往对象的局限性，进一步阻碍了人们的交往方式的发展和变革。马克思对人的本质的揭示体现在两个著作中：一是《1844 年经济学哲学手稿》中提出人的类本质就是自由自觉的活动即劳动。二是《关于费尔巴哈的提纲》中提出人的本质在其现实性上是社会关系的总和。② 即人的本质具有社会性、历史性，这种特性决定了人的发展的社会性和历史性。人"作为一个完整的人"，应该以"一种全面的方式""占有自己的全面的本质"③。不自由、被强迫的个人分工不仅限制了个人的天赋和才能，还局限了个人的活动范围和区域，阻碍了个人间交往方式的发展和范围的延伸，不利于个人的全面发展，不利于和谐社会的构建。

第三，这种个人分工、交往限制了人的精神文化生活的发展。意识是与人们的物质生产活动、交往活动以及现实生活的语言紧密联系在一起的。当今的大工厂将每一工种都简单化、机械化、程序化，要求人们长时间地高度集中于某一个操作，使人精神极度紧张，下班后已是身心疲惫，根本没有时间和精力去丰富自己的精神生活。同时，人们也没有时间和精力去进行正常的、面对面的交往和心灵的沟通交流，更多的是

---

① 《马克思恩格斯文集》第 3 卷，人民出版社 2009 年版，第 70 页。

② 郝立新：《中国式现代化与促进人的全面发展》，《思想理论教育导刊》2023 年第 4 期。

③ 《马克思恩格斯文集》第 1 卷，人民出版社 2009 年版，第 189 页。

依靠计算机、互联网和手机。计算机、互联网和手机的应用虽然提升了个人思想观念，变革了活动范围和方式，增强了活动效率，极大地促进了个人的全面发展，但它们对个人的发展也产生了诸多负面影响。一是大大降低了人与人之间的信任。在虚拟的网络世界中，人们都是以“符号”、以完美的形象进行交往，由于人们不是现实的交往，很多人性恶的方面在交往中表现出来，比如隐瞒、欺诈，人与人之间充满怀疑和不信任。这种网上信任危机还严重影响了现实社会，使人与人之间在现实生活中的交往信任被质疑，降低了人与人之间的信任。二是使人与人之间更加冷漠。在网络社会中，主要是人同机器进行交流，虽然机器背后是有着共同兴趣爱好的人，但由于他们不是面对面的交流，是靠机器进行交流，操作机器的人可能都戴着假面具，这种交流缺乏强烈的归属感和约束感，人们不能获得真正的认同意识。郝立新提出，人的全面发展包含两个方面：一是个人和群体自身的能力、素质、思想道德等方面的发展，即体现为德智体美劳等全面发展。二是个体与群体的社会关系、社会交往、社会生活条件等方面的发展。[①] 马克思也提出：“只有当人认识到自身‘固有的力量’是社会力量，并把这种力量组织起来因而不再把社会力量以政治力量的形式同自身分离的时候，只有到了那个时候，人的解放才能完成。”[②] 这种分工使人与人之间不可能进行心灵的沟通，他们的情感需求不能得到满足，心灵孤独不能得到真正解脱，这些也会反映到现实生活中，长期下去人与人之间的关系会变得更加冷漠，限制了个人精神生活的发展。

二 每个人的自由全面发展与分工、交往、和谐的内在统一

和谐社会是一个充满创造活力的社会，因此必须完全激发每个人在社会中的首创精神；和谐社会是一个各尽其能的社会，因此必须充分调动每个人在社会中各方面的积极性；和谐社会是一个各得其所的社会，因此必须彻底解决人与人之间的社会公平问题。正如党在十六届四中全会的决定中指出的：要激发各行各业人们的创造活力，坚决破除各种障

---

① 郝立新：《中国式现代化与促进人的全面发展》，《思想理论教育导刊》2023 年第 4 期。

② 《马克思恩格斯文集》第 1 卷，人民出版社 2009 年版，第 46 页。

碍，使一切有利于社会进步的创造愿望得到尊重、创造活动得到支持、创造才能得到发挥、创造成果得到肯定。个人是和谐社会的核心因素，因此构建和谐社会的关键是构建个人自身的和谐，即实现每个人自由全面的发展。党的二十大报告指出，中国式现代化是物质文明和精神文明相协调的现代化，是促进物的全面丰富和人的全面发展相统一的现代化；中国式现代化从本质上要求实现高质量发展、丰富人民精神世界、实现全体人民共同富裕、促进人与自然和谐共生等。习近平同志在2013年中央城镇化工作会议上提出了“现代化的本质是人的现代化”① 的重要论断。这些理论观点把中国当前社会发展及其各方面的发展与个人的发展联系在一起。

在现当代社会，容易出现个人较多地对物质利益的追求而湮没了对自我价值的关注，个人变成获取物质利益的工具，产生个人异化、不自由。马克思认为人的本质是自由自觉的活动，而人自由全面的发展就是人的自由自觉的本质的实现。按照马克思的理论，要实现人的自由全面发展，必须把人放在十分重要的位置，既要把人当作工具，又要把人当作目的，人是二者的统一。而今在构建和谐社会主义社会中，应当遵循的第一个原则就是：“必须坚持以人为本。始终把最广大人民的利益作为党和国家一切工作的出发点和落脚点，实现好、维护好、发展好最广大人民的根本利益，不断满足人民日益增长的物质文化需要，做到发展为了人民、发展依靠人民、发展的成果由人民共享，促进人的全面发展。”② 习近平同志也多次谈到社会发展的目的和归宿就是人的发展，“以人的全面发展为中心的社会发展、社会进步是经济发展的最终目的”③，“经济发展以社会发展为目的，社会发展以人的发展为归宿，人的发展以精神文化为内核”④。出发点即价值目的，手段即价值生成的动力，落脚点即价值目的的实现。这个原则就是构建社会主义和谐社会的重要价值原则，也是促进人的全面发展的重要战略原则。

---

① 中共中央文献研究室：《习近平关于社会主义经济建设论述摘编》，中央文献出版社2017年版，第164页。

② 《中共中央关于构建社会主义和谐社会若干重大问题的决定》，《求是》2006年第20期。

③ 习近平：《之江新语》，浙江人民出版社2007年版，第225页。

④ 习近平：《之江新语》，浙江人民出版社2007年版，第150页。

分工、交往对人的发展既有积极影响又有消极影响。进入新时代，习近平同志在十八届中央政治局第二十八次集体学习时的讲话中指出："党的十八届五中全会鲜明提出要坚持以人民为中心的发展思想，把增进人民福祉、促进人的全面发展、朝着共同富裕方向稳步前进作为经济发展的出发点和落脚点。"① 党的二十大报告提出，坚持以人民为中心的发展思想，即维护人民根本利益，增进民生福祉，不断实现发展为了人民、发展依靠人民、发展成果由人民共享，让现代化建设成果更多更公平惠及全体人民。以人民为中心的原则要求，在和谐社会中的个人在社会劳动中，能自主地、自愿地选择自己的活动范围和活动方式，这种原则有利于人与人之间交往范围的扩大和交往方式的革新，促进人自由全面的发展。

第一，以人民为中心原则下的分工、交往，有利于激发个人的创造活力。个人的自由全面发展是个人的创造活力得以充分发挥的一种状态。以人民为中心的分工是以每个人的首创精神为基点，以每个人的天赋和才能为准则，保证每个人自由全面发展的分工。这种分工一是有利于男女合理分工，较好地实现男女平等，促进家庭和谐与社会稳定；二是有利于发挥个人的天赋和才能，极大地激发个人的创造活力，增强工人的劳动技能，增加社会各方面的劳动产品，进一步推动人的全面发展和和谐社会的构建。反之，社会越发展，有利于调动个人的生产积极性，在社会主义建设中，越能激发个人的内在潜力，满足每个人各方面的需求。物质财富极大丰富和生产力高度发展，人们能够按照自己的意愿自由交往，促使交往范围的扩大、交往手段和方式的革新，引起社会和谐交往的形成。

第二，以人民为中心原则下的分工、交往，有利于弘扬为大多数人谋利益的价值取向。这是社会主义社会与其他社会的本质区别。以人民为中心的人，不是抽象的人，而是具体的人、现实社会中的人，是广大人民群众以及与此相联系的人的生命、财产、权利等根本利益的各个方面。以人民为中心原则下的分工：一是突破地域盲目分工的局限，致力

---

① 中共中央党史和文献研究院：《十八大以来重要文献选编（下）》，中央文献出版社2018年版，第4页。

于使个人成为“世界的、历史的个人”。二是优化生产力体系，完善现有的分工结构的不足。如改革生产力分布不均衡状态，缩小地域间的差距；改革生产力内部布局，促进农、工、商各业间均衡发展，尽可能地缩小城乡差距。以人民为中心的分工就是以最广大人民的根本利益为社会分工的标尺，以每个人的自由全面发展为分工的最后宗旨。以人民为中心的分工有利于单个主体的真正自由，这是真正交往的基本前提，还有利于不同交往主体以不同的方式进行交往，推动了全面交往社会的形成。全面交往的社会实现了人的全面发展的社会。正如马克思所说：“个人的全面性不是想象的或设想的全面性，而是他的现实联系和观念联系的全面性。”①

第三，以人民为中心原则下的分工、交往，有利于个人和他人的精神生活的发展。个人的自由全面发展是精神产品极其丰富、精神生活极其多样的一种发展状态。个人的全面发展需要在充足的自由时间的前提下，去发展自己的精神生活。马克思指出，自由时间是“不被直接生产劳动所吸收，而是用于娱乐和休息，从而为自由活动和发展开辟广阔天地”② 的余暇时间，是“可以支配的时间，就是财富本身：一部分用于消费产品，一部分用于从事自由活动，这种自由活动不象劳动那样是在必须实现的外在目的的压力下决定的”③。马克思将自由时间与人的全面发展联系起来进行考察。他指出：“时间实际上是人的积极存在，它不仅是人的生命的尺度，而且是人的发展的空间。”④ 以人民为中心的分工，个人用于劳动的时间少了；相反，个人所拥有的自由时间多了。拥有的自由时间越多，个人越可以根据自己的需求、兴趣、爱好自由选择自己做事的权利，个人不再遭受必然性的支配，个人成为真正自由的人。另外，个人拥有的自由时间多了，可以去积极参与自己感兴趣的各种各样的业余爱好活动，丰富自己的精神生活。“人的全面发展是在物质文明与精神文明相协调的发展中实现的，是在物质富足和精神富有的

---

① 《马克思恩格斯文集》第 8 卷，人民出版社 2009 年版，第 172 页。
② 《马克思恩格斯全集》第 26 卷（第三册），人民出版社 1974 年版，第 281 页。
③ 《马克思恩格斯全集》第 26 卷（第三册），人民出版社 1974 年版，第 282 页。
④ 《马克思恩格斯全集》第 47 卷，人民出版社 1979 年版，第 532 页。

统一中实现的。”[①] 个人拥有的自由时间的增加，让个人有更多的时间去进行交往，并且这种交往是一种完全自由的交往，有利于交往范围、交往方式和手段的发展，促进全面交往的形成。

第二节 家庭视野下的分工、交往与构建和谐社会的实践

家庭是最基层的社会组织，是人类内外分工、相互交往、交流与心灵沟通最日常的港湾，是人们了解社会规范、价值取向、社会权利与义务的主要场所，也是一个矛盾冲突与社会稳定与否的发源地与聚散地。党的十九届四中全会通过的《中共中央关于坚持和完善中国特色社会主义制度 推进国家治理体系和治理能力现代化若干重大问题的决定》指明了家庭是社会发展中的核心要素，明确提出要注重发挥家庭家教家风在社会基层建设中的重要作用。习近平同志也多次倡导“我们都要重视家庭建设，注重家庭、注重家教、注重家风”[②]，把家庭当作国家发展、民族进步、社会和谐的起点。家庭的主体是其各成员，又是不同身份的人，这就理所当然地成为构建和谐社会的一个不可忽视的基地。中央曾经提出“家庭美德教育”和家庭成员之间“男女平等、尊老爱幼”等问题，构建和谐家庭是构建和谐社会实践的重要实践活动领域。

一 家庭视野下的分工、交往对构建和谐社会实践的正负影响

构建和谐社会对于家庭来说就是要建设和谐家庭。和谐家庭主要是指以家庭每个成员的全面发展为核心，家庭成员之间、家庭与社会之间、家庭与自然之间相互和谐、良性互动的新型家庭模式。而这种家庭的建成与家庭分工、交往是息息相关的。家庭分工是指对不同家庭成员在家庭事务与家务劳动上的分配与安排。个人在家庭事务、家务劳动及家庭其他相关活动中所扮演的角色，也就是家庭角色。当前中国家庭分

① 郝立新：《中国式现代化与促进人的全面发展》，《思想理论教育导刊》2023 年第 4 期。

② 中共中央党史和文献研究院：《习近平关于注重家庭、家教、家风建设论述摘编》，中央文献出版社 2021 年版，第 3 页。

工一般是以传统家庭分工为主、共同发展为辅的模式。家庭分工在很大程度上影响了家庭内部各成员之间的交流，以及每个家庭之间和家庭与社会之间的交往。家庭分工、交往对构建和谐社会既有积极影响又有消极影响。

（一）和谐的家庭分工、交往对构建和谐社会实践的积极影响

在目前，中国家庭由于经济发展的快慢、个体文化水平的高低等因素的影响，在大中城市家庭一般都是传统的家庭分工为主流、共同发展为辅的家庭分工模式，而在小城市以及城镇、农村家庭中基本实行的都是传统的家庭分工模式。中国传统家庭分工模式就是按照性别、角色进行分工，主要是“男主外、女主内”的分工模式，这种模式蕴含两方面意义：一是从整个社会的层面来看，男人应该在公共领域中活动，而女人应该在私人领域中活动；二是从家庭的层面来看，男人主要担负和外部有关的家庭事务，而女人主要承担和家庭内部有关的事务。共同发展就是在家庭中，为了满足家庭各成员的发展，男女共同承担家庭中的事务以及家庭对外事务。这种家庭分工给家庭成员的交流提供了一个好的氛围，给家庭与外部交往提供了一个良好的环境，是建设和谐家庭的有效手段。

第一，和谐的家庭内部分工、交往有助于家庭主要成员的身心发展。中国传统家庭分工，即“男主外、女主内”的分工模式，男人主要负责外面的事务和重体力活，女人主要负责家里的家务劳动，这种分工模式符合男女家庭成员的身体体质和生理特点。从身体体质来看，女人天生在体力、体质等方面都比男人弱，家里的家务劳动相比较外面的事务要轻，特别是在农村，地里的农活都是重体力活，这些重体力活最好由男人来做，家庭按照身体体质的差异做出的分工是合理的分工。从生理视角看，“男主外、女主内”的分工模式有助于社会人口的繁衍，人类社会的发展。由于女性与生俱来的生理特征，女性被赋予一种社会和家庭责任，就是生育孩子。女性还具有天生的母性，包括耐心、细心、温柔，这些特征使女性能够更好地养育孩子。现在中国的家庭，绝大多数是由父母和孩子构成的小型家庭。孩子是这个家庭的核心，而孩子能否健康成长是家庭的第一要务，也是家庭和谐的关键因素。“女主内”的家庭分工非常有助于孩子的健康成长，孩子是家长的希望，是国家的

未来，孩子培养好了，能够健康快乐地成长，孩子和孩子之间、孩子和父母之间、孩子和成人之间才能建立和谐的人际关系，更有助于孩子的健康成长和和谐家庭的建设。由于传统的家庭分工是按照人类最原始的生理特征进行的分工，尊重男女生理差异，满足男女生理需求，有助于家庭和睦，社会的发展。家庭和睦促使家庭各成员交流更自由，家庭内人际关系更和谐。家庭和睦促使家庭和外部社会交往更顺畅，有利于家庭的进一步发展、和谐家庭的建设、和谐社会的构建。

第二，和谐的家庭内部分工、交往有助于家庭的经济建设，为和谐家庭奠定坚实的物质基础。“男主外、女主内”为主的传统家庭分工模式，可以让父亲把更多的时间和精力投入到自己的事业中去，在取得自己事业成功的同时，会得到相应丰厚的经济回报，为家庭建设储备所需的物质基础。和谐社会需要一定的物质基础，家庭的存在、发展也必须依赖于物质基础。家庭的和谐更是依赖于物质基础，物质生活满意指数是构建和谐家庭的重要因素结构。即物质基础的丰厚以及丰厚的程度直接决定了家庭中每个成员的生活态度、生活方式以及所受的教育程度。而这些因素直接控制和主导着家庭每个成员的情感行为，决定了家庭每个成员的喜怒哀乐。由此看来，一个家庭的生活质量的高低、生活环境的好坏是由一定的物质基础决定的，一个家庭是否和谐也是由一定的物质基础决定的。丰富的物质基础促使家庭各成员能够更好地交流，也为家庭与家庭、家庭与社会之间创造了更多的交往机会和平台，扩展了家庭交往的范围，这些促进了和谐家庭的进一步发展和建设。

第三，和谐的家庭内部分工、交往有助于社会的安定团结。家庭是社会最基本的组成部分，和谐的家庭内部分工建立了和谐的家庭氛围，即拥有良好的家教家风。一个具有优良家教家风的家庭一是有利于养成个人良好的行为习惯，提升个人道德品质，引导个人成长成才。二是有利于创建其乐融融的家庭关系、形成至上至善的家庭美德、展现共建共享共生共荣的家庭追求，引领家庭建设的正确方向，营造良好的家庭氛围，保证家庭和睦稳定，推进家庭健康发展。三是有利于党风、社风治理。家风是党风、社风的主要来源和重要组成部分，家风正，则党风正；党风正，则社风正。引领社会文明进步，推动和谐社会的建设。在一个具有优良家教家风的家庭中，每个人都以家务劳动为己任，都在为这个家庭贡献自己的力量，都是家庭的主人。同时，和睦的家庭氛围有助于家庭中的每个成员的思想交流，各种矛盾的解决。由于大家经常交流和谈心，共同协商家庭事件，家庭矛盾被扼杀在萌芽状态中，社会矛盾通常以和平的方式得以解决。和谐家庭内部分工、交往使家庭中的每个成员都相互尊重、相互体谅、团结友爱。这种家庭是和谐的家庭，这种家庭成员在日常的工作、学习等各种社会外交活动集体中也能够和谐相处，一个个和谐的小家庭构成了整个社会的安定团结。反之，社会的安定团结也有助于家庭内部分工、交往的进一步发展。

（二）不和谐的家庭分工、交往对构建和谐社会实践的消极影响

由于当前中国家庭一般实行的是中国传统家庭分工模式，即“男主外、女主内”的家庭分工模式。随着人类社会的不断发展，这种传统的家庭分工模式会导致家庭各成员的交流及家庭的对外交往的不和谐因素，对和谐家庭的建设和和谐社会的构建有着消极影响。

第一，不和谐的家庭内部分工、交往会造成男女不平等，不利于家庭成员和睦相处。现代社会的家庭分工与以往的社会相比，有了很大的进步和发展，但以往延续下来的观念及模式仍然对今天的性别分工有着深刻的影响。从活动领域来看，男人主要在社会公共领域活动，女人主要在私人事务领域活动。从负责的事务来看，男人主要负责家庭外部有关的家庭事务，女人主要负责家庭内部有关的事务。这种分工模式在家庭教育中，特别是孩子的成长教育，夫妻共同承担不多，母亲处于主要地位，承担大部分的事务，孩子会出现父爱缺失的现象。如现在社会上流行的“丧偶式育儿”“假性单亲家庭”等论调都形容在孩子教育中父亲或母亲的缺席，以父亲居多。“子不教，父之过。”家庭是孩子思想道德形成的第一课堂，父母是孩子成长道路上的第一任老师。缺少父母陪伴的孩子，由于他们在成长过程中未能感受到父母的关爱和呵护，他们可能会敏感而脆弱，缺乏信任，长大后极易出现性别角色、价值取向或是性格上的偏差。一个家庭如果孩子不能健康成长，势必会引起家庭的矛盾冲突，进而影响家庭的和睦和社会的和谐。从男女活动领域和负责的事务看，女性的活动空间主要局限于家庭内部，其活动空间比男性要小很多。在话语权方面，虽然现代社会妇女的生存境况和生活方式发生了很大转变，但很多女性在家庭中的地位始终处于执行者而不是决策

者，没有话语权。即使在有的家庭，女性是决策者，她们也会更多地考虑男性及孩子的利益。从利益方面看，长期以来，女性一直是一个牺牲者的角色。随着社会的发展，这种牺牲不再像过去那样过分和残酷，但很多现代女性为了家庭而牺牲自己的事业、时间、精力、兴趣和理想等。这种利益的牺牲，从某种程度上说是女性的地位在家庭中受到了漠视和践踏。活动空间的减小、话语权的剥夺、利益的牺牲等都使家庭交往受到很多限制，交往的范围、交往的方式都受到挑战，引起男女不平等。男女不平等导致婚外恋、家庭暴力乃至家庭犯罪、家庭离散等严重的社会问题。据联合国妇女发展基金会统计，在世界范围内，三分之一的女性在其生命之中会面临家庭暴力问题，中国也有近四分之一的女性遭受过语言或肢体的家庭暴力①。这些都影响了和谐家庭的建设、和谐社会的构建。

第二，不和谐家庭的内部分工、交往阻碍了家庭的经济发展，不利于家庭成员的生存发展。传统的中国家庭分工主要是男人在外面工作，男人成为了家庭经济收入的主要来源者。虽然 1949 年以后，政府的政策特别强调妇女解放，鼓励妇女走出家门、积极参与社会劳动。但在现实家庭中，很多妇女由于要照顾家里的孩子或老人，放弃了出去工作的机会，男人成为家庭经济收入的唯一提供者。随着人们生活水平的提高，家庭的基本生活开支越来越庞大，房价越来越高，孩子的教育培训费用也越来越大，家庭成员的医疗保障费用也越来越高，物价高涨、房价飙升、教育培训、医疗保障等问题都使家庭费用节节高升，而仅仅依靠男人一个人的工资很难满足这些费用，家庭的经济压力一方面直接影响了家庭的生活水平，另一方面也影响了家庭团结。在那些双职工家庭，就是妻子出去参加了有报酬的社会工作，妻子的收入成为了家里的另一个重要的经济支柱，大大缓解了家庭的经济压力，一来提高了家庭的生活水平，二来有助于家庭团结。物质生活的缺乏导致了精神生活质量的下降，家庭的经济压力还影响到家庭成员的文化知识素养高低、家庭文化娱乐活动开展。家庭经济压力也影响了家庭成员的交流，波及家庭的对外交往，特别是交往的范围，不利于和谐家庭的建设，和谐社会

① 聂秀时：《家庭暴力是一个严重的社会问题》，中国社会科学网，2013 年 04 月 24 日。

的构建。

第三，不和谐家庭的内部分工、交往家庭，不利于和谐社会的构建。因内部分工、交往造成的种种社会矛盾推向单位与社会，不利于和谐社会的构建。改革开放以来，特别是在全面建设小康社会的进程中，社会的建设和发展是全方面的、多角色的。由于女性具有很多独有的天性，有些工作最好由女性来完成，如护理工作、幼儿教育工作、婴儿、女士用品的推销。社会事业的建设和发展需要女性，否则社会事业的发展就是不完整的、不和谐的。在当代，中国女性发展进入一个新的历史时期，处于一个新的历史起点，很多女性已经开始在社会事业的各个领域大展身手，从狭隘的家庭范围走向了广阔的社会，为社会事业的全面建设和发展贡献自己的力量。但目前还有很多女性没有把精力完全地投入到自己的工作领域中去，或者根本没有出去工作，一方面影响了相关女性事业的建设和发展，另一方面也影响了社会事业的整体结构全面的发展，没有女性参与的社会事业的建设将是单调的、没有激情的，人们在社会劳动中的效率将大大降低，影响了整个社会的建设和发展。习近平同志曾明确指出，历史和现实告诉我们：占人口半数以上的广大妇女，是推动整个社会发展的伟大力量。我们每一项事业的胜利都包含着妇女的辛勤劳动。[①] 此外，传统的家庭分工意味着很多女性不出去工作，她们与外界交流的机会将减少，她们交往的范围也在缩小，她们将逐渐被社会所淘汰，社会事业很多方面的建设和发展受到制约，严重影响了和谐社会建设的进程。

二　和谐家庭的实现与分工、交往、和谐的内在统一

构建社会主义和谐社会是我国全面建设小康社会的重要战略之一，构建和谐社会不仅是全社会的共同责任，每个家庭也必须担负起特殊的责任，当前就是要努力构建和谐家庭。和谐家庭与和谐社会是相互依存、相互促进的。一个家庭是否和谐及其和谐的程度，是衡量一个社会是否和谐及其和谐程度的一个重要尺度。没有家庭的和谐作为基础，社

① 习近平：《妇女是推动社会发展的伟大力量——为“三八”国际劳动妇女节而做》，《闽东报》1990 年 03 月 08 日。

会和谐的机体就像是缺少组织与细胞的繁衍生成。而和谐家庭与家庭的分工、交往是密切相关的。

第一，弘扬新时代良好家风，促合理分工与交往，是构建和谐家庭的核心和关键。在《现代汉语词典》中家风是指一个家庭世代相传的生活习惯、作风。[①] 而《中国古代生活辞典》认为，家风，亦称“门风”。指一个家庭的传统风习而言，是在家长或主要成员影响下自然形成、潜移默化的传统习惯和生活作风。[②] 家风既是家庭的风尚，体现了一个家庭精神层面的价值取向和行为规则；也是社会风气的重要风向标，家庭风气的好坏决定了社会风貌的好坏。家风是一个家庭的精神内核，是一个社会的价值缩影。习近平同志不仅在多次会议上指出家风的重要性，如家庭是社会的基本细胞，只有千千万万个家庭的家风好，子女教育的好，社会风气好才有基础。广大家庭都要弘扬优良家风，以千千万万家庭的好家风支撑起全社会的好风气；他还将新时代家风建设提升到新高度，即治国理政的高度，使家风建设的重要性得到全社会认可。

弘扬新时代良好家风，促进合理的分工、交往，有利于和谐家庭构建：一是批判地继承传统文化，夯实家风坚强的基石。中国优秀的传统文化是家文化的重要来源，是家风的价值基础。家庭可以通过父母从小给孩子解读，并身体力行地践行传统文化中的“德育”思想；学校可以定期开展传统文化课程，给学生加强传统文化的理论学习，邀请德高望重的社会人士给学生做讲座，还可以开展学习传统文化的其他比赛、演讲活动；社区可以以家庭为单位开展学习传统文化的专题活动。通过这些活动，可以提升个人品德，建立良好的家风，有助于家庭合理地分工、交往，促进和谐家庭的建成。二是立足新时代文化，建设现代家风。中国家风不仅吸收了中国传统文化和红色革命文化的思想精髓，也吸收了中国先进文化的思想精髓。新时代家风建设应该立足新时代文化，去建设现代家风。如家庭成员可以利用互联网，通过微信、QQ、电子邮件等手段互写新时代的家书，能够有效解决家庭的矛盾冲突；学校

① 中国社会科学院语言研究所词典编辑室：《现代汉语词典》，商务印书馆 1996 年版，第 864 页。

② 何本方、李树权、胡晓昆：《中国古代生活辞典》，沈阳出版社 2003 年版，第 846 页。

可以开设先进文化课程和专题讲座，如社会主义核心价值观的培育，对学生进行先进文化的理论知识宣传；社区通过讲座、发宣传单等方式及时宣传国内最新的时事热点。通过这些先进文化的学习，提升个人的文化素养和公民的整体素质，促进良好家风和合理的家庭分工、交往模式的形成。

第二，转变思想观念与分工、交往模式，是构建和谐家庭的前提和基础。“男主外、女主内”是沿袭了多年的中国传统观念，这种传统观念阻碍了合理家庭分工的形成、阻碍了家庭的正常交往，不利于和谐家庭的建设。虽然随着改革开放、社会的发展，妇女解放运动的开展，中国传统家庭分工模式受到严厉的抨击。但由于“男主外、女主内”根深蒂固难以一时根除，且已经完全内化于整个社会文化和人们的思想观念之中，它并不会因女性走入社会进行社会参与而得到缓解。

要想转变传统中国家庭分工模式就要转变人们的思想观念：一是要进行宣传教育。社会各级部门应利用各种媒体、通过各种渠道，要在全社会大力宣传马克思主义妇女观，真正落实男女平等基本国策，为妇女同志和妇女事业的开展创建更好的平台、更优的社会环境，特别是宣传媒介的作用。还可以通过制定一系列的法律、法规来保障男女平等，维护妇女儿童的基本权益，特别是《民法典》的颁布，很好地保障妇女儿童的权利。社区是家庭最贴心的服务机构，社区也可以通过开展各种形式的活动来进行男女平等教育。夫妻关系是家庭中核心的关系，夫妻之间也要倡导男女双方互敬、互爱、互助。二是女性自身要进行提升。现代很多女性自己都有很深的传统观念，最主要的原因就是女性自身的知识文化水平、思想素质过低，引起了很强的自卑感，经常有“女人不如男人”“女人天生就是待在家里的”等想法。要想改变女性自身的这种状况，女性自身必须立足于自我，以强烈的责任感和紧迫感，发挥积极主观能动性和主体意识，勇于创新，不断进取，加强科学文化知识和专业知识的学习，全面提高自身的素质，培养自己的综合能力，增加在社会上立足的砝码。在经济和社会发展中展现自己的出色才能，充分体现自身价值，为社会发展创造自己的新业绩。社区、单位、妇联等部门，要加强对广大妇女同胞进行共产主义理想信念和道德教育，以及党的最新路线方针政策宣传，让她们树立正确的世界观、人生观、价值观，使她们走上自尊、自爱、自重、自强之路。同时女性要增强自信心，积极参与社会各项事业和活动。正如毛泽东同志所说“妇女能顶半边天”。习近平同志也有相似的观点，妇女是人类社会的“半边天”，与男子一样，同是社会物质财富、精神财富的创造者，同是人类历史前进的推动者。① 另外，政府要建立、健全各级妇女权益保障机构，上级政府和人事组织部门要进行监督、管理以保证妇女机构发挥作用，为妇女成才创造良好的社会环境；国家要进一步重视和加大提高女性素质的全面投资。人们的思想观念转变了家庭分工才会合理化，家庭交往才能顺利进行，和谐家庭才能建成。

第三，改革家务劳动分工及交往，是构建和谐家庭的有力措施。从古至今，女人被传统的社会分工塑造成为家务劳动的主要承担者，而男人则被分工塑造为整个家庭的经济提供者。由于家务劳动的烦琐性、无价值性是女性发展的最大障碍，也是合理家庭分工、交往的最大障碍。为了和谐社会的构建、和谐家庭的建设，必须重新配置家务劳动。一是实现家务劳动社会化。恩格斯曾经指出：“我深信，只有在废除了资本对男女双方的剥削并把私人的家务劳动变成一种公共的行业以后，男女的真正平等才能实现。”② 要想实现真正的男女平等，家务劳动必须社会化。家务劳动社会化是指，为满足家庭成员自身生存、维系家庭诸功能所必需的各项家务劳动，逐步转化为社会组织提供的社会化服务的过程。其基本内容有：家庭生活消费品的商品社会化，家庭服务的劳动社会化。家务劳动社会化是建立在社会生产力高度发展的基础上的。如当前政府兴办托儿所、幼儿园、养老院以及家政服务公司，还有现代化家用智能电器的出现等都引起家务劳动向社会化的发展。二是夫妻共同承担家务劳动。现在很多家庭，男女都出去上班，都有自己的工作和事业，家务劳动一般由夫妻共同分担，或者谁有时间谁做。这种模式一方面可以减轻女性的家务重担，缓解女性在工作和家务劳动之间的压力；另一方面也可以增加夫妻感情。丈夫通过从事家务劳动，亲身体验到做家务劳动的辛苦，将会更好地体贴、关心妻子。对家务劳动进行改革和

---

① 习近平：《充分发挥妇女“半边天”作用》，《中国妇女报》2004 年 03 月 03 日。

② 《马克思恩格斯文集》第 10 卷，人民出版社 2009 年版，第 536 页。

重新配置，能够大大减轻家务劳动的重担，让家庭分工走向合理化，让家庭有更多的时间和精力进行内部的交流和外部的交往，有助于和谐家庭的建设。

第四，造就“男女内外同主”是构造和谐家庭的科学合理方式。“男女内外同主”是科学合理的家庭分工模式。这种模式就是在整个社会中男性和女性，都积极参与家庭内部和社会事务，任何性别都不能脱离其中任何一个活动场所和范围。在现代社会，很多已婚女性从事社会活动，进行社会参与，打破传统的“男主外、女主内”的观念和束缚，从封闭走向开放，从狭隘走向广阔，从内省走向超越。这种挑战已经改变了中国传统家庭的分工模式，女性已从家庭走向了社会。另外要进行男性由社会走向家庭的教育和鼓励，鼓励男子多参与家务，提高生活自理能力，这样科学、合理的家庭分工、交往模式才会形成。这种模式一是可以化解夫妻间的经济矛盾。夫妻双方收入的不平衡、经济收入的悬殊，常常影响夫妻双方中的某一方特别是女方在家庭中的地位。夫妻双方在经济上的自立，不仅可以确保其在婚姻中的平等地位，还可以提升夫妻个人的娱乐、休闲和社交等方面的自由度，为夫妻的自由发展，保持自我和个性提供经济基础，有利于夫妻双方各自的个性发展。在现实生活中很多夫妻矛盾都是由经济矛盾引起的，它成为情感倾斜、婚姻破裂、家庭解体的重要原因。二是可以改善夫妻关系。夫妻是家庭和谐的核心因素，夫妻双方共同协商家庭事务，共同分担家务劳动，倡导了互敬、互爱、互信、互谅的良好风气，夫妻双方做到相互忠诚、相互体贴、相互关爱，建立了和谐温馨的家庭生活环境，和谐温馨的家庭环境有助于家庭每个成员的身心健康发展。科学合理的家庭分工模式，不仅促进夫妻间的交流，还促进了家庭内部以及家庭和外部的交往，有利于和谐家庭进一步的建设。

第三节　集体视野下的分工、交往与构建和谐社会的实践

在集体这种组织形式中，其成员的组合对群体和个人都有意义，以共同的价值、共同的目的和共同任务为基础，其人际关系以对个人有意

义、对社会有价值的共同活动内容为中介。但是，并非任何集体都是和谐集体，只有那些具有团结性、高水平的整合作用以及集体主义观念而高度组织起来的集体才能称为和谐集体。因此，一个班级、一个生产单位产生之后，需要据此经过一定时期的培育与发展才能成为一个和谐集体，否则就是不和谐集体。由此可见，和谐集体是集体的一种，是集体发展的高级形式。集体包括社会主义社会的很多单位组织，集体的好坏关系到构建社会主义和谐社会的实践，特别是集体的分工、交往的好坏影响着构建和谐社会实践的方方面面。

一　集体视野下的分工、交往对构建和谐社会实践的正负影响

集体作为人类社会的主要单位组织，对人类和谐社会的构建具有很深的影响，这种影响主要是通过集体的分工、交往来表现的，由于这种影响有和谐集体与不和谐集体之分，这就既有积极影响又有消极影响之分。

（一）和谐集体的分工、交往对构建和谐社会实践的积极影响

人类社会越往前发展，对分工的要求越精细、越广泛，其对社会发展的促进作用就越大。和谐集体的分工、交往对构建和谐社会的实践的积极影响就是：

第一，和谐集体的内部分工、交往有助于促进物质生产力的发展，为构建和谐社会实践提供所需的物质基础。一是由于集体分工扩展了劳动领域，促进劳动的发展，从集体分配每个人的劳动，整个集体就产生了最合理的劳动组合，产生最高的劳动效能，促进生产力的快速发展。二是每个集体分工都有明确的工作目标、责任规范和工作秩序，甚至到具体的工作岗位和职责。这些规章制度保证了个人都有最适合自己的工作岗位，尽情地发挥其工作热情和工作才能，有利于他们积累丰富的工作经验，提高专业技能，钻研专业技术，创新生产工具和技能，研发本专业领域的高新科技和尖端科技；还可以进一步地强化劳动者的工作职责，便于集体进行监督管理和考核，不断地提高整个集体的工作效率和工作质量，引起生产力的不断发展。对此，马克思恩格斯提出："一个民族的生产力发展的水平，最明显地表现于该民族分工的

发展程度。"[①] 分工和生产力的这种互相促进作用也体现在集体中，促进集体内劳动者有更多的时间和精力去交流，也促进了集体和对外交往范围的扩展和交往方式的更新，这些引起了生产力和分工的进一步发展。

第二，和谐集体的内部分工、交往有助于促进成员同心协力，共同投入构建和谐社会的实践活动中去。这里所说的集体是社会主义的，社会主义社会是生产资料公有制的社会。"生产资料由社会占有，不仅会消除生产的现存的人为障碍，而且还会消除生产力和产品的有形的浪费和破坏。"[②] 社会主义社会不仅可以更好地利用生产资料，还可以更好地调动劳动者的劳动积极性。劳动者是生产资料的主人，每个劳动者联合起来共同进行劳动。劳动者在这个集体中是平等的，他们完完全全属于集体，在这里每个人都拥有相等的管理权利和应尽的义务。在这个集体中，每个劳动者都亲如兄弟姐妹，都为大家庭贡献自己的一份力量。集体的分工使劳动者拥有不同的职业，从事的工种不一样，但是他们在分工中是平等的，这种分工是同志间的互相合作的关系。另外，社会主义社会实行的是"各尽所能，按劳分配"，社会主义集体也是遵循的这个原则，这种原则体现了社会主义的公平性，可以让劳动者接受，有助于劳动者的和睦相处。集体的分工使劳动者在劳动中处于平等的地位，推进了劳动者在劳动中和闲暇时间更好地交流和交往，有助于人民群众的团结、和谐社会的构建。

第三，和谐集体的内部分工、交往有助于劳动者素质的全面提升。社会主义集体的分工是建立在生产资料公有制基础上的，消除了阶级剥削和阶级压迫，这种分工是劳动人民内部的分工。它使劳动摆脱了劳动者个人天赋才能的局限，让每个劳动者依照自己的兴趣爱好，充分发挥自己的工作才能，从事自己最具特长的工作，进一步调动劳动者工作的积极性和创造性，促进劳动者的全面发展。集体分工使劳动者有更充足的时间和更充沛的精力去接受继续教育，加强专业知识和思想道德品质的学习，提升自己的专业技能和思想素质。恩格斯认为："教育将使年

① 《马克思恩格斯文集》第1卷，人民出版社2009年版，第520页。

② 《马克思恩格斯文集》第9卷，人民出版社2009年版，第299页。

轻人很快能够熟悉整个生产系统，将使他们能够根据社会需要或者他们自己的爱好，轮流从一个生产部门转到另一个生产部门。因此，教育将使他们摆脱现代化这种分工给每个人造成的片面性。”① 集体的分工还可使劳动者有更多的闲暇时间去参与休闲娱乐活动，不断提高自己的业余爱好水平，还可以扩大劳动者的交友圈、创新交往手段，促进劳动者的身心全面发展。在未来的社会主义社会，“通过社会化生产，不仅可能保证一切社会成员有富足的和一天比一天充裕的物质生活，而且还可能保证他们的体力和智力获得充分的自由的发展和运用”②。

（二）不和谐集体的分工、交往对构建和谐社会实践的消极影响

没有团结性、没有高水平的整合作用，集体主义观念淡漠的集体就是不和谐集体。因为一个班级、一个生产单位产生之后，需要经过一定的发展时期才能成为一个和谐集体，所以在我们身边到处存在不和谐集体。分工、交往是社会化劳动的重要组织形式，社会主义的集体不可能离开分工、交往，它们提高了社会的劳动生产率，促进了生产力的发展和和谐社会的构建；不和谐集体的分工、交往阻碍了和谐社会的发展，对构建和谐社会具有消极影响。

第一，不和谐集体的内部分工、交往阻碍着生产力的发展。随着商品经济的发展，很多集体制定了明确的工作目标和责任规范，但还是在一定程度上存在着不合理的现象，如有些集体在实际工作中对工作目标和责任规范执行力度不严谨、不规范，出现随意打乱工作秩序，不定期地更改工作要求，导致劳动者在劳动中脱离自己的工作岗位，忽略自己的工作职责；有些集体滥用“一票否决”制，要求每个部门和单位什么都要干、什么都要干好等；还有些集体根本没有明确的工作目标和责任规范等现象。这些现象引起部分单位和部门随意性、盲目性的增强，结果是丢失了自己的本职工作和自身的优势，出现职岗分离，权责脱节，看起来大家都很忙碌，实际是彼此疲于应付，力气出不少，工作效果却很差。集体分工没有基本规范，还会引起一些社会资源浪费，某些单位机构臃肿、人员膨胀等弊端。分工不明确，阻碍了一些单位和部门科学

---

① 《马克思恩格斯文集》第1卷，人民出版社2009年版，第689页。

② 《马克思恩格斯文集》第9卷，人民出版社2009年版，第299页。

的社会生活准则和刚性的工作评价机制的形成，使这些单位和部分的劳动者处于一种应付的状态，或者是投机取巧的心理，滋生了形式主义、官僚主义等恶习。集体分工降低了某些单位和部门的劳动生产率，阻碍了其生产力的发展，阻碍了其劳动者之间的交流，以及他们同其他单位和部门之间的交往。

第二，不和谐集体的内部分工、交往生发着其成员内部矛盾。在社会主义社会有些地方依然存在着“旧式分工”，在社会主义有些单位和部门也自然而然地存在着“旧式分工”，这种分工马克思曾经引用过亚当·斯密的话：“分工是社会不平等的根源。”① 这种不平等表现在：一、旧式分工引起了一系列的实际差别。具体表现为脑体力劳动、城乡、工农、部门间和岗位间等的差别，这些差别主要体现在劳动所获得报酬即物质利益上，导致了人们在现实生活中的不平等。二、旧式分工引起了劳动者经济上的不平等。由于社会生产力不够发达，物质财富不够丰富，社会主义社会实行的是“各尽所能，按劳分配”的原则，即按照每个劳动者为社会提供的劳动数量和质量的不同进行分配劳动产品。由于每个劳动者所拥有的科学技术水平的不同，他们所提供的劳动也各不相同，相应地，他们分配到的劳动产品也不相同，这些劳动产品的不同主要通过经济上利益的多少表现出来。集体分工造成了某些单位和个人经济上分配结果的不平等。这些不平等演绎成了错综复杂的人民内部矛盾；这些不平等还严重影响了部分劳动者之间的交流和一些单位、部门之间的交往，在一定程度上和范围上引起并加大人民内部矛盾。

第三，不和谐集体的内部分工、交往阻碍着一部分劳动者素质的全面成长。当前生产力还不够发达，在一定程度上影响了人们的科学文化水平和劳动技能。随着市场经济的发展，虽然增加了劳动类型、生产部门，但由于有些劳动者文化层次和技术水平的有限，使其往往难以胜任部分技术精湛、高科技的岗位，他们只能固定地从事某些简单的岗位上的工作。由于部分劳动者文化水平低，劳动技能的有限性，导致其调换工作岗位的概率也越来越小，其他方面的天赋和才能由于长时间被湮没，将会逐渐退化直至完全消失。这种分工还带有强制性、非自愿性，

① 《马克思恩格斯文集》第5卷，人民出版社2009年版，第419页。

打击了部分劳动者的劳动积极性，不利于这部分劳动者创造性和能动性的发挥。这些都在一定程度上不利于劳动者的全面发展。由于部分劳动者被强迫地长时间地固定在某一岗位上，他们交往的范围会越来越狭窄，交往能力也会越来越低下，不利于集体中所有劳动者的全面发展。马克思就曾经指出："只要分工还不是出于自愿，而是自然形成的，那么人本身的活动对人来说就成为一种异己的、同他对立的力量，这种力量压迫着人，而不是人驾驭着这种力量。"①

二　和谐集体的形成与分工、交往、和谐的内在统一

和谐集体是在当前我国构建社会主义和谐社会的实践中，每个集体都应追求的主流价值取向，和谐集体理所当然的是构建和谐社会的重要组成部分，和谐集体就是要发挥自身特点和优势，为构建和谐社会发挥应有作用。科学有效的集体分工、交往是先进集体形成的关键要素，主要通过制定科学的分工原则、分工机制、分工秩序以及尊重人类社会发展规律而依法交往、守德交往等机制去建设和谐集体。

第一，科学的分工原则和合理的交往机制是和谐集体形成的基本要求。分工和合作一直是人类社会前进的基本要求，永远不会被改变，但是在现代社会中，我们会发现很多企业、单位，分工越来越细化，劳动分工无所不在，但实际上它们的劳动生产率却很低。究其原因主要是没有科学的分工原则和合理的交往机制。进入知识经济时代，分工原则将由主要是依据人们的技能来分工，转变为主要依据人们的知识来分工，只有这样才能适应采用了大量的信息技术和人工智能企业的发展。还有政企分开的原则，只有实行政企分开，才能促进企业的发展。只有在科学分工原则和合理交往机制的指导下，才能建立完善的分工机制和交往机制，制定刚性的行为规范，形成科学的分工和合理的交往。科学的分工和合理的交往使各企业、各部门有了自己明确的工作目标和责任规范，各司其责，不会造成职责不分、岗位不明的现象。企业、部门的工作秩序不会被随意打乱，工作要求不会被随时更改，每个劳动者都服从分工的要求，坚守自己的工作岗位和工作职责，做好自己的本职工作。

① 《马克思恩格斯文集》第1卷，人民出版社2009年版，第537页。

社会主义社会的科学分工使每个劳动者集中在相对少的操作上，能够很快地熟悉操作流程，提高工作的熟练程度；还使劳动者不需要经常变换工作地点和更换劳动工具，节省了大量的劳动时间。这些都使劳动生产率大大提高。科学的分工使劳动者确定在某固定岗位上，能够更好地发挥自身的优势和工作才能，不会造成职岗分离的现象，有助于劳动者的身心健康的发展。正如马克思所描述的，社会主义是比资本主义"更高级的、以每一个个人的全面而自由的发展为基本原则的社会形式"①。科学的分工增进了劳动者之间的交流、劳动者和领导间的交流，以及劳动者的对外交往和企业的对外交往，促进了先进集体的形成。

第二，有序的分工与良性的交往是和谐集体形成的基本途径。在社会建设过程中，大部分人有着相对稳定的职业分工和岗位界定，但在实际的企业、单位中，这种分工实施的效果不尽如人意。常常出现农业办工业、工业办农业、全民修水利、全民炼钢铁的局面。而知识分子更是处于"用非所学，学非所用"的工作态势。这些现象既不利于劳动者发挥自己的工作特长，也阻碍了劳动生产率的提高。只有通过营造有序的分工和良性的交往，才能改变这种生产状况。按照劳动者的知识结构、工作经历、业务水平的不同，配置不同的劳动岗位，其工作效率会大大提高。社会主义社会实行的是"各尽所能，按劳分配"的原则，劳动者的劳动效率的高低、劳动效果的好坏直接决定了劳动者个人的利益。在利益的驱动下，劳动者的生产积极性被调动起来，其工作热情得到极致的发挥，有利于劳动者实现其社会价值和自身利益的统一，促进各企业、单位的发展。有序的分工秩序和良性交往的运行不仅有利于广大劳动者专业特长的发挥，还有利于劳动者自身天赋才能的挖掘，促使劳动者全面而自由的发展。正如恩格斯所说："我们的目的是要建立社会主义制度，这种制度将给所有的人提供健康而有益的工作，给所有的人提供充裕的物质生活和闲暇时间，给所有的人提供真正的充分的自由。"②有序的分工秩序也有利于劳动者之间的交流，让劳动者有了相同层次的交流平台，大家可以平等交流、交往，为相互交流提供了一个轻松、

① 《马克思恩格斯文集》第5卷，人民出版社2009年版，第683页。

② 《马克思恩格斯全集》第21卷，人民出版社1965年版，第570页。

和谐的交流环境。有序的分工秩序也有利于集体与外部的交往，高效的劳动生产率，产生了丰富的劳动产品，带来了丰厚的利益，这些都促进良性交往的形成。有序的分工与良性的交往是和谐集体形成的基本途径。

第三，以尊重每个人与强化每个人的能力为导向分工、交往是和谐集体形成的核心环节。通过考察分工与人的三种发展形态的关系，我们知道了社会分工与人类社会的发展是一致的、相适应的。社会主义社会是迄今为止最先进的社会，同样地，它的分工也应是人类社会发展迄今最科学的分工。社会主义社会分工是尊重人类社会发展规律的分工，它使劳动者从事相对稳定的岗位，有助于其不断地积累工作经验；使劳动者有更多的时间和精力去提高自己的专业技能和科学文化技术水平；使劳动者规范自己的工作行为、强化自己的工作职责，提高劳动者的劳动效率和工作质量。社会主义社会分工有利于企事业单位监督管理、考核；有利于整个集体工作效率的提高和工作效果的增强。由于社会分工与人类社会发展的一致性，人类社会是不断向前发展的，同样地，社会分工也越来越精细、越来越广泛，而分工对社会发展的促进作用也越来越大。随着生产力的发展，科学技术的运用，高科技产品以及生产工具专门化的出现，每一项工作都包含有特殊的技能要求和专业内涵，对分工的要求也越来越高。要严格按照劳动者所拥有的文化知识、工作技能以及经验进行工作岗位的分工，不得随意更换其工作岗位，提出工作要求。马克思指出："只有在共同体中，个人才能获得全面发展其才能的手段，也就是说，只有在共同体中才可能有个人自由。"① 而这里的共同体指的就是共产主义社会。社会主义的分工不但有助于人类社会的发展，也有助于人本身的全面发展，还有助于劳动者的交流和集体对外的交往，进一步促进分工的发展和人类社会的进步。尊重每个人与强化每个人的能力为导向的分工、交往，是尊重人类社会发展规律的分工、交往，它不会造成社会资源的浪费、不会妨碍人类社会的发展和进步。

---

① 《马克思恩格斯文集》第1卷，人民出版社2009年版，第571页。

第四节　民族、国家视野下的分工、交往与构建和谐社会的实践

习近平同志曾这样谈过民族工作："任何一个民族的发展都不能只靠本民族的力量。只有处于开放交流之中，经常与外界保持经济文化的吐纳关系，才能得到发展，这是历史的规律。"① 民族、国家的分工、交往是民族、国家关系的基础，所以民族、国家的分工、交往的程度和效果等状况决定着各民族、国家的关系。构建和谐社会主要取决于民族、国家间和谐的分工、交往，否则，民族、国家关系就不和谐。

一　民族、国家视野下的分工、交往对构建和谐社会实践的正负影响

民族平等，是马克思主义民族思想的基点，也是我国民族工作的重中之重。民族关系在多民族国家的社会关系中占据核心地位，民族团结更是社会主义和谐社会的重要组成部分。恩格斯说过："一个民族要想站在科学的最高峰，就一刻也不能没有理论思维。"② 中华民族要实现伟大复兴，同样需要强大的理论思维。马克思主义理论始终是我们党和国家的行动指南，是我们认识世界和改造世界的理论武器。我们党创造性地把马克思主义民族理论、世界历史理论同中国民族问题具体实际相结合，创建一条具有中国特色并且非常正确地解决民族问题的道路。当前国家对于民族工作总的政策，就是坚持在中国共产党的领导下，坚持中国特色社会主义道路，坚持维护祖国统一，坚持各民族平等和团结的原则，贯彻实施民族区域自治制度，大力发展民族传统文化和民族特色经济，争取早日实现各民族的共同繁荣和富强，建立全面良好的社会主义民族关系。民族、国家分工、交往的程度、效果与构建和谐社会是息息相关的。当前的主要任务就是要建立科学、合理的民族、国家分工，以及民族、国家之间建立平等、自由的交往，形成和谐的民族、国家

① 习近平：《摆脱贫困》，福建人民出版社 1992 年版，第 81 页。

② 《马克思恩格斯文集》第 9 卷，人民出版社 2009 年版，第 437 页。

关系。

（一）和谐民族、国家的内部分工、交往对构建和谐社会实践的积极影响

以民族、国家为单位基于经济结构中的分工与协作，它促进经济交换——商业活动成为民族、国家交往的最重要的方式，成为民族、国家关系平稳牢固的物质基础。这对于各族人民关系友好、社会稳定有很大的促进作用。

第一，和谐民族、国家的内部分工、交往有利于各民族、各地区的经济合作与繁荣发展，为构建和谐民族、地区关系提供物质基础。民族、国家分工主要是依据各民族、各地区的地理位置、自然条件、历史文化、地方特色等方面而进行的。这种分工能够很好地利用各民族、各地区的自然资源优势，结合民族特点建立自己的经济发展模式，同时充分发挥当地人民的劳动积极性和创造性，人们在劳动中能够享受到自己浓浓的民族和地区传统文化，激起了人们的劳动热情，带来了较高的工作效率，推动了生产力的发展。正如马克思恩格斯所说："一个民族的生产力发展的水平，最明显地表现于该民族分工的发展程度。"① 这种分工能够发扬各民族、各地区的传统经济的优势，一代又一代经久不息的、传统的劳动经验让劳动者不必花费很多时间、精力去学习就可以从事劳动，大大节省了劳动时间，提高了劳动质量和劳动效率。由于传统的原因和主客观因素的制约，导致少数民族地区和非少数民族地区在经济发展水平、科技实力、交通运输、人才资源、自然资源等方面有很大的反差，基于这种状况，国家提出，少数民族地区的发展可以走"双向开放"和"双向开发"的道路。"双向开发"即对内、对外同步开放。就是一方面积极参与国内市场和沿海地区市场的竞争和交换；另一方面积极参与国际市场的竞争和交换。"双向开发"即资源和市场同时开发，即一方面大力开发本地区的优势资源；另一方面加大商品流通渠道，大力开发市场。丰富的自然资源，加上科学的发展道路，少数民族地区的经济就如插上了翅膀的鸟，将会飞得越来越高，越来越远。这种分工主要以当地的自然环境、地理条件为依托，这种得天独厚的环境和条件非

① 《马克思恩格斯文集》第1卷，人民出版社2009年版，第520页。

常有利于农作物的生长、畜牧业的养殖，带来了丰富的劳动产品，促进了经济发展。一方面这种传统的自然分工促进了劳动生产率的提高，带来了剩余的劳动产品；另一方面这种分工是以本民族、本地区为单位的，劳动产品带有很浓的地方特色。随着人们需求的扩大，自然而然地带来了经济交往，伴随着经济交往带来了文化交往和通婚，进一步推动了生产力的发展，为构建和谐民族、地区关系提供了物质基础。

第二，和谐民族、国家的内部分工、交往有利于各民族、各地区优秀传统文化的发展，为构建和谐民族、地区关系营造精神家园。任何民族都有自己民族特色的文化传统，文化传统是一个民族发展的不竭动力和永恒源泉。我国各民族多姿多彩的文化组成了历史悠久、灿烂的中华文化。民族、国家的分工是在继承本民族、本地区的传统文化基础上的分工。这种分工一方面让劳动者在劳动的过程中继承本民族、本地区文化，还可以通过言传身教的模式把传统文化承传给下一代，这些都是发扬民族文化、传统文化的最好方式之一；另一方面让劳动者在劳动过程中还可以对民族文化进行创新，通过劳动实践，不断地对民族文化取其精华，去其糟粕。另外，这种分工还可以让劳动者有更多的闲暇时间、更充沛的精力去提升自身的理论水平，去钻研民族文化，使民族文化发扬光大。这种分工把相同的文化素养和民族信仰的人们聚集在一起，有利于本民族、本地区人们的交往，为了本民族和本地区的发展，族际之间、地区之间也必须进行交往，促进了整个民族、整个地区传统文化的发展。传统文化是我国的文化瑰宝，是构建和谐社会所需的精神文明的重要组成部分。民族、国家的分工、交往发展了优秀传统文化，就是为构建和谐民族、地区关系提供精神基础。

第三，和谐民族、国家的内部分工、交往有利于各民族、各地区人民的团结统一，为构建和谐民族、地区关系打造和睦大家庭。民族、国家分工主要以文化价值观和传统规范为准则，具有很浓的地域性和民族性，引起了其劳动产品的单一性。随着社会的发展，人们需求的扩大，以及各民族、国家这种带有不同选择侧重点的分工共同推进了各民族、各地区经济、生活、文化联系的客观需求。加强各民族间的交往、交流和交融，部署和开展多种形式的共建工作，创建各民族相互嵌入式的发展模式和社会环境，促进各族群众的交流，进一步加深感情。这种联系既满足了人们各方面的不同需求，又带来了当地经济、文化的发展。这种经济联系主要是在商业领域进行的，以经济交换为基础来实现的，经济交换成为了各民族、各地区之间民间交往的本质。人们为了生存和发展，各民族、各地区人们必须进行经济交往，这就形成了各民族、各地区之间相互依存、和谐共处的局面。同时，国家建立了民族区域自治制度、区域协调发展新机制和振兴乡村经济新策略，各地方也出台了相关的政策和措施，如开展“民族团结一家亲”和民族团结联谊活动，加强各民族之间的交流沟通，促进民族团结，形成共同奋斗、共同发展的良好局面。习近平同志曾多次强调：“全面建成小康社会，一个民族都不能少。”① 要求我们在精准扶贫工作中，一定要重视民族地区的脱贫工作。如各民主党派中央深入开展脱贫攻坚民主监督，各级工商联持续开展“光彩行活动”，积极参与“万企帮万村”精准扶贫行动，同时选派25.5个驻村工作队、290多万名县级以上党政机关和国有企事业单位干部到贫困村和软弱涣散村担任第一书记或驻村干部，目前在岗91.8万人。② 这些举措不仅有利于实现2020年全面打赢了人类历史上规模最大的脱贫攻坚战，全国832个贫困县全部摘帽，近一亿农村贫困人口实现脱贫，960多万贫困人口实现易地搬迁，历史性地解决了绝对贫困问题，为全球减贫事业做出了重大贡献，也实现了全面建成小康社会的第一个百年奋斗目标。人们在进行经济交往的过程中，必然会带来民族传统文化的交流和碰撞，如各种民族风俗、生活习惯、风土人情等都不可避免地会出现冲撞，为了双方的经济利益，最终都一定会解决。不管最后以什么方式解决这种矛盾，不可否认的是，它也是进行人们交往的一种有效方式。交往不但带来了生产力的发展，分工的细化，还带来了各民族、各地区人们的团结，形成了和谐的民族关系、地区关系。

（二）不和谐民族、国家的内部分工、交往对构建和谐社会实践的消极影响

一方面以民族、国家为单位基于经济结构中的分工，促进了经济的

---

① 中共中央文献研究室：《习近平关于社会主义政治建设论述摘编》，中央文献出版社2017年版，第166页。

② 习近平：《在决战决胜脱贫攻坚座谈会上的讲话》，人民出版社2020年版，第5页。

发展，推动了和谐民族关系、地区关系的建设；另一方面由于分工本身的两重性以及民族、国家分工、交往的地域性和民族性，导致了这种分工、交往对和谐民族关系、地区关系的形成具有一定的阻碍性，给构建和谐社会带来了消极影响。

第一，不和谐民族、国家的内部分工、交往不利于各民族、各地区的经济协调发展。民族、国家的分工、交往具有浓郁的地域性和民族性。这种分工一方面使劳动经验很保守、落后，劳动者执守自己祖辈相传的劳动经验，不愿接受新生事物，改进、创新劳动经验。另一方面是劳动工具的改进。这种保守的思想导致部分劳动者不愿对现有的生产工具进行改进、创新。由于有些劳动者科学文化水平低下，他们即使拥有了较先进的生产工具也不可能正确使用。这种分工不可能带来很高的劳动生产率。劳动者、劳动工具是生产力因素中的重要因素，它们直接影响了生产力的发展程度。这些都导致了有些民族、地区经济的缓慢发展。这种分工也妨碍了人们的交往范围的扩展和方式的更新，一方面是劳动生产率低下，生产力发展缓慢，在一定程度上阻碍了民族与民族之间、地区与地区之间交往的范围和交往方式的发展；另一方面是有些劳动者没有强烈的交往意识、交往愿望，他们是被迫交往而不是主动交往。交往是促进社会发展、生产力发展的有力手段，交往不发达，引起了分工的落后，不利于各民族、各地区的经济发展。

第二，不和谐民族、国家的内部分工、交往不利于各民族、各地区文化的互动发展。民族、国家的分工主要是以经济利益为基础而进行的民族分工。这种分工使各民族、各地区的民族传统文化更加浓厚，也在它们之间加了厚厚的一道屏障。这道屏障加剧了人们固守本民族文化和信仰的理念，人们没有进行传统文化交往的平台，还有些人只忠于本民族的文化，他们不愿接受其他民族、其他地区的文化，最后导致一些个人之间、民族之间只有经济交往，而没有文化交往。这种分工虽然在一定程度上促进了民族之间、地区之间的交往，但由于这种交往缺少民族间的理解和尊重，如有些地区、民族间交往了很多年，但是由于对双方传统风俗有所忌讳，在交往中仅仅停留于表面化的经济交往，而很少进行政治、文化、心理等更深层次的交流、交往。同时这种经济交往的广度不广、深度不深，这都会使一些民族间、地区间的交往表现出距离感的态势，在文化上、心理上并没有得到较深入的交流，在一定程度上阻碍了民族传统文化的发扬光大。

第三，不和谐民族、国家的内部分工、交往不利于各民族、各地区人民的团结进步。民族、国家的分工引起了交往，但这种交往是以经济利益为基础的。利益是最敏感的话题，利益不均必然引起民族之间、个人之间的矛盾，所以利益关系和谐是建立和谐民族关系的基础，是构建和谐社会的重要根基。各民族在进行交往的过程中，人们交往的宗旨是能够让本民族获得最大的利益，能够让本民族获得最大程度的发展和进步。但是在实际交往中，很多民族、很多地区由于经济、社会、文化上存在很大的差异，这种差异导致了双方利益上的不均衡。利益不均衡必然会造成个别落后地区人们心理上的不满，破坏了各族人们的团结，也会对民族的关系产生极坏影响。另外，对利益的需要是民族间交往的最终价值取向，人们对利益的追求与获取以及在利益关系上的冲突，都会对人们的其他行为具有一定的导向作用，一旦激发，在实际行动中可能就会爆发民族间的斗殴、冲突，甚至暴乱，如新疆和西藏暴乱事件。所以，要协调民族间的关系，就要协调好民族间的利益关系，否则会严重影响各族人民的团结，影响到和谐民族关系的建立。

二　民族和谐、国家富强的实现与分工、交往、和谐的内在统一

建立民族和谐，实现整个国家的富强，是我国各民族人民共同的愿望，也是构建和谐社会的主要要义。刘连军提出："国家想要和谐发展，不仅要处理好国际关系，更要处理好国内民族关系。"[①] 习近平同志指出，中华民族一家亲、同心共筑中国梦，这是新时代我国民族团结进步事业的生动写照，也是新时代民族工作创新推进的鲜明特征。[②] 民族关系是一种社会关系，而和谐的民族关系就是一种扩大的、开放的社会关系，这种社会关系的形成是以各民族之间的交往为基础的。而民族之间的交往来源于各民族的分工，分工造成了各民族之间交往特别是经济交

---

① 刘连军：《和谐发展要处理好国际关系和国内民族关系》，中国社会科学网，2013 年 04 月 18 日。

② 习近平：《在全国民族团结进步表彰大会上的讲话》，《十九大以来重要文献选编（中）》，人民出版社 2021 年版，第 213 页。

往的客观需要，民族关系以民族交往为主要形式，因此，没有民族交往就谈不上民族关系。习近平同志也强调了民族交往在民族工作中的重要性，要全面贯彻党的民族政策和宗教政策，推动各民族交往交流交融，不断铸牢中华民族共同体意识，[①] 而要建立和谐的民族关系，实现国家富强，必须以各民族之间最发达的分工和最具效度的交往为着力点，通过加快经济发展、人力资源建设和民族间人口流动三方面去进行。

第一，合理安排使用各民族、各地区的自然资源。自然资源是经济社会发展必不可少的物质基础，是人类社会生存和发展的重要物质源泉。同时，自然资源还为生产力的发展提供了劳动资料，是人类自身再生产的营养基地和能量源泉。

我国自然资源很丰富，但是地域分布不均匀，空间分布不协调，人均占有量少，少数资源紧缺。我们依照自然资源分布的先天性，合理安排使用自然资源：一是因地制宜合理利用自然资源。如新疆、西藏等地区，自然资源种类多，储量丰富，发展潜力大，但其生态环境脆弱，基础设施落后、人力资源匮乏，我们要按照客观规律去开发利用这些地区的自然资源。如三峡工程，三峡水电站是目前世界上规模最大的水电站和清洁能源基地，利用长江中下游丰富的水资源优势，大大减轻华东、华南地区严重的电力供应紧张局面，也是目前中国有史以来建设最大型的工程项目。二是采取措施，跨区域协调自然资源。由于各地区自然资源分布不均衡，为了本地区的经济发展和人民的生活，我们可以采取统筹规划，跨区域调配自然资源，如西气东输是中国距离最长、管径最大、投资最多、输气量最大、施工条件最复杂的天然气管道。实施这一工程，有助于推动我国能源结构优化和产业结构调整，促进东部、中部、西部地区经济共同发展，促进管道沿线地区人民的交流，提高这些地区人民的生活质量。西气东输的实施，为推动西部大开发，将西部地区的资源优势变为经济优势创造了良好条件，对新疆及西部地区的经济发展具有重大的战略意义，是拉开“西部大开发”序幕的标志性建设工程。除此之外，还有南水北调工程，它主要利用南方充足

---

① 习近平：《在全国民族团结进步表彰大会上的讲话》，《十九大以来重要文献选编（中）》，人民出版社 2021 年版，第 213 页。

的水源去解决我国北方地区，尤其是黄淮海流域的水资源短缺问题，有助于实现中国水资源南北调配、东西互济的合理配置格局。三是改善局部地区自然资源的条件。我们可以通过科技创新，使自然资源得到更好的利用，同时树立开源节流意识和环保意识，还可以加强自然资源的立法工作，去保护和改善局部地区的自然资源的条件。习近平同志站在历史发展的高度，对中国改革开放发展史进行历史回顾与认真反思后，提出了“绿水青山就是金山银山”统筹经济发展模式和生态环境保护模式，为我们在新时代创建绿水青山、发展美丽中国，采取科学经济发展模式，建设社会主义现代化强国提供了理论指导和思想指南。

第二，加快各民族、各地区的人力资源建设与人口合理流动。胡锦涛同志在全国统战工作会议上提出：“加强人力资源能力建设，提高思想道德素质和科学文化素质，是加快少数民族和民族地区发展的根本之策。”① 习近平同志也曾提出，现在，我们比历史上任何时期都更需要广开进贤之路、广纳天下英才。要实行更加开放的人才政策，不唯地域引进人才，不求所有开发人才，不拘一格用好人才，在大力培养国内创新人才的同时，更加积极主动地引进国外人才特别是高层次人才。② 可见，人才资源建设是民族发展的重要根基，而不同民族间的人才流动是对其进行建设和发展最有利的方式，这种人口流动就是一种交往，是基于分工基础上的民族与民族之间民间交往的一种形式。这种人口流动有利于不同民族之间的文化认同，交往心态的调适，增强人们的交往意识。

当前时期，建设各民族、各地区的人力资源与人口合理流动主要通过以下途径来进行：一是立足于民族意愿，按照以人民为中心的原则进行分工，以各民族每个劳动者的天赋、才能和其所拥有的科学文化知识进行分工，让每个劳动者都能发挥自己的最大潜能和最大的劳动积极性，成为自己岗位上的高技术人才。二是进行人才引进，特别是高级技

---

① 胡锦涛：《论构建社会主义和谐社会》，中央文献出版社 2013 年版，第 101 页。

② 中共中央文献研究室：《习近平关于科技创新论述摘编》，中央文献出版社 2016 年版，第 115 页。

术性人才。加快发展民族经济，仅仅依靠当地的人才是远远不够的，应加强各地区人口合理流动，劳动力和人才只有流动起来，才能发挥其作用，才能使社会真正蓬勃发展起来。2020年1月，中办与国办共同印发《关于促进劳动力和人才社会性流动体制机制改革的意见》，主要包括创造流动机会、畅通流动渠道、扩展发展空间、兜牢社会底线等几个问题作出宏观设计和制定政策，有利于劳动力和人才的流动。国家还可以通过各种优惠政策鼓励内地的高级技术人才到少数民族地区去工作。这些技术人才不但带来了高科技的技术，还带来了先进的理念，让当地人民接受新思想、新观念，这也是交流的一种方式。三是大力发展民族地区的教育事业。习近平同志强调：扶贫必扶智。让贫困地区的孩子们接受良好教育，是扶贫开发的重要任务，也是阻断贫困代际传递的重要途径。[①] 要想建设好民族人力资源，一方面可以按照自己民族的发展对口培养自己所需的人才，不会造成人才资源浪费。另外一方面通过人口流动、对外开放引进高级人才。民族教育是一种本土培养人才的方式，这种教育培养的人才不会有风俗习惯的困扰、生活习惯的不适，同时，他们对自己的民族有着深厚的感情，这种感情会激励着他们对工作全身心的付出，促进了民族经济的发展；同时人才合理流动引起本地区风俗习惯和传统文化的交流和向外发展。

第三，加快各民族、各地区的政治、经济发展。胡锦涛同志曾经指出："发展问题是现阶段处理我国民族关系的首要问题。只有发展问题解决好了，才能真正实现民族平等和民族和谐。"[②] 目前，我们要建立和谐民族关系，实现国家富强，就是要以科学发展观为总原则，以分工、交往为枢纽，加快各民族、各地区的政治、经济、文化各方面的发展。习近平同志说过："只要有信心，黄土变成金。"贫穷不是不可改变的宿命。人穷志不能短，扶贫必先扶志。[③] 一方面我们继续加速民族分工的发展，使其越来越细化，让各民族完完整整地展示出本民族的政治、经济和文化特色。少数民族地区经济的发展最主要还是依靠少数民族地区

---

① 习近平：《论坚持推动构建人类命运共同体》，中央文献出版社2018年版，第266页。

② 胡锦涛：《论构建社会主义和谐社会》，中央文献出版社2013年版，第101页。

③ 习近平：《十八大以来重要文献选编（下）》，中央文献出版社2018年版，第49页。

的自我发展能力。通过不断地发扬各民族有特色的政治、经济和文化，促进本民族的政治、经济发展。如立足本地区的政治、经济、文化优势，扬长避短，兴利除弊，不断优化本地区的生产要素，创建与本地区生产力水平最相适应的经济运行模式，促进生产力快速增长。可以通过兴办乡、村基层经济实体，提高少数民族地区的经济“造血功能”。党的十九大报告提出，农村可以实施乡村振兴战略，就是要坚持七大原则（即坚持党管农村工作，坚持农业农村优先发展，坚持农民主体地位，坚持乡村全面振兴，坚持城乡融合发展，坚持人与自然和谐共生，坚持因地制宜、循序渐进），全面贯彻执行五大总要求（即按照产业兴旺、生态宜居、乡风文明、治理有效、生活富裕）去解决好“三农”问题（即让农业成为有奔头的产业，让农民成为有吸引力的职业，让农村成为安居乐业的美丽家园）。具体做法，在城乡统筹和城乡一体化的思想下，可以加强以新农村建设、美丽乡村建设、特色小镇建设、田园综合体建设等形式为主，发展农村经济，建设美丽乡村。对于城区经济，在“坚持区域经济协调发展”战略方针的指导下，党中央提出加快中西部地区的发展思路，这将使我国地区经济结构更加科学，同时，将逐步形成地区经济协调发展的新局面。针对超大城市、特大城市等人口经济密集地区出现亟待解决的问题：不断恶化的生态环境、不断失衡的城镇体系、不断扩大区域与城乡发展差距等。2014 年党中央提出了“京津冀协同发展战略”，以京津冀三地作为一个整体协同发展为轴心，以疏解非首都功能、解决北京“大城市病”为根本出发点，合理调整城市布局、科学优化空间结构，创建完善现代化交通网络系统，扩充并美化环境容量生态空间。

少数民族地区要发展生产力，除了自我发展能力还需外部援助力量的大力支持，即我们要扩大民族交往的范围、更新民族交往的手段。民族分工造成了民族交往的客观需要，这种交往主要是以利益交换为基础的经济交往。随着社会的发展，各民族的根本利益基本是一致的，但是在某些非根本利益上，还是存在利益不均衡的现象，导致了各民族之间时常会有矛盾和冲突的发生。各族人民只有在加快发展本民族经济的基础上，通过交往、交流、沟通等方式，增强对彼此社会生活各方面的认同与尊重，才能建立平等的利益关系。少数民族地区在开发自身资源大力发展内部生产力的同时，还要注重同外部的交往即开拓市场并举，走出一条具有民族特色的资源、市场、技术相融合的发展道路。为了进一步加快东中西互动合作的协调发展，充分发挥沿海沿江沿边地区的带动作用，全面推进对内对外开放发展，2016 年党中央提出“长江经济带战略”，制定了长江经济带“一轴、两翼、三极、多点”发展的新思路。“一轴”是以长江水道为依托，充分发挥上海、武汉、重庆三个超大城市的引领作用，创建沿江绿色发展轴；“两翼”分别指沪瑞和沪蓉南北两大运输通道，利用互联互通的便利交通，不断提升南北两侧腹地主要城市居住人口和产业发展能力；“三极”指的是长江三角洲、长江中游和成渝三个城市群，大力发挥中心城市的积极带动作用，增强长江经济带的三大增长极；“多点”是指积极发挥三大城市群以外周边地县城市的辐射作用，不断加强与中心城市的经济联系与交流，推动周边地区经济发展。主要通过加快发展现代航运服务，同时加强上海国际航运中心、武汉长江中游航运中心、重庆长江上游航运中心和南京区域性航运物流中心共同建设，构建现代化航运服务业态，积极创新江海联运服务，建设成区域联动、结构优化、集约高效、绿色低碳的创新型城镇化格局。为了推动沿海大珠三角地区经济的发展，2017 年提出了粤港澳大湾区的发展战略。马克思阐明过：“在古代，每个民族都由于物质关系和物质利益（如各个部落的敌视等等）而团结在一起。”① “要使各国真正联合起来，它们就必须有一致的利益。”② 只有建立了平等的利益关系，才能实现各民族真正意义上的平等，进一步推动民族交往的深入，促进各民族、各地区的政治、经济发展，加强各民族关系的建设，实现国家富强。党的二十大报告提出了继续促进区域协调发展，即推动西部大开发形成新格局，推动东北全面振兴取得新突破，促进中部地区加快崛起，鼓励东部地区加快推进现代化。支持革命老区、民族地区加快发展，加强边疆地区建设，推进兴边富民、稳边固边。推进京津冀协同发展、长江经济带发展、长三角一体化发展，推动黄河流域生态保护和高质量发展。

① 《马克思恩格斯全集》第 3 卷，人民出版社 1960 年版，第 169 页。
② 《马克思恩格斯文集》第 1 卷，人民出版社 2009 年版，第 694 页。

第五节 世界视野下的分工、交往与构建和谐社会的实践

中国作为世界上的重要国家，在自身构建和谐社会的过程，同时也是一个处于构建和谐世界的统一过程。在新世纪新阶段中国在进行客观分析和科学认识的基础上，在联合国首脑会议上，明确地提出了构建和谐世界的新观念。“和谐世界”观念早在古代就已提出，当代更具必要性与紧迫性，这不仅符合人类进步的时代潮流，还是当前构建和谐国际社会新秩序的重大任务。马克思指出：“各个相互影响的活动范围在这个发展进程中越是扩大，各民族的原始封闭状态由于日益完善的生产方式、交往以及因交往而自然形成的不同民族之间的分工消灭得越是彻底，历史也就越是成为世界历史。”① 这里，马克思明确指出，交往和分工特别是旧式分工的消失促进了世界历史的形成。习近平同志曾经明确提出：“我们希望，国与国之间、不同文明之间能够平等交流、相互借鉴、共同进步，各国人民都能够共享世界经济科技发展的成果，各国人民的意愿都能够得到尊重，各国能够齐心协力推动建设持久和平、共同繁荣的和谐世界。”② 即世界各国人民之间平等的分工、交往，是构建“和谐世界”的唯一途径。

一 世界视野下的分工、交往对构建和谐社会实践的正负影响

随着社会和世界的发展，出现了世界分工，伴随着世界分工的是世界交往。随着世界分工越来越精细，世界交往也得到了进一步的发展，引起世界各国之间相互依赖、相互制约。正如习近平同志说的：“随着世界多极化、经济全球化、社会信息化不断发展，各国利益交融、兴衰相伴、安危与共，形成了你中有我、我中有你的命运共同体。面对复杂多变的国际形势和严峻突出的全球性问题，各国人民需要加强友好交

① 《马克思恩格斯文集》第1卷，人民出版社2009年版，第540—541页。

② 中共中央文献研究室：《习近平关于实现中华民族伟大复兴的中国梦论述摘编》，中央文献出版社2013年版，第68页。

流，携手合作，同舟共济。"[①] 世界分工、交往使得不同国家和民族可以直接利用别国的生产力或劳动成果来满足本国人民多样性的需求。同样，中国在社会主义建设的过程中，应该积极参与世界分工、世界交往，去构建和谐社会。由于分工与交往本身都具有两重性，世界分工、交往对中国构建和谐社会也具有积极影响和消极影响。

（一）和谐世界状态下的分工、交往对中国构建和谐社会实践的积极影响

世界分工、交往推动了生产力的发展和世界市场的建立。随着世界经济的发展，加深了世界各国的相互依赖和相互制约，并逐步走向全球化。中国在参与全球化的过程中，其经济、政治、文化也得到了很大发展，促进了和谐社会的构建。

第一，和谐世界状态下的分工、交往能推动中国积极参与世界经济良性互动互利，促进中国与世界经济的繁荣发展。随着分工的发展，社会各部门的联系不断加强，带来了资本积累。随着资本的不断积累、扩大，资本从国内市场延伸到国外市场以至整个世界，形成了世界分工。一方面，世界分工不仅扩展了整个国际社会劳动边界的可能性，创造了各种社会劳动种类，使每个国家都有机会参与世界经济的生产；另一方面，世界分工还有利于生产要素在世界范围内的自由流动，自然资源在世界范围内进行合理的配置。分工导致了交往的客观必然性，世界分工的形成和发展，必将产生世界交往。随着对外开放政策的实施，中国将享受到世界分工、世界交往所带来的利益成果，最大的利益就是推动中国积极参与世界经济的生产，促进了经济的发展。中国于 2001 年 12 月 11 日正式加入了世界贸易组织。世界贸易组织是世界四大经济组织之一，对于世界经济发展和贸易发展有着积极的推动作用。世界贸易组织的主要功能是减少各个国家和地区之间的贸易摩擦，控制和减免关税，促进各个国家经济和国际贸易的发展。中国加入 WTO，就是加入世界经济体系，其积极意义主要体现在以下几方面：（1）有利于推动我国更快、更好地与国际经济的交流；（2）有利于推动我国出口贸易的分类和

---

① 中共中央党史和文献研究院：《习近平关于中国特色大国外交论述摘编》，中央文献出版社 2020 年版，第 32 页。

扩大；(3) 有利于我国引进外资；(4) 有利于推动我国技术的分工和进步；(5) 有利于细化就业的岗位，扩展我国就业的机会；(6) 有利于提高我国国民生产总值。总之，中国加入世贸组织，能够享受多边贸易带来的利好，充分发挥本国经济优势，推动中国与各个国家经济共同发展。另外，世界分工还增进劳动者的熟练程度，节省劳动时间，促进劳动率水平的提高；世界分工有效地缩小了中国与其他产业结构的差距，促进中国加快完成了产业结构全面升级，为中国创新了一些高新技术产业和新兴服务业，并促使了这些产业的发展，从整体上提高了中国的经济发展质量，为构建和谐世界提供了坚实的物质基础。

第二，和谐世界状态下的分工、交往推动了中国积极参与世界政治协商。世界分工、交往在带来中国经济快速发展的同时，也提高了中国在世界政治体系中的地位，积极参与世界政治对话协商。目前，世界格局是世界多极化，它是相对世界两极格局和单极世界而言的，世界正在形成若干个政治、经济力量中心，各种力量相互掣肘、相互制约，又相互依赖，它从政治学角度反映当今世界越来越相互依赖的状况。世界多极化，顺应时代发展的潮流，满足各国人民的诉求。世界多极化立足于相互依赖又相互制衡多种力量的发展，有助于遏制霸权主义和强权政治，有助于构建公正合理的国际政治经济新秩序，有助于国际关系的民主化，有助于世界的和平与发展。中国在尊重各国人民自主选择发展道路的基础上，主张国家无论大小、强弱、贫富一律平等，在全球治理中坚决主张共商、共建、共享的理念，加强同各国的合作交流，促进中国各方面的发展，促进世界的和谐与发展。和谐世界状态下的分工为中国积极参与世界政治提供了坚实的物质基础。有了坚实的物质后盾，中国才能积极参与和谐世界政治体系的构建。同时，和谐世界状态下的分工有助于我国同世界各国的对话和交流，推动了中国同世界各国交流的范围和交流的方式。世界经济的繁荣发展事关世界各国的经济，世界政治的和谐发展事关世界各国的安全稳定。中国长期贯彻执行和平发展道路和五项基本原则，在外交事务上，习近平同志主张："我们要坚持从我国实际出发，坚定不移走自己的路，同时我们要树立世界眼光，更好把国内发展与对外开放统一起来，把中国发展与世界发展联系起来，把中国人民利益同各国人民共同利益结合起来，不断扩大同各国的互利合作，以更加积极的姿态参与国际事务，共同应对全球性挑战，努力为全球发展作出贡献。”① 我国更是坚持相互之间的尊重理解和对话协商，坚持尊重理解各国特殊情况，致力于通过对话协商来让世界认识中国、了解中国，从而与世界各国一道共同为世界政治做出贡献。我国一直站在公平、公正、平等的立场上，寻求与各国的对话交流来求同存异、共谋发展，未来的世界经济才能充满希望！

第三，和谐世界状态下的分工、交往推动了中国积极参与世界文化交流。习近平同志强调：“要坚持多样共存、互鉴共进、合作共享，加强文化交流，倡导文化平等，保护文化遗产，推动文化创新，加强文化合作，让人类创造丰富多彩的文化造福更多民众，让世界更加美好。”② 世界分工、交往带来了中国政治、经济的快速发展，同时，也促进了中国积极参与世界文化的交流。进入新时代，首先要坚持文化自信，大力发展教育、科技、文化等各项事业，提高中国人民的文明素质；其次要坚持“世界大同”的总原则、主张和合共生的传统理念，坚持各国文化相互尊重，交流互鉴。世界分工带来了先进的生产力、丰富的物质产品，一方面通过各国人民的相互交往，让人们愿意接受世界先进的文化和文化产品，多样性的文化，使得这个世界更加丰富多彩，它给人们带来了美的享受，提高了人们的生活水平和生活质量，促进了人们的身心发展；另一方面，让人们有更多的时间和精力去加强中国传统文化的学习和发扬，提升自己的思想素质和文化素质，去积极参与世界文化的交流，扩展不同文化背景下人们的心灵沟通，促进和谐世界的建设。中国在坚持民族优秀文化传统的基础上，将继续兼收并蓄，吸收世界各种文明精华，借鉴各种有益文化，提升中国人民的精神世界。另外，中国拥有五千年的传统文化，博大精深，历史悠久，它深深地吸引着世界各国人民，有力地推动了中国文化的对外交流。中国文化本身所具有的很强的包容性特征，有助于中国文化参与世界文化交流，走向世界。中国参与世界文化交流不仅可以让世界了解中国文化，还可以吸收其他国家文化的精华，充实中国文化。文化的交流可以促进

① 习近平：《习近平谈治国理政》第一卷，外文出版社 2018 年版，第 248—249 页。

② 习近平：《致首届丝绸之路（敦煌）国际文化博览会的贺信》，2016 年 09 月 20 日。

物质生产的发展，提高生产力的发展，为构建和谐社会提供丰富的物质基础，文化本身也为构建和谐社会提供了精神基础。正如习近平同志所说："文化育和谐，文化建设是构建和谐社会的重要保证和必然要求。"①

第四，和谐世界状态下的分工、交往能推动中国技术创新能力与人才素质的提高。关于科技创新，我们要努力扩大科技开放合作。习近平同志指出："要深化国际交流合作，充分利用全球创新资源，在更高起点上推进自主创新，并同国际科技界携手努力为应对全球共同挑战作出应有贡献。"② 世界分工促进了中国积累知识以及生产设备、交通通信等生产工具的改进和创新的速度和进度。一是世界分工、交往的发展，新兴行业的出现，迫使人们必须研发先进的新机器和新设备去适应新行业的发展。新机器、新设备的研制不仅大大提升了劳动生产率，还促使新机器、新设备的生产形成了另一独立的、新型的分工领域。二是世界分工增加了先进科学技术内外交流的概率和频率。世界市场的出现和企业重组的全球化，给很多企业创造了并购的机会，中国一些大型企业通过并购某些拥有自己的核心技术但财务状况不佳的国际化企业，以此来增强自己企业的科学技术水平，提升自己在国际市场上的竞争力。三是世界分工、交往有利于高级技术人才的引进。习近平同志提出："走发展创新之路，首先要重视集聚创新人才。要充分发挥好现有人才作用，同时敞开大门，招四方之才，招国际上的人才，择天下英才而用之。"③ 要重视人才，发挥人才在技术创新中的核心作用，使科技进步和提高劳动者素质成为经济发展的科学途径。习近平同志提出："要实行更加开放的人才政策，不唯地域引进人才，在大力培养国内创新人才的同时，更加积极主动地引进国外人才特别是高层次人才，热忱欢迎外国专家和优秀人才以各种方式参与中国现代化建设。"④ 经济发展实现世界分工给各国高级人才提供了一个更好的发展机遇和平台。一方面，世界分工、交

① 习近平：《文化育和谐》，载《之江新语》，浙江人民出版社 2007 年版，第 150 页。

② 中共中央文献研究室：《习近平关于科技创新论述摘编》，中央文献出版社 2016 年版，第 43 页。

③ 习近平：《在广东考察工作时的讲话》，2012 年 12 月 11 日，VW001. 023. 20121211. 002。

④ 习近平：《在上海同外国专家座谈时的讲话》，2014 年 05 月 22 日，VW001. 023. 20140522. 002。

往刺激中国教育的发展，即必须按照经济发展的形势需要去培养高级技术人才。深化教育改革，加快素质教育，优化教育方法，提升教育质量，创建有利于创新人才成长的育人环境。另一方面，通过国际交流与合作，各种形式的培训、学习，中国企业吸引了很多的国外高层次的精英来中国工作。要积极引进国际创新人才，制订科学的海外人才引进方案和计划，吸引更多国际优秀人才来中国工作。世界分工、交往提高了中国技术创新的能力与人才素质，这种能力促进了和谐社会的构建。

（二）不和谐世界状态下的分工、交往对构建和谐社会实践的消极影响

世界的分工、交往在促进生产力的发展、劳动生产效率的提高，但由于中国在世界经济中处于发展中国家以及实行的是社会主义制度等方面的原因，使得世界分工、交往与中国发展的有些方面相冲突，有矛盾，对和谐社会的构建带来了消极影响，妨碍了和谐社会的构建。

第一，不和谐世界状态下的分工、交往不利于中国国内经济与世界经济的共同发展。世界分工、交往引起了全球化，全球化是基于世界市场的全球化，就是在自由竞争的原则下，世界市场内国民经济的自由发展和在世界经济关系内进行自我调节。通过世界分工、交往，中国经济与世界经济的联系越来越紧密，伴随着这种联系，资本主义发达国家给中国带来经济发展的同时也带来了资本主义国家经济和政治风险、危机与中国现实社会相冲突的矛盾。受全球蔓延新冠疫情的影响，2020 年无论是发达经济体还是新兴市场以及发展中经济体同时处于衰退之中，无一可以幸免，这种情况自“大萧条”以来第一次出现。根据《世界经济展望》的预测，发达经济体今年的增长率预计为 -6.1%。而正常增长水平远远高于发达经济体的新兴市场和发展中经济体预计也将经历负增长，2020 年增长率为 -1.0%。根据基线情景，IMF 预计，2020 年美国经济将萎缩 5.9%，而欧元区 2020 年经济下滑的情况将更加严重，欧元区整体经济将下滑 7.5%，其中，意大利和西班牙 2020 年经济增速预计将分别下降 9.1% 和 8.0%，而德国和法国经济增速预计将萎缩 7.0% 和 7.2%。而在新兴市场和发展中经济体，中国和印度预计仍将在 2020 年保持正增长，但本身经济就已较为脆弱的巴西和墨西哥预计 2020 年经

济增速将分别下滑5.3%和6.6%。[①] 疫情对国家之间的经济交流合作发展带来了阻碍，也给这些国家经济发展带来危害。

不和谐世界状态下的分工、交往会给中国和世界发展带来以下危害：一是全球经济的不稳定经常化，由于经济全球化将世界各国的经济紧紧地联系在一起，一个国家的经济动荡和危机将不可避免地会传染给中国，影响中国国内经济的发展。二是经济全球化对中国的政治有负面影响。随着经济全球化，出现了跨国公司，跨国公司在自由竞争的原则下，只追求本国和本公司自身的利益，而忽略了所在国家和社会的一些规章制度，引起了有些国家政治的不稳定、社会的不安定。三是跨国公司的出现导致了中国国内企业的缓慢发展，甚至倒闭。跨国公司都拥有先进的科学技术和丰厚的资金，很多国内公司和企业如果不能快速地进行改革和发展，就不能承受跨国公司的冲击力，将不得不面临倒闭的危险。

第二，不和谐世界状态下的分工、交往严重影响了中国国内政治和世界政治的发展。世界分工、交往把世界各国、各民族不管是否愿意都投入到了世界经济大潮中，也投入到世界政治体系中。总的来说，全球化促进了各个国家、各个民族的政治、经济的发展。但是发展中国家在国际经济和政治中均处于被动地位。随着社会经济的发展，虽然中国在国际政治中的地位得到了很大提高，但由于中国政治的自身发展不足，严重影响了其在国际政治中的地位。不和谐的世界分工，不利于中国的政治、经济发展，由于我国自身的政治制度存在一些缺憾，在某些方面不能很好地适应其本国的经济发展，影响了中国与其他国家在某些方面进行正常的对话和交流，影响了中国参与世界政治协商。另外，许多发达国家利用自身的优势在制定一些世界协定时，只考虑大国的利益，而对发展中国家——中国的利益考虑得较少，致使中国在国际政治中的地位受到很大影响，必然妨碍了世界政治的发展。

第三，不和谐世界状态下的分工、交往不利于中国文化和意识形态的发展。世界分工、交往引起了经济全球化，对中国的经济产生了翻天

---

① 刘燕春子：《全球经济或面临"大萧条"以来最严重经济衰退》，《金融界》2020年04月16日，http://finance.sina.com.cn/roll/2020-04-16/doc-iircuyvh8034850.shtml。

覆地的变化。经济全球化对世界各国的文化和意识形态也产生了很大影响，正在形成文化全球化。自从中国实行改革开放以来，西方的流行歌曲、畅销书籍、价值观念等就悄然进入国人的生活中，同时，中国的文化和意识形态也在向世界各国传播。在这种相互交流、传播的过程中，给中国的文化和意识形态带来了很大的冲击。生活在不同国度里的人们对于完全不同于自己的文化和意识形态茫然不知所措，如享乐主义、个人主义、利己主义、民族分裂主义等西方国家的后现代主义思想，这些思想同中国的社会主义文化产生了冲突、矛盾。这些意识形态在对中国文化进行渗透和腐蚀，对国人的意识形态和价值观念产生了广泛而深刻的影响，尤其是影响了青年人正确的世界观、人生观、价值观和政治观的形成，可能会导致国人对文化和意识形态产生困惑、怀疑等错误的认识，不利于中国文化和意识形态的发展。

第四，不和谐世界状态下的分工、交往不利于中国技术创新能力与人才素质的提高。和谐世界分工促进了中国积累知识以及生产设备、交通通信等生产工具的改进和创新的速度和进度，而不和谐世界状态下的分工非常不利于中国高科技的创新和人才的培养。一是不和谐世界下的分工不利于发展中国家先进科学技术内外交流的概率和频率。这种世界分工、交往的发展，迫使世界各国都卷入世界经济大潮中，发达国家将劳动和资源密集型产业以及重污染和污染环境的企业向发展中国家转移。中国除作为原材料、初级产品的供应者外，只能生产次层次的劳动产品，充其量只是世界工业成品的一个加工厂。这种分工影响了中国同世界各国的交流和对话，阻碍了中国技术创新能力与人才素质的提高。二是不和谐世界下的分工不利于发展中国家企业的生存和发展。世界市场的出现和企业重组的全球化，给很多发达国家的企业创造了并购的机会，而中国一些生产经营不善和财务状况不佳的大型企业在世界分工的冲击下倒闭、破产，很多人才的才能不能得到正常的发挥。人的全面发展需要世界和平安宁的环境。“在生产力发展和世界普遍交往形成的基础上，随着民族历史向世界历史转变的过程的加剧，人们也逐渐由地域性的存在向世界性的存在转变。在中国与世界的联系日益紧密的同时，个人的发展不仅与民族和国家的发展紧密联系，而且同世界的发展密切相关。只有在坚持全人类共同价值、构建人类命运共同体的基础上，人的发展才能获得良好的世界环境或国际条件。"① 三是不和谐世界下的分工、交往不利于高级技术人才的引进。世界分工给发达国家高级人才提供了更多的发展机遇和平台，而不和谐世界下的分工限制了发展中国家人才的培养。

二 世界和谐的实现与分工、交往、和谐的内在统一

胡锦涛同志在2005年4月22日雅加达亚非会议上提出了建设"和谐世界"的理念。关于和谐世界，习近平同志也有阐述："我们希望，国与国之间、不同文明之间能够平等交流、相互借鉴、共同进步，各国人民都能够共享世界经济科技发展的成果，各国人民的意愿都能够得到尊重，各国能够齐心协力推动建设持久和平、共同繁荣的和谐世界。"②"和谐世界"就是维护世界的持久和平、人类的共同繁荣、人与自然和谐相处，通过争取和平交往促进世界各国共同繁荣。③"和谐是实现社会良性运行的一个内在要求，内部交往的和谐状态便是建立和谐的社会交往秩序，简言之，即和谐社会的建构，这是内部交往的理想旨归，也是对社会有机高效运行的要求。"④ 而相对的外部交往的和谐状态就是和谐世界，即和谐世界是和谐社会的对外延伸，和谐社会是构建和谐世界的基础。同时，和谐世界的构建与世界分工、交往是辩证统一的。

第一，大力发展世界分工，促进各国生产力的发展、加强和平交往，实现世界和谐共处。发展世界分工，让各国充分发挥本国的经济、政治、文化优势，在国际经济上获得最大利益，提高本国劳动生产率，促进各国生产力的发展，提高各国在世界经济格局中的地位。大力发展世界分工，发展中国家首要的任务是要改变本国的经济发展战略，尽快适应世界分工的发展，提高本国在国际分工中的地位。一是发展中国家应当广泛地参与各个层面的各种国际分工，不仅要参与横向产业之间的

---

① 郝立新：《中国式现代化与促进人的全面发展》，《思想理论教育导刊》2023年第4期。

② 中共中央文献研究室：《习近平关于实现中华民族伟大复兴的中国梦论述摘编》，中央文献出版社2013年版，第68页。

③ 李百玲：《晚年马克思恩格斯交往观研究》，中央编译出版社2009年版，第277页。

④ 李百玲：《晚年马克思恩格斯交往观研究》，中央编译出版社2009年版，第266页。

国际分工，还要参与纵向产业之间的国际分工，以及产业内部和产品内部的国际分工。在参加国际分工的过程中，逐步进入高级制造业的国际分工，提高本国在国际分工的位置。二是要发展新型的产业参与国际分工。近年来，美欧等发达国家已率先启动面向新一轮科技和产业革命的发展战略，如美国的“先进制造业”战略、德国的“工业 4.0”战略、英国的“高价值制造”战略、法国的“新工业法国”战略等。这些战略的主要目的就是谋求或巩固全球价值链链主地位，或者借助新兴技术和新兴产业创建新的全球价值链，促进以保证发达国家利益为主要目的的发达国家之间、发达国家与发展中国家之间经济关系的重建。对此，我们应该既肯定科技创新的核心作用，也必须意识到互相交流在科技创新中的功效。面对新形势，广大发展中国家（地区）积极参与到全球科技创新和产业革命进程中，发展中国家应该改变以劳动密集型产品的生产出口为主，大力发展适应本国的新型企业，积极参与国际分工，有利于在世界市场中立足。不仅促进人类科技创新，也为创建更为和谐高效的全球经济治理体制准备了更好的条件。三是要提高劳动力要素的素质。很多发展中国家都有劳动力要素的优势，但是由于劳动力要素的素质不高，他们在国际分工中获得的利益很低。要提高劳动力要素的素质，就要发展知识经济，注重人才的培养和科技创新。在当前，不确定的、不可控的因素正在威胁着世界的和平与发展，各种安全问题表现出跨国性、广泛性和恐怖性等特点。所以，我们在大力发展各国经济的同时，还需要各国增进理解、加强交往、真正实现和平共处。

第二，大力发展各国文明、加强不同文明之间的交往，实现不同文明的和谐进步。社会进步、世界和谐不仅得益于全球综合国力竞争提供的经济推动力，还得益于不同文明之间相互交流所产生的文化推动力。各国要以世界分工、交往为基点，在国际经济舞台上，大力发展本国经济，发展有本国特色的物质文明。在丰富的物质基础上，发展具有国家和民族特色的精神文明。世界分工、交往不仅带来了经济全球化，还带来了文化的全球化。在当今世界大发展大变化大调整的宏大历史背景下，唯有在开放与交流对话中与其他文明和谐共处，才是各文明求得自身发展的契机和动力，也是全球化时代的世界文明共处之道。世界分工、交往给各国的不同文明的交流提供了一个很好的平台。我们要以文明包容和求同存异的精神共建和谐世界，要加强不同文明的对话和交流，让各种文明在竞争中取长补短，得到共同发展。我们要以包容的精神去接受不同文明的多样性，只有多样性的文明，才能去构建和谐世界。文明发展的多样性，就是承认各种文明的存在，并接受每种文明的特性和不同文明之间的差异性。就是因为文明多样性的特征，每一种文明都能促进人的全面发展，都能促进人类社会的全面发展，所以我们要保证每一种文明都能得到发展，使其发挥它自己独特的魅力，得益于人类社会的发展。不同文明的交流是建立在物质财富和精神财富的平等和等价交换的基础上的，我们应当去大力发展世界经济，使各国经济都得到发展，减少不同文明之间的歧视、剥削和不公平的现象，让各种文明都得到发展，让世界人民共享世界文明之果，提升世界各国人民的思想道德素质和科学文化素质，促进世界人民的全面自由的发展。因为“人的全面发展是在世界和平安宁中实现的”①。

第三，大力发展世界分工、加强各国交往，实现全球均衡发展。全球化是当今时代的总体特征，包括各个国家、各个民族的政治、经济、文化等在世界范围内得到全面发展。当前，以美元为主导被美国把控的全球化大趋势已成为历史，面对新的历史形势，无论是中国还是美国，欧盟还是世界，都应端正本国的价值观，平等对待所有国家，重建一种合作共赢的全球化。新全球化的途径，就是平等、公正、包容地进行合作。各国要在世界分工的基础上，一方面要大力发展本国的政治、经济、文化，使本国和人民得到全面发展，实现和谐社会；另一方面要在全球化的市场中，加强同其他国家政治、经济、文化的交流和对话，实现全球均衡发展，共建人类命运共同体。2012 年党的十八大首次提出“要倡导人类命运共同体意识，在追求本国利益时兼顾他国合理关切”。在庆祝改革开放 40 周年大会上的讲话中，习近平同志强调：“必须坚持扩大开放，不断推动共建人类命运共同体。”② 特别是发展中国家更要充分利用世界分工、世界交往来发展本国经济、文化。“积力之所举，则

① 郝立新：《中国式现代化与促进人的全面发展》，《思想理论教育导刊》2023 年第 4 期。

② 习近平：《习近平谈治国理政》第三卷，外文出版社 2020 年版，第 187 页。

无不胜也；众智之所为，则无不成也。”坚持人类优先的理念，以更加开放的心态和举措，共同把全球市场的蛋糕做大、把全球共享的机制做实、把全球合作的方式做活，我们就一定能不断为推动建设开放型世界经济、构建人类命运共同体做出贡献。①

中国在推进全球化、共建人类命运共同体方面做出了巨大贡献，主要有：一是制定了一套如何进一步推动全球化发展的完整方案，包括基本理念（即构建人类命运共同体）、基本原则（即共商共建共享）、主要目标（即建立开放、包容、普惠、平衡、共赢的全球化）。二是提议以“一带一路”为依托，为其基本理念、基本原则、主要目标搭建实践平台。中国提出“一带一路”国家发展战略，习近平同志多次强调：“一带一路”建设不应仅仅着眼于我国自身发展，而是要以我国发展为契机，让更多国家搭上我国发展“快车”，帮助他们实现发展目标。②“一带一路”（英文：The Belt and Road，缩写 B&R）是“丝绸之路经济带”和“21 世纪海上丝绸之路”的简称。它将主要以中国与有关国家既有的双多边机制为依托，借助原有的、有实效性的区域合作平台，“一带一路”旨在取用古代丝绸之路的历史符号，高举和平发展的旗帜，大力发展与沿线国家的经济合作伙伴关系，共同构建政治互信、经济融合、文化包容的利益共同体、命运共同体和责任共同体。“一带一路”将通过经济上的交流，深入发掘中国与沿线国家经济的互补性，组建共赢、优化的国际分工体系，打造欧亚区域经济一体化新格局，促进沿线国家的经济和谐发展。三是中国在这次抗疫斗争中不仅展现出以人为本、生命至上、人民至上的中国价值观，还展现出国家强大的治理能力，更展现出积极援助和帮助世界多国抗击疫情的国际合作精神，得到国际社会的广泛认可和高度赞扬。这很好地向全世界诠释了构建人类命运共同体的理念，得到世界充分的认同。

当今世界局势正发生前所未有的变化，国际金融危机后续危害不断呈现，疫情后世界经济复苏艰难、发展缓慢，国际投资贸易格局和多边

---

① 本报评论员：《共同把经济全球化动力搞大、阻力搞小》，《人民日报》2019 年 11 月 08 日第 02 版。

② 习近平：《习近平谈治国理政》第二卷，外文出版社 2017 年版，第 501 页。

投资贸易规则不明朗还在不断调整，各国面临的发展问题仍然十分严峻。我们构建面向全球的高标准自由贸易区网络，加快推进自由贸易试验区、海南自由贸易港建设，共建“一带一路”成为深受欢迎的国际公共产品和国际合作平台。因为全球化不仅使一国的生产力同本国的生产关系发生作用，还受国际的生产关系的影响；一国的生产关系不仅要适应本国生产力的发展，还受国际上先进的生产力的影响。同样一个国家的经济基础和上层建筑的关系也是同世界上的经济基础和上层建筑的关系息息相关的。伴随着科技发展和经济全球化，各个国家的各方面的利益都是相互影响、相互制约的，紧密地联系在一起。因此，构建和谐世界，必须鼓励各国在发展本国的基础上积极参与世界范围内全方面、多领域的交往和合作。只有世界上的每个国家、每个民族积极参与全球政治、经济、文化的交流，真正融入经济全球化、政治多极化、文化多元化的国际形势中去，并成为这种形势的主体，才能吸收各民族发展的积极成果，去推动本国各方面的发展，促进全球的均衡发展。

第五章　客体视野下的分工、交往与构建和谐社会的实践

人类实践活动中的客体是指“主体活动对象的总和，是进入主体对象性活动领域，并同主体发生功能性关系，或为主体活动所指向的客观事物”①。客体的最大特征就是具有不以人的意志为转移的客观实在性，而主体的最大特征则是具有不断改变客体的主观能动性，因而客体又是一个被动的变动性的范畴，随着主体能力的提升与活动范围的扩展而不断增多与扩展。本章从客体视野下来阐发分工、交往与构建和谐社会的实践。

从社会实践客体构成的视角来看，实践客体主要包括自然客体、社会客体和精神客体三种基本类型。

第一节　人口因素、自然环境视野下的分工、交往与构建和谐社会的实践

人口因素、自然环境是人类发展的前提基础。人口因素是指一定的人口数量和人口质量以及人口增长率和人口分布等状况，人口因素的状况对经济社会发展，特别是对构建和谐社会起着促进或阻碍的作用。自然环境是指与人类社会所处的位置相联系的各种自然条件的总和，如气候、土壤、矿藏、山脉、平原、河流、海洋、生物、阳光等，它是社会存在和发展经常而必要的前提条件。自然环境的好坏、优劣直接影响劳

① 李秀林、王于、李淮春：《辩证唯物主义和历史唯物主义原理》第5版，中国人民大学出版社2004年版，第74页。

动生产率高低和生产力发展水平，从而加速或延缓社会的发展进程。马克思认为，应当合理地调节人与自然之间的物质变换，在最无愧于和最适合人类本性的条件下进行这种物质变换。[①] 恩格斯也提出了自然界“对人进行报复”以及“人类同自然的和解”等观点。分工、交往是人类社会实践活动的主要表现形式，人口因素、自然环境在人类实践活动中属于自然类型的客体，其中人口因素具有主体又具有自然客体的二重属性，或者说作为社会实践中的人，既有剧作者又有剧中人的二重性，但在此是作为剧中人或对象而言的。从人口因素、自然环境的视野下探讨人类的分工、交往与构建和谐社会的实践是一个重要的理论视点。

一 人口因素、自然环境视野下的分工、交往对构建和谐社会实践的正负影响

人口因素与自然环境是人类进行实践活动的条件和前提，它们存在的状况直接影响到分工、交往活动以及和谐社会的构建。以下从正负影响两大方面加以阐明。

（一）合理的人口因素与自然环境下的分工、交往对构建和谐社会实践的积极影响

人口因素、自然环境这种积极影响主要是通过人类社会的分工、交往活动体现出来的。人口因素在分工中主要表现为纯生理上与能力上的分工、自然环境分工相应表现为在生产领域上作为要素的配置，二者又一并进入交往过程。

第一，合理的人口因素与自然环境下的分工、交往有助于经济发展。当今社会的人口因素、自然环境与经济处于一个统一体中，它们相互制约、相互作用。随着人口的不断增长以及人类需求的不断增多，人口因素、自然环境和经济被更加紧密地联系在一起。新中国刚成立，国家倡导“多子多福”的生育理念，面对人口迅速增长、人口问题日益突出，1980 年，党中央纠正长期存在的“人口越多越好”论，发出《关于控制我国人口增长问题致全体共产党员、共青团员的公开信》，提倡一对夫妇只生育一个孩子。随着中国社会的发展出现的新情况，为了积

① 《马克思恩格斯文集》第 7 卷，人民出版社 2009 年版，第 928—929 页。

极应对中国人口老龄化问题，党的十八届五中全会决定全面实施普遍二孩政策，并于2016年1月1日起正式实行，政策规定：坚持计划生育的基本国策不变，科学执行人口发展战略，全面实行一对夫妇可生育两个孩子的政策。这是我党遵循人口发展的规律，立足于我国长远发展的战略高度、适应我国社会发展的实际，有利于人口科学发展的重大举措。全面实行二孩政策，促进人口结构的优化，提升劳动力的供给，减缓人口老龄化的压力；推进经济持续健康的发展，有利于早日实现全面建成小康社会的目标；更科学合理地实施计划生育基本国策，有利于每个家庭幸福，有利于整个社会和谐。

合理的人口因素、自然环境的分工：一是有助于劳动生产力的提高。这种分工使每个人都能按照自身的天赋和才能从事适合自己的岗位，使个人的天赋和才能完全展示出来。个人可以全身心地投入到自己的工作领域中，不仅可以生产出更多的劳动产品，还能提高劳动者个人的专业知识和能力，使其在自己的工作上有所成就。这种分工还能促进先进生产工具的创造和使用，以及通信工具的出现。先进的生产工具和通信工具带来的最直接的后果就是先进的生产力。二是有助于资源环境得到有效利用。这种分工按照本地区的地理特点、资源多寡的情况进行，人们会优化产业结构，自觉地利用高新技术产业、高科技和高知识含量的绿色产业取代重污染的工矿企业，让本地区的资源环境得到合理有效的利用。这种分工不仅促进个人之间的交往，还促进了不同地区之间的交流，促进了整个社会的经济发展，为和谐社会的构建提供经济基础。

第二，合理的人口因素与自然环境下的分工、交往有助于资源结构优化。合理的分工一方面使人们在发展经济的过程中，会自觉地、有效地控制人口数量，使人口的增长与本地区的自然环境相适应；会有意识地提高人口素质，调整人口结构，特别是对产业结构的合理调整，使其与本地区的自然环境发展相一致。另一方面，人们在发展经济的过程中，在充分地考虑本地区自然环境与外面的自然环境的情况下，尽可能地进行内部协调与外部环境适度的物质、能量和信息交换，实现资源的最优化配置，自然环境、资源的持续利用。具体措施为：我国自然资源地区分布不平衡，不同地区自然资源的地域组合各有不同，人们根据本地区的资源承载力和环境容量等情况，使资源结构实现优化，严格按照自然规律和经济规律，进行发展本地区的经济，获得较高的经济效益。同时加大对资源再生和环境保护的投资，使资源不断更新，环境得到有效保护，获得资源效益和环境效益的双丰收。可以通过人口流动和城镇化，即实施以人为核心的新型城镇化、推动农业转移人口落户城镇的新思路和新方法，就是现在人们常说的“城中村”，以此来实现资源结构优化。

党的二十大提出中国式现代化，城镇化过程是由传统的工业社会向现代工业社会转型的重要内容，城镇化水平是现代化水平的一个重要指标。2000 年我国城镇化率只有 36.09%，2002 年第六次全国人口普查城镇化率为 49.68%，2013 年为 53.73%，2021 年达到 64.72%。[①] 而欧美发达国家的城镇化率大约在 80%。我们要继续大力推进农业转移人口市民化，解决好人的问题是推进我国新型城镇化的关键。只有提升了农民的素质，缩小城乡差别，才能破解城乡二元结构，人的现代化问题才能得到实质性的解决。当前社会人口流动现象，如农民工的出现，作为一个社会经济发展新生的产物——农民工，对当今社会的经济和社会的发展都起着举足轻重的作用。农民外出务工，为城市发展创造了物质基础，加快了城市化发展的进程；直接提高农民收入，大大改变了农村落后的经济面貌，提升了农民的思想观念，促进城乡经济发展，即推动工业经济带动农业经济的发展、城市经济带动农村经济的发展、发达地区经济带动落后地区经济发展；同时有利于市场导向、自主创业择业、竞争就业机制的创建和完善，为改变城乡二元结构、解决“三农”问题找到了科学的途径和方法。另外，返乡创业的农民工，带回大量的资金、现代化的技术和最新的科学经济理念，不仅加速了农村的改革开放，还改善了农村的经济发展模式，推动了农村、农业的快速发展，在很大程度上优化了产业结构，改变了农村不合理的消费规模、消费结构与消费水平，这些都推动社会主义新农村的建设和发展。这种地区特色资源有助于不同地区资源的交流、互补，促进整个社会资源的有效利用。人

---

① 汪文正：《提高新型城镇化建设质量》，《人民日报》（海外版）2022 年 03 月 22 日第 3 版。

口、自然环境状况的改善引起了社会经济发展，进而获得良好的社会效益，良好的社会效益会促进资源结构的优化。逐步实现经济效益、社会效益与资源、自然环境效益共同发展的良好态势。

第三，合理的人口因素与自然环境下的分工、交往有助于人的生存环境的优化。从广义上讲，人的生存环境是指在一定的空间范围内同人的生存和发展息息相关的所有的客观条件和基础。合理的人口因素与自然环境下的分工，是按照自然规律和人类社会发展规律进行的。这种分工、交往一方面有利于人口因素与自然环境更加有利于人类社会的发展。它不但考虑了个人的生存和发展问题，还考虑了整个人类社会的生存和发展问题。进入 21 世纪，面对中国劳动人口红利开始下降、人口政策亟须调整、经济高质量发展等新格局，为了适应高质量发展要求全面提升人口素质、人口与可持续发展等新需求，以习近平同志为核心的党中央决定，于 2013 年实行单独二孩政策，2015 年出台全面二孩政策。实践证明，这一政策既符合中国国情，还推动了人口长期均衡发展，又促进新时代人口政策的科学化和社会经济的发展。通过分工、交往使人的生存环境得到有效利用，如人的生存和活动空间范围得到扩展；增强人类对生存环境的利用率；提高人民共享生存资源的能力和领域。另一方面有利于消除、抵御不利于人类生存环境中的现象，使生存环境更适合个人的发展和整个人类社会的发展。通过交流和开展各种形式的宣传教育活动，提升人民优化生存环境的意识，完善生存环境优化的各项规章制度，把各种不利于生存环境优化的危害扼杀在摇篮中。生存环境的优化让人们既拥有一个可持续发展的大环境，又拥有一个温馨、舒适的小家园，有利于和谐社会的构建。

（二）不合理的人口因素与自然环境下的分工、交往对构建和谐社会实践的消极影响

人口问题既是一个经济问题，又是一个社会问题。人口的数量、人口的素质、人口的结构、人口的增长等，它们既是影响自然资源和环境的主体因素，也是影响经济、社会发展的制约因素。当前，由于人口数量过多，人口质量过低，人类为满足自己无限增长的需求，对有限的自然资源和环境进行毫无限度的开发和利用，造成了资源的极大破坏和环境的严重污染，这些不良状况妨碍了社会经济、政治、文化的发展，给

构建和谐社会带来了消极影响。

第一，不合理的人口因素与自然环境下的分工、交往不利于人口因素和自然环境本身的发展。人口因素与自然环境是社会系统中相互影响、相互发展的两个系统。人口是开发、利用自然环境的主体，没有一定数量的人口，就没有自然环境的开发和利用，人类对自然环境的开发和利用是随着人口的增大而不断扩大的。一是不利于人口的发展。由于人类本身既是生产者也是消费者，但主要还是一个消费者。人类要生存、发展以及再生产人类本身，都需要向自然环境索取物质生活资料，物质生活资料的总量供给直接影响了人口的生产。而物质生活资料的多少主要取决于自然环境，而不同地区的自然环境不一样，自然环境直接影响了人口的发展。随着人口分工的发展，人口数量的增大、人口质量的下降，人们对自然环境的索取也越来越多，对自然环境自身的发展和再生都造成了很大的压力，最后阻碍了人口的发展。相反，人口减少将直接导致企业难以确保所必需的人才，生产能力将萎缩，难以维系整个社会人口的生存和发展。二是不利于自然环境的发展。自然环境的分工使人类对自然的开发、利用非常单一，不利于不同地区经济的发展和交流，自然环境的开发和利用需要一定数量的人口为基础，但是过多的人口，频繁地开发自然环境，却不利于自然环境的开发、利用和再生长。反之，人口过少，将会带来对自然环境的开发不足，导致自然资源和经济发展的单一性。

第二，不合理的人口因素与自然环境下的分工、交往不利于经济社会发展。人口因素、自然环境和经济社会发展处于一个相互制约、相互作用的系统中。如果在不合理的或者结构失衡的状况下：一是人口分工影响经济社会发展。从人口结构上看，人口分工主要是性别比例，按照国际标准，新生儿男女性别比正常值应为102—107：100[①]，根据第七次人口普查，我们可以看到，人口结构呈现出以下主要趋势和特点：（1）0—14岁人口数量和占比有所提高。2020年我国0—14岁少儿人口数量达到了25338万人，占17.95%，比2010年增加了3092万人，比重上升了1.35个百分点。（2）劳动年龄人口数量和占比双下降。15—59

① 张翼：《我国婴儿出生性别比在持续上升》，中国网，2001年12月23日。

岁劳动年龄人口总规模为89438万人，与2010年的93962万人相比减少4524万人；同时15—59岁人口占总人口的比重也有所下降，从2010年的70.14%下降至2020年的63.35%，降幅达到6.8个百分点。（3）人口老龄化程度快速加深。我国60岁及以上人口为2.64亿，占比达到18.70%，65岁及以上人口1.91亿，占比为13.5%，与上个10年相比，上升幅度分别提高了2.51个和2.72个百分点。（4）出生性别比向正常水平回归。“七普”数据显示，我国出生人口性别比为111.3，较2010年下降了6.8。[①] 虽然我们人口结构正在走向优化，但是当前人口结构存在的问题，带来了许多社会问题，没有稳定的社会大环境，就不可能去发展经济。人口分工还表现在老年人口比例高，劳动力资源减少，社会养老压力增大，也不利于社会的经济发展。《人民日报》东京7月14日电日本总务省日前发布的最新人口动态调查报告显示，截至2019年1月1日，日本国内总人口约为1.25亿人，较去年同期减少约43万人，下滑幅度创历史新高，连续10年减少。根据日本厚生劳动省此前发布的人口动态统计数据，2018年日本出生婴儿为91.8万人，连续3年低于百万。65岁以上人口占比增长0.4个百分点，达28.06%，15—64岁的主要劳动人口减少0.28个百分点，为59.49%。[②] 通过这些数据可以看出，日本人口少子化、老龄化程度非常严重。随着日本人口减少，日本的经济将受到很大影响，经济规模将大大缩小，经济发展将变得缓慢。从人口素质上看，人口素质主要包括身体素质、文化素质和思想道德素质三个方面。人口分工直接影响人口素质的高低，人口素质高有利于经济发展和社会和谐，否则就阻碍了经济社会的发展；经济社会发展情况同样也影响人口数量的增长、人口结构比例和人口素质的高低。如人口减少将导致消费者减少，消费能力将会减弱。二是自然环境影响经济社会发展。自然环境的分工使某地区的资源、环境等都是有限的，但是由于本地区人口数量增长过快，消费需要也相应地增长，对资源的过度索取带来了自然环境的压力增大，环境问题非常严峻。如对环境的严重破

---

① 张车伟、蔡翼飞：《从第七次人口普查数据看人口变动的长期趋势及其影响》，《光明日报》2021年05月21日第11版。

② 刘国军：《日本人口连续十年下滑》，《人民日报》2019年07月15日第16版。

坏，导致生态环境失调；环境污染越来越严重，主要是水污染、大气污染和垃圾污染等。另外，某一地区人口减少或者老龄化问题严重，会导致自然环境被荒废，如由于人口减少，现在有些农村土地被闲置，无人耕种。这些都直接制约了经济社会发展。

第三，不合理的人口因素与自然环境下的分工、交往不利于个人与社会的和谐。人口因素、自然环境与个人的全面发展是息息相关的，如果是不合理的或者结构失衡的状况下，例如当前我国人口规模过大、人口结构失衡、人口素质偏低等方面，都阻碍了人与社会的和谐。人口规模过大一方面带来社会就业的压力，使很多人都处于失业和半失业状态，另一方面带来对大量生活资料获取的需求猛增，这些都直接影响到个人生存与生活需要的满足。不合理的人口分工还导致人口结构的失衡，这种失衡不仅带来一系列的社会问题，比如男女比例失调、老龄化加快和城乡二元结构等社会问题，还造成很多行业特别是高端工作岗位缺人与很多人又不适应很多行业与岗位等社会问题。不合理的人口因素与自然环境下的分工、交往直接影响了人与社会的和谐：一是影响了各行业的分工发展和创新，以及个人的天赋才能和创新等能力的发挥。人口素质偏低直接导致了社会整体思想水平降低，部分社会公民缺乏公民基本道德、职业道德和社会公德等，制约了社会主义精神文明的发展。二是人口数量的膨胀，人们需求的增长，造成了生态失调、自然环境严重的污染和破坏，直接影响了人们的生活环境和居住环境，阻碍了个人之间的交往，没有一个良好的工作环境和生活环境，个人与社会是不可能和谐的。人的全面发展是在人与自然的和谐共生中实现的。人们的生活和工作需要美好的自然条件和生态环境。人与自然是生命共同体，人是自然的一部分，自然界是人类存在的基础，是人的“无机的身体”①。习近平同志提出：“自然是生命之母，人与自然是生命共同体，人类必须敬畏自然、尊重自然、顺应自然、保护自然。”② 特别是人口老龄化将会带来社会经济发展，社会保障问题，社会文化福利事业的发展，家庭

① 郝立新：《中国式现代化与促进人的全面发展》，《思想理论教育导刊》2023 年第 4 期。

② 中共中央党史和文献研究院、中央学习贯彻习近平新时代中国特色社会主义思想主题教育领导小组办公室编：《习近平新时代中国特色社会主义思想专题摘编》，党建读物出版社、中央文献出版社 2023 年版，第 377 页。

养老功能减弱，老年人心理、医学等诸多方面的专业护理问题。这些问题都会引发个人与社会的矛盾。另外，人类要生存就会排放大量的废物和垃圾，大量的废物和垃圾会严重影响人口的素质和人们的身体健康。没有健康的体魄和良好的人口素质，个人与社会也不会达到和谐。

二　人口因素与自然环境和谐的实现与分工、交往、和谐的内在统一

人口因素、自然环境是社会有机体系统中的前提性层次，当前中国构建和谐社会，就需要实现这个前提性层次之间的和谐，也就是目前所言的人与自然的和谐。分工、交往同人与自然的和谐在实践中应注重把握其辩证统一。

第一，坚持遵循自然规律是实现人与自然和谐的基本前提。习近平同志提出："人类可以利用自然、改造自然，但归根结底是自然的一部分，必须呵护自然，不能凌驾于自然之上。我们要解决好工业文明带来的矛盾，以人与自然和谐相处为目标，实现世界的可持续发展和人的全面发展。"[①] 人类在生产、生活中，应遵循自然规律，实现人与自然的和谐。人与自然的和谐主要表现为：在满足当代人的需要时，不能损害后代人需要的满足。但是自然界不会自然地实现与人类的和谐，人类必须在遵循自然规律的前提下，在合理的分工、有序的交往下对自然界进行改造，实现人与自然的和谐。一是控制人口数量，提高人口质量。在人口分工的基础上，人类适度地控制人口数量，有序地提高人口质量，使自然资源和环境得到合理利用和不断优化，实现人与自然环境的协调。二是尊重自然，保护自然。人类在尊重自然、改造自然的基础上还要保护自然。按照马克思主义的观点，随着社会的发展，人类对自然界的依赖性越来越大，人类与自然界处于不可分割的关系中。人类应该遵循自然界的规律，并对自然界进行合理的、有效的改造，使其适应人类的生存和发展。人类对自然界的遵循包括两方面：一方面是遵循自然界原有的规律。即遵循自然界经过几十年形成的秩序和规律，而不能随意地打破这些秩序和规律。这就要求人类要在满

---

① 习近平：《习近平谈治国理政》第二卷，外文出版社 2017 年版，第 525 页。

足自身需求的基础上，珍惜和爱护各种资源，并合理开发和利用各种资源。另一方面，人类应该保护自然界的原有规律。人类在开发、利用自然界的过程中，必然会在一定程度上打破自然界的原有规律和秩序，这就要求人类必须对自然界原有秩序和规律进行修葺和改善，最后达到人与自然的和谐。自然与人类的和谐关系应该表现为：人类尊重自然、改造自然以满足自身的需要，自然要适应并满足人类的生存与发展。胡锦涛同志认为："人类是大自然的一员，大自然是人类赖以生存和发展的物质基础。在改造客观世界和主观世界的实践中不断认识自然，在顺应自然规律的基础上合理开发自然，在同自然的和谐相处中发展自己，是人类生存和进步的永恒主题。"① 习近平同志在处理人与自然的关系时，强调人与自然的和谐，经济与社会的和谐，就是"既要绿水青山，也要金山银山；宁要绿水青山，不要金山银山，而且绿水青山就是金山银山"②。

第二，坚持绿色发展是实现人与自然和谐的有效途径。习近平同志说过："绿色发展，就其要义来讲，是要解决好人与自然和谐共生问题。人类发展活动必须尊重自然、顺应自然、保护自然，否则就会遭到大自然的报复，这个规律谁也无法抗拒。"③ 绿色发展是以效率、和谐、持续为宗旨的经济发展模式和社会发展方式。绿色发展突出绿色的理念和内涵，它以人与自然和谐为价值取向，以绿色低碳循环为主要原则，以生态文明建设为基本抓手。绿色发展与可持续发展在理论渊源上是一脉相承的，既是对可持续发展理论的继承，又是对其理论的创新，也是新时代中国特色社会主义应对全球生态环境恶化客观现实做出的重大理论贡献，顺应历史发展潮流和社会发展规律。习近平同志指出："绿色发展和可持续发展是当今世界的时代潮流。"④ 绿色发展是继承了传统发展模

---

① 胡锦涛：《论构建社会主义和谐社会》，中央文献出版社 2013 年版，第 165 页。

② 中共中央党史和文献研究院、中央学习贯彻习近平新时代中国特色社会主义思想主题教育领导小组办公室编：《习近平新时代中国特色社会主义思想专题摘编》，党建读物出版社、中央文献出版社 2023 年版，第 375 页。

③ 习近平：《在省部级主要领导干部学习贯彻党的十八届五中全会精神专题研讨班上的讲话》，人民出版社 2016 年版，第 16 页。

④ 毛华兵、孟桢：《马克思主义自然观与美好生活》，人民出版社 2022 年版，第 81 页。

式优势下的一种创新，是以有限的生态环境容量和资源承载力的基础上，把环境保护放在可持续发展的核心地位的一种创新型发展理念。它是在严格控制人口、提高人口素质和保护环境、资源持续利用的前提下进行经济和社会的发展，是使子孙后代能够持续发展和安居乐业。在发展社会的过程中，我们决不能吃祖宗的饭，断子孙路。当前我们实施绿色发展要在科学合理的分工、有序交往的条件下力求做到：一是将环境资源作为社会经济发展的关键要素。环境资源对于人类来说是有限的，我们不能无限制地开发利用环境资源，可以通过严格控制人口来科学合理地利用环境资源。严格控制人口主要包括控制人口数量和提高人口质量两个方面。具体措施：按照每个地区的实际情况，科学合理地进行人口生产，严格控制人口过快的增长，保持低生育水平。除了国家出台计划生育基本国策外，还需要有各地的计划生育配套政策，并对计划生育政策进行大力宣传教育，让人民自觉地遵守计划生育政策。另外，还要提高人口质量。提高人口质量首先要从出生人口抓起，加强优生优育和出生缺陷预防，从源头上保证人口质量；然后要发展教育事业，加强人力资源开发。通过教育提高人口的质量和素质，真正起到促进劳动力数量优势向劳动力素质优势转变，充分发挥教育作为经济绿色发展的内在动力作用。二是要把实现经济、社会和环境的可持续发展作为绿色发展的目标。主要走开创节约与开发并举的资源发展的新道路。中国人口多，资源相对短缺，针对这个现实，在适应自然环境分工的基础上，我们一方面要节约、珍惜、爱护一切资源，不要无限制地对大自然进行索取，提倡绿色生活方式和消费方式；同时还要加快环境污染综合治理，尽快修复生态保护；另一方面还要发动一切力量来开发、研制各种可再生资源。三是要把经济活动过程和结果的“绿色化”“生态化”作为绿色发展的主要内容和途径。可以以预防为主，走防治相结合的生态道路。改变生产方式和生活方式，从粗放型向集约型转变，贯彻创新、协调、绿色、开放、共享的发展理念，还要总结、借鉴国内外的先进经验，发展一些无尘工业和生态农业，建设无污染工业，推广绿色生产方式和理念，还要进行宣传教育，提高全民绿化造林的意识，动员全民参与环保。加快发展方式绿色转型，发展绿色低碳产业，积极稳妥推进碳达峰碳中和。实现碳达峰碳中和是一场广泛而深刻的经济社会系统性变革。立足我国能源资源禀赋，坚持先立后破，有计划分步骤实施碳达峰行动。①

第三，坚持以人民为中心是实现人与自然和谐的核心所在。人与自然和谐就是实现经济社会发展和人口因素、自然环境相适应，以人民为中心既是以实现人的能力的全面发展为手段，又以人的利益的发展为目标，主要依靠人民群众的力量与发展成果由人民群众共享的统一，并不断满足人民群众日益增长的美好生活需要，切实保障人民群众的经济、政治、文化和生态等权益。以人民为中心就是确认人是社会各方面发展的主体与核心所在，当前我国在经济社会发展的过程中：一是要摒弃唯经济价值观，树立人民至上，人本价值观。我们要始终把人的发展放在核心地位，不能因为一味地追求经济价值而牺牲社会价值、资源价值和环境价值，要把控制人口增长、节制、合理使用资源、保护环境放在重要战略地位。针对我国人口多、资源相对不足和环境保护压力大的国情，要时刻树立经济价值、社会价值、资源价值和环境价值相统一的整体价值。二是改变短期经济效益观，树立生态经济观。由于自然环境造成的不科学的分工，对外交流的机会不多，导致我国发展经济表现很多都是短视、短期、片面、畸形的经济状况，它不利于以人民为中心这个核心的全面发展。对此，习近平同志提出："保护生态环境必须依靠制度、依靠法治。只有实行最严格的制度、最严密的法治，才能为生态文明建设提供可靠保障。"② 因此，要实现以人民为中心的全面发展，必须使人口、资源、环境发展适应大写的人。要站在整体系统的高度，在权衡各个子系统的利弊得失的基础上，以人民为中心总揽全局，做出以人民为中心的最大化的科学决策。为此，要以整个社会的人或人的社会最大化为价值标准和决策依据。

---

① 中共中央党史和文献研究院、中央学习贯彻习近平新时代中国特色社会主义思想主题教育领导小组办公室编：《习近平新时代中国特色社会主义思想专题摘编》，党建读物出版社、中央文献出版社 2023 年版，第 389 页。

② 中共中央党史和文献研究院、中央学习贯彻习近平新时代中国特色社会主义思想主题教育领导小组办公室编：《习近平新时代中国特色社会主义思想专题摘编》，党建读物出版社、中央文献出版社 2023 年版，第 394 页。

第二节　生产方式视野下的分工、交往与构建和谐社会的实践

物质生产方式是人类社会存在和发展的决定力量。马克思对此曾有过阐述："任何一个民族，如果停止劳动，不用说一年，就是几个星期，也要灭亡。"① 所谓生产方式是指劳动者、劳动资料和劳动对象相结合的人类特有的谋生方式，是生产力和生产关系的统一。生产方式是社会有机体中的基础性层次，它决定人类社会的结构、性质和面貌，推动社会形态的更替。作为生产力与生产关系的统一的生产方式对社会和谐必然具有重要意义，这主要是通过生产方式视野下的分工、交往与构建和谐社会的实践来加以阐明的。

一　生产方式视野下的分工、交往对构建和谐社会实践的正负影响

生产方式是推动人类社会历史发展的决定力量，生产方式视野下的分工、交往对当前和谐社会的构建有着重要影响。

（一）先进生产方式下的分工、交往对构建和谐社会实践的积极影响

先进生产方式下的分工、交往对和谐社会的构建有着积极影响。

第一，先进生产方式下的分工、交往能促进不同产业结构的形成。社会产业结构一般是这样划分的：第一产业是指农、林、牧、渔业；第二产业是指采矿业、制造业、电力、燃气及水的生产和供应业、建筑业；第三产业是指除第一、二产业以外的其他行业。分工给社会经济发展带来的最直接的结果就是增长了经济效益。而生产方式分工最突出的表现和结果就是整个社会中劳动工种越来越精细化、专业化和多元化，引起了行业之间需求力量不断地增大，随着分工的发展，它又会推动新的中间需求的发展，从而促进了社会新的产业结构的形成。一是劳动产品价值的实现。在现实生活中，劳动产品的生产者和消费者是分离的，为了实现劳动产品的价值，在生产与消费的两个过程必须有一些使交换

① 《马克思恩格斯文集》第10卷，人民出版社2009年版，第289页。

能够顺利进行的信息、交通、运输、仓储、批发、零售商业服务等部门。二是生产本身也是高度分工的，每一个分工环节之间都是相互依赖的，它也需要一些信息、金融、担保、信用等服务业部门保证生产的顺利进行。随着农业的发展，以及生产方式分工的演进，出现了新农业产品，带动了对其他经济部门与服务部门的需求，促进了工业和服务业的发展。

第二，先进生产方式下的分工、交往能创造丰富的社会生活。马克思说过："物质生活的生产方式制约着整个社会生活、政治生活和精神生活的过程。"① 生产方式决定我们在实践中创造着丰富的社会生活。其内在的分工造成了个人劳动和享受的分离。一方面，分工把每个劳动者分配在相对固定的岗位，劳动者的判断力、意志力和审美力由于长时期的湮没而逐渐消退，他们发挥自己的专业才能，成为了本工种的专家、能手；同时出现了一部分人，他们不直接从事劳动，其判断力、意志力和审美力等精神因素得到不断发展，这些人专门从事生产和社会管理与指挥。另一方面，随着分工的发展，它给社会创造了更多的社会财富，使越来越多的人从体力劳动中解放出来成为可能，他们专门从事管理、政治、科学、艺术、教育、宗教等社会的、精神的和文化的活动。这样社会上就出现了物质生活、政治生活和精神生活等领域。随着生产力的发展，生产方式分工也越来越细化，先进的科学技术增加了社会的物质财富、精神财富。伴随着社会的发展，人们的需求也是多方面的，为了满足人们的需求，人们之间的交往也越来越频繁，交往方式、交往手段都有了改进，进一步地推动了物质生活和精神生活的发展，丰富了整个社会生活。

第三，先进生产方式下的分工、交往促进人的全面发展。人是社会的主体，人的发展与社会进步是同一实际过程的两个侧面。社会进步依赖于人的发展，蕴含着人的发展，并为人的发展创造各种条件和新的可能性；而人的发展为社会发展提出更高的要求，以此来推动社会的发展和进步。人的全面发展主要是通过创造社会中全面的社会关系来实现的。马克思强调指出："个人的全面性不是想象的或设想的全面性，而

① 《马克思恩格斯文集》第2卷，人民出版社2009年版，第591页。

是他的现实联系和观念联系的全面性。……但是，要达到这点，首先必须使生产力的充分发展成为生产条件，不是使一定的生产条件表现为生产力发展的界限。”① “人们每次都不是在他们关于人的理想所决定和所容许的范围之内，而是在现有的生产力所决定和所容许的范围之内取得自由的。”② 生产方式的分工不仅创造了人类的物质生活、政治生活和精神生活等社会关系，并使之完全分离和得到进一步的发展，还不断地创造新的社会关系。同时，生产方式的分工还促进了人类在劳动的过程中发生着越来越多样化和扩大化的交往活动，从而使人们之间的交往关系越来越密切，交往范围得到扩大，交往手段和方式也越来越先进，也就形成了越来越丰富的社会关系。在物质财富和精神财富都富裕的社会里，处于丰富多彩的社会关系中，个人将会获得多方面的社会规定性，个人逐渐成为全面发展的人。

（二）落后生产方式下的分工、交往对构建和谐社会实践的消极影响

由于分工本身具有两重性的特征，生产方式的分工也有两重性，所以生产方式的分工、交往给构建和谐社会带来消极影响。

第一，落后生产方式下的分工、交往会阻碍产业结构的形成。由于生产力低下，导致了生产方式分工的发展状况及其发展的有限性。这种有限性阻碍了工业和服务业更快的发展，直接影响了一些产业之间发展应有的相互推动力，对产业结构的形成产生了一定的阻碍作用。生产方式的分工不仅起源于外部市场和企业生产规模的扩张，还起源于分工自身的发展会刺激新的需求的产生，为新的分工的产生提供机会。在现实社会的经济发展中，由于有些企业自身资金、人才等内部原因和社会外部原因，使得整个外部市场和企业内部生产规模发展都过于缓慢，影响了生产方式分工的发展。生产方式分工发展不足，生产过程中对中间产品或服务的需求就会大大降低，严重影响了所在部门或行业的独立化和专业化的发展。生产方式分工发展不足还会导致劳动生产效率大大下降，引起劳动产品的锐减，这也影响了其他经济部门和服务业的发展和新的产业部门、服务业的产生。某些生产部门或行业发展过慢，劳动产

---

① 《马克思恩格斯文集》第 8 卷，人民出版社 2009 年版，第 172 页。

② 《马克思恩格斯全集》第 3 卷，人民出版社 1960 年版，第 507 页。

品不能满足社会的生产或个人的需求，严重影响了整个社会的生产，导致整个社会生产最后呈现出产业结构发展缓慢的局面。

第二，落后生产方式下的分工、交往会导致经济发展的不平衡。一是有些领域经济发展不平衡。在当前很多地区的企业单位和部门，生产方式的分工使得它们的生产资料被分散在许多相互没有多大关系的商品生产者中间，由于劳动者和生产资料被暂时地和随意地分配在不同劳动部门，生产者对产品的生产量是不确定的，最后引起不同领域的经济平衡会经常遭到破坏。不同领域相互独立，很多领域只追求自己的利益而忽略了社会整体的利益，虽然他们为了自己的利益有一定的交往，但他们的这种交往也是带有很强目的性和利益性的。二是有些地区经济发展不平衡。一方面，由于每个地区的地理位置和先天的条件有限性，我们在建设中有时只注重沿海、沿江地区经济的发展，实行改革开放，而忽略了某些偏远地区和中西部地区的经济发展，造成了某些沿海地区与中西部地区经济发展的不平衡。另一方面，由于生产方式分工的发展和国家实际情况，我国在新中国成立初期，加快了工业发展的步伐，注重工业的发展，但却在一定程度上忽视了农村和农业经济的发展，造成了城乡两极分化的现象，在很大程度上制约了城乡的发展。

第三，落后生产方式下的分工、交往会妨碍人的全面发展。生产方式的分工使得企事业单位内部的各种操作被分离、细化、简单化，很多劳动者就按照他们的天赋特性长时期地被固定在一个工种上，每一个人终生从事某一种简单操作，可以节约劳动时间，提高劳动生产率，那么整个生产部门所需的工人人数也会骤减，很多工人就会面临失业的危险，这些人最基本的生活都不能得到保证，更谈不上人的全面发展。另外，如果某企事业单位一经采用这种分工模式，这些单位的劳动者就会只适宜从事片面的、简单的劳动，随着生产的发展，这种劳动得到很大发展。由于劳动者的自然差别，即资源条件、技术能力和专长的差异，这种差异被放大、被凸显，结果就是每个人在不同的领域从事不同的工种，相应地，他们的收入分配也有很大的差异，带来了个人利益的不均衡。利益的不均衡会引起很多社会问题和人民内部矛盾，随着分工的发展，利益差距越来越大，这些问题和矛盾会得到激化，不利于个人的全面发展。另外，有的劳动者由于职业的不同，需要的学习时间、费用也不一样，他们的休闲时间、业余爱好也有很大不同，这些都影响了个人之间的交流和沟通，不利于个人的全面发展。

二　优化生产方式的实现与分工、交往、和谐的内在统一

生产方式的优化是当前中国构建和谐社会的重要任务，也是向人类社会文明向前迈出的重要一步。2013 年 12 月 10 日，习近平同志在中央经济工作会议的讲话中首次提出“新常态”，其表现是：我们注重处理好经济社会发展各类问题，既防范增长速度滑出底线，又理性对待高速增长转向中高速增长的新常态；既强调改善民生工作，又实事求是调整一些过度承诺；既高度关注产能过剩、地方债务、房地产市场、影子银行、群体性事件等风险点，又采取有效措施化解区域性和系统性金融风险，防范局部性问题演变成全局性风险。[①] 中国经济新常态就是经济结构的对称态，在经济结构对称态基础上的经济可持续发展，以及经济可持续稳增长。经济新常态着眼于 GDP 增长的发展模式，即成为再生型增长方式、生产力的发展模式，实际上就是生产方式的优化。为适应经济发展新常态，党中央给出了具体的优化生产方式的途径和方法。2015 年 11 月 10 日上午，习近平同志主持召开中央财经领导小组第十一次会议，提出了加强供给侧结构性改革。供给侧结构性改革核心就是以提高供给质量为出发点，通过改革去调整经济结构，使资源要素达到最优配置，提升经济增长的质量和数量。我国经济已由高速增长阶段转向高质量发展阶段，中国特色社会主义进入了新时代，我国经济发展也进入了新时代。科学合理的分工、有序的交往是实现生产方式优化的动力因素。可见，生产方式的优化与分工、交往两大范畴是内在统一的。

第一，以不断优化生产方式下的分工、交往来促进专业化经济内在统一的培育。我国改革开放以来，区域特色经济也成为一个重要的经济现象。以民营中小企业为载体的产品专业化生产区在江浙、广东等沿海地区遍地都是。如浙江温州是中国制鞋城市；绍兴是轻纺工业聚集区，化纤和轻纺工业品的产量占全国总产量的一半；广东中山古镇是中国灯饰第一镇，是全国灯饰生产、销售基地；东莞市清溪镇是计算机零部件

---

① 张占斌：《中国经济新常态的提出及背景》，光明网，2016 年 01 月 09 日。

的加工基地，居世界同类产品的产区之首。这种以专业化的生产方式存在的企业以独特的竞争优势在全国、全世界经济中处于领先地位，为构建和谐社会提供了丰富的物质财富。在发展特色经济的同时，还要注意促进区域协调发展。比如推进京津冀协同发展，推动长江经济带发展，规划建设雄安新区，实施长三角一体化发展。针对农村地区，实施乡村振兴战略，以推动乡村产业为关键点，大力推动农业供给侧结构性改革，因地制宜推广优势特色产业，不断调整优化农业结构，推动现代农业的发展，推动农村一二三产业融合发展。在推动乡村振兴的过程中，要有序推进，谋划在先、科学施策、分类进行，准确把握地区差异和特点，鼓励和扶持农民群众立足本地资源发展现代特色农业和产业，如各个地区可以建立自己的龙头企业、专业合作社、家庭农场，还可以发展文化旅游、乡村旅游、庭院经济等多种经济。特别要注意保持地域特色，体现地区乡土风情，如要完整保存传统村落、民族村寨、传统建筑。这种专业化的经济发展是专业化生产方式发展的结果，当前我们应该大力发展生产方式的分工充分发挥各个地区的地理位置和自然环境，发展适应本地区的特色经济，使本地区、企业的经济在本领域具有较强的持续竞争力。还使生产方式分工越来越细化、专业化，人们专注于局部领域，节约了劳动时间，提高了劳动生产效率。在劳动生产效率提高、劳动产品增加的同时，企业的产品出现了特色，体现本地区的经济。有分工就有交往，在发展生产方式分工的基础上，要利用各种条件加强本地区和外部经济的交流，以及技术交流和各种资源共享。这种特色经济聚集了全国乃至全世界的各种资源，如获取最新的专业化信息，拥有便捷的获得雇员、原材料和投入要素的途径，大大降低了生产成本。这种特色经济由于拥有最好的资源、最新的信息，使得它们在当地的竞争中更具有威力，能够更好地和其他地区和领域的经济进行交往、互补，这种实现了生产方式优化的特色经济为构建和谐社会提供了具有特色的物质财富。

第二，以不断优化生产方式下的分工、交往来促进多种产业经济内在统一的形成。生产方式造就了整个社会生活、政治生活和精神生活。斯密在《国富论》中说明了分工这一现象，并且将分工分为两种形式：一是企业间的社会分工；二是企业内部的分工，也就是企业内部的工序安排和管理的分工。在斯密关于分工的论述中，已经蕴含着分工可以引起对其他行业分工的需求，促进了相关行业分工的深化和规模的扩张，并且导致了新的行业和部门的出现和发展，促进了多种产业经济的形成。而生产方式的分工受市场化程度和市场规模的大小所制约，随着市场规模的不断扩大，激励着分工的不断发展，同时产生了与本行业相关的其他中间产品或服务的独立化与专业化的需求，这种需求就是多种产业经济产生和发展的重要基础，这种需求还引起了产业内部不同生产环节和工序之间的交流。由于分工的发展，同样行业之间也出现了中间环节或服务的需求力量，随着生产的发展，这种需求的规模不断扩张，形式不断更新，产生新的产业结构。近年来，工业实行“工业＋旅游业”的产业融合发展的模式，使工业旅游增添更多趣味。在广东省广州市增城区，游客可以看到“老厂房”改建成的“1978 电影小镇”，还可以游览天天洗衣博物馆，还可以参与体验国际印章文化交流中心，工业旅游让游客大开眼界。工业旅游不仅为游客创建了新玩法，拓宽了城区旅游的新业态，还促进了讲好城市工业故事，实现了全方位、全领域的旅游发展。在发展乡村振兴战略中，很多地区创建农旅结合，发展乡村经济的新路。如乐山市五通桥区西坝镇立足区域地貌特点，抓住镇域五大特色产业，实行“五子登科”立体农业发展新模式，以特色水果产业为主打，以历史文化为内核，完善历史遗址，修葺自然风景区，创办农家休闲农场和乡村旅游示范基地。生产力的不断发展，分工的形式也越来越繁多，由于产品的专业化，不同行业和产业之间有了交往，通过新的产业部门和行业来进行交往，引起了整个社会生产结构都有了变动。随着市场规模的越来越大，分工也越来越细化、专业化，就产生了越来越多种类型的产业经济。生产方式优化的表现和结果就是，分工越来越精细，整个社会劳动工种体系越来越细化、专业化、复杂化和多元化，整个社会出现了多种经济协调发展的良好局面。

第三，以不断优化生产方式下的分工、交往来促进整个社会经济的统筹兼顾发展。生产方式还决定了社会形态的更替，随着生产方式的变化，其社会形态也一定会发生更替，即社会形态的演变是由生产方式的变化所决定的。所以，人类社会历史就是物质生产历史，我们当前要构建的和谐社会就是要使生产方式实现优化，就是要大力发展生产方式的分工、交往促进整个社会经济的统筹发展。在党的十六届四中全会上，胡锦涛同志提出了“两个趋向”的科学理论：在工业初始阶段，农业支持工业，为工业提供积累是带有普遍性的倾向；但在工业化达到相当程度后，工业反哺农业、城市支持农村。

习近平同志在2016年省部级干部会议上也提出：“要坚持工业反哺农业、城市支持农村和多予少取放活方针，促进城乡公共资源均衡配置，加快形成以工促农、以城带乡、工农互惠、城乡一体的工农城乡关系，不断缩小城乡发展差距。”① 目前整个社会经济的统筹发展主要就是工业和农业、城市与农村的协调发展。我们当前主要是通过大力发展生产方式的分工、交往来促进整个社会经济的统筹发展。一是大力发展工业，通过工业分工，创造丰富的劳动产品，建设工业经济，为农业的发展提供物质基础。二是大力发展农业农村，通过农业分工，生产具有地方特色的农副产品，发展农村经济。同时政府要加大对农业的支持和保护力度，增加财政拨款，直接惠农助农扶农；制定一系列的方针政策，加快城乡一体化进程，积极发挥以城带乡的动力作用；加强农村教育、科技、文化和卫生等事业的建设，大力倡导科学、文明、健康的生活方式，开展形式多样的精神文明活动，丰富农民群众的精神生活。另外，还要加强城乡之间的交流，包括经济、文化等方面，将城乡一体化真正落到实处，让城乡政治、经济、文化都得到协调发展。总之，我们应该：“坚持创新发展、协调发展、绿色发展、开放发展、共享发展，是关系我国发展全局的一场深刻变革。”②

第三节　社会政治结构视野下的分工、交往与构建和谐社会的实践

社会形态就是指同生产力发展的一定阶段相适应的经济基础和上层

① 习近平：《在省部级主要领导干部学习贯彻党的十八届五中全会精神专题研讨班上的讲话》，人民出版社2016年版，第15—16页。

② 中共中央党史和文献研究院、中央学习贯彻习近平新时代中国特色社会主义思想主题教育领导小组办公室编：《习近平新时代中国特色社会主义思想专题摘编》，党建读物出版社、中央文献出版社2023年版，第153页。

建筑的统一体。[①] 它包括经济结构、政治结构和文化结构。对经济结构，在前节的生产方式视野下已有论涉，对文化结构即社会意识在下节将有论涉，本节侧重探讨的是社会政治结构，这就是社会有机体中的上层性层次，即通常所说的政治上层建筑下的分工、交往与构建和谐社会实践的辩证关系。

一　社会政治结构视野下的分工、交往对构建和谐社会实践的正负影响

构建和谐社会是当前中国特色社会主义建设的重要战略目标。因此，当前中国社会政治结构建设对构建和谐社会具有重要意义。习近平同志提出：党的十八大以来，我们党形成并积极推进经济建设、政治建设、文化建设、社会建设、生态文明建设五位一体的总体布局，形成并积极推进全面建成小康社会、全面深化改革、全面依法治国、全面从严治党的战略布局。"五位一体"和"四个全面"相互促进、统筹联动，要协调贯彻好，在推动经济发展的基础上，建设社会主义市场经济、民主政治、先进文化、生态文明、和谐社会，协同推进人民富裕、国家强盛、中国美丽。[②] 社会政治结构对分工、交往与构建和谐社会的实践有着制约和促进的作用。社会政治结构作为一个系统而复杂的工程，它对分工、交往直接影响着和谐社会构建的进程。

（一）健全的社会政治结构下的分工、交往对构建和谐社会实践的积极影响

社会民主法治建设是构建和谐社会的重要部分。古往今来，许多国家的政治活动都表明，政治不和谐就不会有整个社会的和谐。可见，民主法治的分工、交往活动对构建和谐社会有着积极影响。

第一，健全民主法治下的分工、交往能保障社会经济、文化的发展。社会的政治结构是指建立在经济结构之上的政治法律设施、政治法律制度及其相关联的方式，包括政党、政权机构、军队、警察、法庭、

---

① 李秀林、王于、李淮春：《辩证唯物主义和历史唯物主义原理》第5版，中国人民大学出版社2004年版，第223—224页。

② 习近平：《习近平谈治国理政》第二卷，外文出版社2017年版，第38页。

监狱和关于政权的组织形式、立法、司法、宪法和规程等。[①] 一是民主法治的分工、交往为经济、文化的发展提供了制度保障。经济基础决定上层建筑，上层建筑对经济基础又有反作用。民主法治的分工、交往使得民主政治内部的机构更加健全、人员配备更加齐全、设施更加完备，各项规章制度更加细化，这些保证了各项政治法律设施、制度以及政权的组织形式能够实施下去，具有强大的执行力度。政治法律设施、制度以及政权的组织形式强大的执行力度保证了新的经济、文化的方针、政策、策略等能够顺利实施下去，促进经济、文化的发展。二是民主法治的分工、交往是经济、文化发展的前提。这种执行力度能够把人们的思想和行为控制在一定的秩序之内，使人们能够更好地交流、合作，创造了良好、安定的社会生活环境。良好、安定的社会生活环境是经济、文化发展的前提。

第二，健全民主法治下的分工、交往能促进人的自由、平等。民主法治建设的第一要义就是政治体制建设，而制度建设更是重中之重，通过不断的制度改革，主要是通过制度的分工、交往使每个人获得自由、平等。一是民主法治制度的分工推进人的自由、平等。随着当前现代化的建设和全球化，使得分工越来越细化、越来越专业。这种分工也反映到社会的政治生活中，具体表现就是加大政治体制变革的力度和范围，使其越来越完善，越来越专业。完善的和专业的政治体制不仅保证了社会经济的发展，还促进了人的自由、平等。二是民主法治制度的交往促进人的自由、平等。在《德意志意识形态》中，马克思曾对“制度”做出了明确的解释，制度“只不过是各个人之间迄今为止的交往的产物”[②]。即制度与交往是辩证统一的，制度来源于交往，是个人交往的产物，交往促进了制度的形成。制度是主体间交往的产物，是一种主体间的存在。制度作为一个关系范畴，体现了不同主体之间的关系，特别是交往关系。这种关系“持续一个时期，那么，它就会作为习惯和传统固定下来，最后被作为明文的法律加以神圣化”[③]。这时，新的社会制度就

---

① 李秀林、王于、李淮春：《辩证唯物主义和历史唯物主义原理》第5版，中国人民大学出版社2004年版，第109页。

② 《马克思恩格斯文集》第1卷，人民出版社2009年版，第574页。

③ 《马克思恩格斯文集》第7卷，人民出版社2009年版，第897页。

诞生了。新的社会制度产生后调节着人们的交往行为，促进个人之间进一步的交往，促进人的自由、平等。

第三，健全民主法治下的分工、交往能保障人的权益和公平正义。坚持社会主义社会的方向，深化政治体制改革，才能不断地扩大人民民主，更好地保障人民的权益和社会公平。在当前，随着社会的发展，引起社会需要的多样性以及社会的各项分工、交往都得到很大发展。

民主法治的分工、交往的发展保障人民的权益和社会公平。一是民主法治的分工、交往促进了经济的发展，提供了丰富的物质基础。民主法治的分工、交往按照社会经济发展的需要，不但创建了完备的政治体制，还对旧的、不适应经济发展的政治体制进行了改革，保证各项经济政策、措施的有效实施，促进经济快速发展，为社会提供大量的物质财富，丰富的物质财富是保障人民的权益和社会公平的基础。二是政治体制是保障人民的权益和社会公平的根本。民主法治的分工、交往按照社会的规律和人们的实际需求，创建新的政治体制，特别是法律体系、分配体制等，这些体制是真正保障人民的权益和社会公平的关键。如 2020 年 5 月 28 日颁布的《中华人民共和国民法典》，被称为“社会生活的百科全书”，是新中国第一部以法典命名的法律。《民法典》贯穿以人民为中心的发展思想，着眼满足人民对美好生活的需要，对公民的人身权、财产权、人格权等作出明确翔实的规定，并规定侵权责任，明确权利受到削弱、减损、侵害时的请求权和救济权等，体现了对人民权利的充分保障，被誉为“新时代人民权利的宣言书”。三是民主法治的分工、交往创造了安定、文明的社会生活环境。民主政治的分工、交往产生新的政治制度，使每个人的思想和行为限制在一定的范围，不妨害他人和社会的利益，创建了良好的生活环境。而好的生活环境是保障人民的权益和社会公平的出发点。

（二）不健全社会政治结构下的分工、交往对构建和谐社会实践的消极影响

社会政治结构的分工、交往对构建和谐社会实践有积极影响也有消极影响。政治上层建筑对经济基础的发展既可以起促进作用，也可以起阻碍作用。不健全的上层建筑对和谐社会的构建既有阻碍作用，也有消极影响。不健全的民主法治下的分工、交往对构建和谐社会实践的消极

影响主要表现在以下方面：

第一，不健全的民主法治下的分工、交往会阻碍社会经济、文化的发展。随着社会经济、文化的发展，虽然我国进行了政治体制大幅度的改革，但还是在某些方面不能很好地适应当前经济、文化的发展。一是不健全的民主政治下的分工、交往阻碍了社会经济的发展。由于我国长时期实行的是计划经济，受这种思想的影响，很多单位和部门民主政治的分工不够，政府部门对很多经济政策、方针的实施干预过多，而我们现在实行的是市场经济，政治与经济之间出现冲突，必然妨碍经济政策的实施，严重影响经济的发展。另外，由于有些单位和部门民主法治分工发展缓慢，这些单位和部门内部很多行政管理制度、体制相对僵化，行政管理体制和法律体系不完善等，这些因素都不能适应当前经济的快速发展。二是不健全的民主政治下的分工、交往阻碍了文化的发展。随着社会和经济的发展，人们的需求也不断增长。一方面，由于不健全的民主法治阻碍了经济的发展，直接表现就是社会各类文化产品的减少，不能满足人民日益增长的文化要求，阻碍了文化的发展；另一方面，有些单位和部门内民主法治分工发展过慢，随着社会的发展，人们的需求越来越多样化，当前有些行政政策和结构部门相对守旧不能适应文化的发展，也不能满足人们的需求。新的行政政策和法律体制的不健全，不能完全保证人们的需求得到满足。人们的各项需求得不到满足，社会文化发展就会受到阻碍。

第二，不健全的民主法治下的分工、交往会导致行政效率低下。行政效率不高，执行力度不大，是我国有些行政机构和部门的一大弊病。一是随着政府职能的扩大和深入，以及民主法治的分工发展，滋生了很多政府部门和机构，导致政府结构、部门和行政人员不断地膨胀。日益增多的机构和部门及其相应的工作人员也严重超标，这些不仅增加了行政管理费用，加大了政府的经济负担，机构臃肿还造成职责不明确，办事环节复杂、重复等现象，腐生了官僚主义，行政办事效率低下，严重影响了党和政府的形象，妨碍了党、政府和人民之间的正常交往、联系，导致了党群关系的不和谐。二是随着社会的发展，但民主法治发展缓慢，远远落后于社会的发展。主要体现在我国有些行政管理体制过于陈旧，跟不上时代发展，职能固化；另外，有些单位和部门内行政体系和法律体系不健全、不完备，行政人员在工作中没法可依，谈不上依法行政、执法必严，经常出现唯命是从、明哲保身的工作态度和消极、保守的行政形象。这种工作态度和行政形象直接表现就是工作效率低下，严重影响了党和人民群众的关系。

第三，不健全的民主法治下的分工、交往会破坏社会安定有序。不健全民主法治的分工、交往严重影响了社会的安定团结。一是不健全民主法治下的分工、交往不利于保障人民的权益和社会的公平。随着经济的发展，尽管我们进行了政治体制改革，但是有些方面改革的力度和范围还不够大，跟不上经济发展的速度，最突出的表现就是有些政治体制和法律体系的不健全。对于劳动产品，虽然我们遵循的是按劳分配的原则，但在实际的实施过程中，由于相关的监督体系和法律体系不完全，导致执行下去的力度不够。随着改革开放，带来了经济的发展，社会中很多人由于权势、地位出现了不劳而获和一夜暴富的现象，而很多劳动者只能满足最基本的生活需求甚至得不到保障，这种利益分配不均，引发了很多社会安全问题。二是不健全民主法治下的分工、交往滋生了腐败现象。民主法治中一些政策、体系和规章制度都已过时，这些政策不能很好地适应经济的发展，面对快速发展的经济，一些监督机制和法律体系的不完备，有些政府官员由于自身素质较低，一时迷失了自己，忘记了党性国法，滋生了腐败现象。另外，一些政策体系都还沿袭了新中国成立之初时政治政策的思想，这些陈旧的思想极易导致官僚主义。官僚主义、腐败现象都严重影响了党群关系，不利于社会的安定有序。

二　健全社会政治结构态的实现与分工、交往、和谐的内在统一

当前中国构建和谐社会就是要推动健全的社会政治结构的实现，而其表现的核心就是实现健全的民主法治，就是坚持党的领导、人民当家作主和依法治国三者的有机统一。习近平同志曾经提出：“我国是工人阶级领导的、以工农联盟为基础的人民民主专政的社会主义国家，国家一切权力属于人民。我国社会主义民主是维护人民根本利益的最广泛、最真实、最管用的民主。发展社会主义民主政治就是要体现人民意志、

保障人民权益、激发人民创造活力，用制度体系保证人民当家作主。”①健全的民主法治的实现与分工、交往是内在统一的。

第一，完善政治体制机制建设是实现民主法治的根本保障。民主政治建设的第一要务就是政治体制改革。加强体制建设是实现民主法治的保障，就是要实行民主和法治两方面。一是要进行民主政治体制建设。大力深化民主政治分工，严格执行民主集中制原则。民主集中制不仅是我党的根本组织原则，还是我们国家政权的根本原则。党的十九大报告在党的建设总布局中，明确指出了民主集中制的实质和时代要求，就是进一步完善和落实民主集中制的各项制度，坚持民主基础上的集中和集中指导下的民主相结合，既充分发扬民主，又善于集中统一。党的十八大以来，党中央完善了民主集中制的具体制度和制度体系，促进民主集中制具体化、程序化、科学化。主要通过增强“四个意识”、坚定“四个自信”、做到“两个维护”、执行“两个保证”等途径去实施，即牢固树立政治意识、大局意识、核心意识、看齐意识，坚定道路自信、理论自信、制度自信、文化自信，坚决维护以习近平同志为核心的党中央权威和集中统一领导，保证全党的团结统一和行动一致，保证党的决定得到迅速有效的贯彻执行。如党的各类报告、重要文件、重大决策、重大改革发展方案，都要在党内一定范围反复征求各方面意见和建议。当前，我们要在发展民主政治分工的基础上，按照社会发展的需求去建立新的政治体制，同时改革旧的、不合时宜的政治体制，保证民主集中的功能和目的得到真正体现。即收集人民群众的思想去解决社会发展中的问题，去协调各方面的利益，保证人民的权益，使人民的民主在集中的基础上得到最大、最充分的保障。

二是要进行民主法治体制建设。民主法治，国之基石。法治是社会有序发展的重要保障，是保障权利有效运行的机制，也是对权利进行监督的最有力的手段。而法律是社会中最规范、最强制的体系，只有建立了系统的法律体系才能保障法治社会的实现。习近平同志说过：“坚持全面依法治国。全面依法治国是中国特色社会主义的本质要求和重要保障。”②

① 习近平：《习近平谈治国理政》第三卷，外文出版社2020年版，第28页。

② 习近平：《习近平谈治国理政》第三卷，外文出版社2020年版，第18页。

党的十八大以来，党中央完善了以宪法为核心的法律体系，加快建设社会主义法治体系，不断深化司法体制改革，健全决策机制和监督运行机制。在新形势下，2017 年党中央对宪法进行了适当修改，使我国宪法更能体现人民意志，更能体现社会主义制度的优越性，更符合中国特色社会主义的发展；制定国家监察法，更加明确了监察委员会的职责权限和调查手段，保证了法律的公平公正；改革了审计管理体制，完善统计体制。按照民主法治分工的原则来建立健全的法律体系和各种法规制度以及监督体制，真正做到有法可依、有法必依、执法必严、违法必究。同时，还要规范法律途径和司法程序，保障权力运行的公平、公正、公开。只有通过加强民主法治的体制建设，才能保障民主政治的真正实现，才能促进和谐社会的构建。

第二，坚持科学执政、民主执政、依法执政是加强党的执政能力建设的基本原则。构建和谐社会关键在党，实现社会的民主法治关键在于党，特别是党的执政能力。对于党的建设，2014 年 10 月 8 日，习近平同志在党的群众路线教育实践活动总结大会讲话中第一次提出“全面推进从严治党”的要求。全面从严治党，立足点在“全面”，核心点在“严”，着力点在“治”。党的十六届四中全会强调指出，加强党的执政能力建设的总体目标就是党“成为科学执政、民主执政、依法执政的执政党”①。习近平同志强调：“把加强党的长期执政能力建设同提高国家治理水平有机统一起来。”②

党的十九届四中全会从“坚持和完善党的领导制度体系，提高党科学执政、民主执政、依法执政水平”出发，提出“健全提高党的执政能力和领导水平制度”，对加强党的执政能力建设提出了新要求、新标准。一是要科学执政。科学执政的实质就是在执政活动中贯彻落实科学发展观。党在执政的过程中，也以发展作为执政的基本前提，以人民的利益作为一切工作的出发点和落脚点，用科学的思想、科学的制度、科学的方法，去民主执政，实现社会经济、政治和文化的全面发展。同时，坚

① 《中共中央关于加强党的执政能力建设的决定》，2004 年 9 月 19 日中国共产党第十六届中央委员会第四次全体会议通过。

② 习近平：《习近平谈治国理政》第三卷，外文出版社 2020 年版，第 106 页。

持一切从实际出发，深入把握我国发展的重要战略特点，抓牢解决问题的主动权，总揽全局、科学筹划、协调发展。二是要民主执政。民主执政就是党从我国基本国情和实际情况出发，坚持以人民为中心，充分发挥党内民主，贯彻执行党的民主集中制原则，对我国的政治体制进行改革，全面实施治国方略，通过各项措施提高民主化的水平。提升党的民主执政水平，核心就是坚定不移走群众路线，不断加强党的阶级基础和群众基础，真正实现人民当家作主；同时，还要加强权力的制约机制和监督机制，真正做到民主执政。三是要依法执政。依法执政是在新的时代下对执政党的新要求。依法执政就是要求执政党在执政的过程中，必须严格遵守法律，维护法律的权威，在实际工作中按照宪法和法律的要求去办事，党要坚决执行依法治国，领导立法、带头守法、保证执法，做到法律面前人人平等。党依法执政，不仅树立党在群众中良好遵法守法的形象，还有助于依法治国方针政策顺利的实施。只有坚持依法执政，才能保证社会主义民主政治得到根本体现，才能保证社会主义民主政治不断向前发展。科学执政、民主执政和依法执政是有机统一的整体，即民主执政和依法执政相互联系、相互制约，而民主执政和依法执政，是科学执政的前提和基础。总之，科学执政、民主执政、依法执政不可分割，这也是坚持党的领导、人民当家作主、依法治国有机统一这一中国特色社会主义政治发展道路的必然逻辑。坚持党的领导、人民当家作主、依法治国有机统一，体现了中国特色与时代潮流的统一，也反映为科学执政、民主执政、依法执政的统一。这是坚持和完善中国特色社会主义制度、推进国家治理体系和治理能力现代化的战略选择。总之，科学执政、民主执政和依法执政三者是辩证统一的，也是坚持党的领导、人民当家作主、依法治国、中国特色社会主义政治道路的内在保障。

第三，坚持协商民主与基层民主是实现人民当家作主的根本。协商民主作为选举民主一种对应和补充的民主形式，具有合法性、公开性、合作性、包容性、责任性等特点和优势。这些特点和优势使其能以极大的包容性最大限度地将不同的意见整合起来，更有利于实现人民当家作主。习近平同志指出：有事好商量，众人的事情由众人商量，是人民民主的真谛。协商民主是实现党的领导的重要方式，是我国社会主义民主政治的特有形式和独特优势。[①] 基层民主是我国社会主义民主政治的重要形式，是最能表现人民当家作主的政治组织形式，也是最能体现我国国家制度和国家治理体系优越性的政治组织形式。主要是以村民自治和社区自治为标志的一种民主，是人民群众自治选举的民主，是能够真正为人民群众服务的民主。真正实现人民当家作主是社会主义社会性质的根本体现。

坚持协商民主与基层民主相统一是实现人民当家作主的根本。一是大力宣传协商民主与基层民主的相关政策，让人民了解这两种民主形式、积极参与这两种民主。协商民主是党领导人民科学管理国家事务、保证人民当家作主的重要形式，人民政协是社会主义协商民主的重要部门和专门机构，是国家社会政治结构的重要组成部分，是体现中国特色的制度之一。基层民主，就是在党的领导下，人民群众在城乡组建基层自治制度和体系，主要在社区、基层公共服务事务和公益事业中开展广泛、贴近百姓生活的基层民主活动。通过这些活动，加深了党同人民群众的联系，党的领导也有了更深的群众基础，群众的诉求、群众的想法、群众的问题都能及时得到倾听、解决，保证了人民当家作主。

二是完善协商民主与基层民主的相关规章制度。当前我国正在大力推进协商民主广泛、多元、科学化发展，进一步推动政党协商、人大协商、政府协商、政协协商、人民团体协商、基层协商以及社会组织协商等多种协商组织的创建。当前我们的各项民主制度还不健全，通过党内民主分工，完善协商民主制度和体系的构建，建立整套制度程序和参与实践，加强党内各民主党派的交流和合作，充实协商民主和基层民主的内容，保证每个公民能够有广泛持续深入参与政治生活的权利和机会。我国基层民主保证了人民参与政治生活的基本权利，极大调动了人民群众参与政治生活的积极性、主动性和创造性。目前我国基层民主的制度体系主要有：农村村民委员会、城市居民委员会、企业职工代表大会等组织，同时，各个地区根据自身的实际情况和需求，还创办了民主恳谈会、便民服务窗、居民论坛、民主议政会等形式多样的民主形式和民主渠道。另外，我国基层民主在实践中不断创建和完善一些民主形式。这

---

① 习近平：《习近平谈治国理政》第三卷，外文出版社2020年版，第29—30页。

些举措和制度体系都更有力地保证了人民当家作主的实现。

三是加强民主法治建设和民主监督。民主法制建设和民主监督是贯彻执行协商民主和基层民主的有力保障，只有在法律的范围内，在民主的监督下，各项民主政策才能得到执行，人民才能真正当家作主。目前，党的领导、人民当家作主、依法治国是社会主义政治建设的根本要求，全面依法治国是中国特色社会主义的本质要求和重要保障，坚决把党的领导贯穿到依法治国全过程和全方位，加强对宪法的实施和管理检查，深化司法体制综合配套改革，贯彻落实司法责任制，通过各种形式加大对人民群众的普法宣传，提升老百姓的法律素养和基础知识。加强对民主监督检查，是中央纪委国家监委的核心工作，主要通过监督民主生活会，首先是出台规范性文件，加强巡视监督、日常监督、信访监督、约谈提醒、谈话函询、审查调查等形式进行。

第四节 社会意识视野下的分工、交往与构建和谐社会的实践

社会意识是与人类社会同在的，作为一个哲学范畴，社会意识总括了人的一切意识要素、观念形态以及全部精神现象及其过程，它是人们对社会存在的反映。[①] 文化结构是指哲学、政治法律思想、道德观念、宗教观念、艺术等社会意识的联结方式。[②] 即这里的文化结构就是指社会意识抑或精神文化。社会意识是指社会有机体系统中的观念性层次。胡锦涛同志指出："要更好地构建和谐社会，就必须在社会主义先进文化引领下，大力建设和谐文化，广泛动员人民群众投身和谐社会建设。"[③] 构建和谐文化是构建和谐社会的重要特征和精神动力。

习近平同志说过："社会主义的物质文明建设和精神文明建设，是建设社会主义不可分割的两个部分，都是硬任务。它们互为条件又互为

① 李秀林、王于、李淮春：《辩证唯物主义和历史唯物主义原理》第5版，中国人民大学出版社2004年版，第114页。

② 李秀林、王于、李淮春：《辩证唯物主义和历史唯物主义原理》第5版，中国人民大学出版社2004年版，第114页。

③ 胡锦涛：《论构建社会主义和谐社会》，中央文献出版社2013年版，第135页。

目的，相互促进，不可偏废。”[①] 党的二十大报告指出，中国式现代化是物质文明和精神文明相协调的现代化。党中央非常重视文化的作用，党的十八大对建设中国特色社会主义总体布局提出了新的部署，即经济建设、政治建设、文化建设、社会建设、生态文明建设五位一体。首先要求我们在理论上科学把握五位一体的深刻内涵，它是一个总布局，是一个辩证统一的整体，其中经济建设是根本，政治建设是保证，文化建设是灵魂，社会建设是条件，生态文明建设是基础。然后要求我们在建设中国特色社会主义各方面和全过程中，坚定不移地贯彻执行五位一体，全面推进、协调发展，才能形成经济富裕、政治民主、文化繁荣、社会公平、生态良好的发展格局，把我国建设成为富强、民主、文明、和谐、美丽的社会主义现代化国家。五位一体发展总布局强调了文化建设在社会发展中的作用——灵魂作用。2016 年 7 月 1 日，习近平同志在庆祝中国共产党成立 95 周年大会上进一步强调了文化的作用，明确提出：中国共产党人“坚持不忘初心、继续前进”，就是要坚持“四个自信”即坚持中国特色社会主义道路自信、理论自信、制度自信、文化自信。“文化自信是一个国家、一个民族发展中最基本、最深沉、最持久的力量。”[②] “文化自信，是更基础、更广泛、更深厚的自信。”[③] 顺应社会发展以及国家事业的发展，党的十九届五中全会明确提出到 2035 年建成文化强国，可见我党不仅对文化建设提出了具体的战略目标，还对文化的重要作用有了深刻认识。当前就是要把社会主义核心价值观的培育和践行作为重要战略任务，继承和发扬以爱国主义为核心的民族精神和以改革创新为核心的时代精神，不断提升全国各族人民的文化素养和精神品质。分工、交往是提高社会意识的有效手段，社会意识的分工、交往与构建和谐社会实践是相互制约、相互发展的辩证关系。

---

① 习近平：《真正把精神文明建设当作战略方针来抓》，《知之深　爱之切》，河北人民出版社 2015 年版，第 12 页。

② 中共中央党史和文献研究院、中央学习贯彻习近平新时代中国特色社会主义思想主题教育领导小组办公室编：《习近平新时代中国特色社会主义思想专题摘编》，党建读物出版社、中央文献出版社 2023 年版，第 307 页。

③ 习近平：《习近平谈治国理政》第二卷，外文出版社 2017 年版，第 36 页。

一　社会意识视野下的分工、交往对构建和谐社会实践的正负影响

分工、交往作为实践的唯物史观的两个重要范畴，对于人类社会的存在和发展起着重要作用。同样，社会意识下的分工、交往对于人类社会的发展，特别是对于当前社会主义和谐社会的构建有着重要影响。

（一）先进的社会意识下的分工、交往对构建和谐社会实践的积极影响

合理的分工、交往对先进的社会意识的发展、创新具有重要推动作用，而先进的社会意识下的分工、交往对构建和谐社会实践有着积极影响。

第一，先进的社会意识下的分工、交往能促进社会经济、政治的发展。社会意识来源于经济，但它一经形成，便对社会的经济和政治具有能动的反作用，这种反作用表现在质上，就是促进社会经济、政治的发展。这种促进作用主要是通过社会意识的分工、交往来实现的。一是促进社会经济的发展。随着社会意识分工的发展，产生了先进的、新的观念、思想，这些新的思想观念让人民群众掌握了之后，就会指导人的活动，激励着人们工作的热情和积极性，提高了劳动生产率，不断地创造出新事物和新产品。新事物和新产品激发了人们之间的交往，带来了先进的生产技术和科学文化知识，这些更进一步丰富了社会产品，促进了社会经济的发展。党的十八届五中全会提出了五大发展理念，即创新发展、协调发展、绿色发展、开放发展、共享发展。随着社会的发展以及人类认识能力的提升，党的十九届五中全会精神蕴含着自主发展、共富发展、安全发展、系统发展等理念。[①] 五大发展理念以发展观念的转变去指引发展方式的转变，以发展方式的转变去促进发展质量和发展效益的提升，是我国经济社会发展的行动指南和思想指引。

二是促进社会政治的发展。随着社会经济的发展，人民群众的各项权益得到保证，特别是经济利益得到满足，同时社会意识分工的发展提升了人们的思想素质，为社会政治的发展提供了智力支持。社会意识的

---

① 黄振辉：《现代化的发展：党的十九届五中全会对新发展理念的丰富》，理论网，2020年12月09日，http://www.cntheory.com/zydx/2020-12/ccps201209CW31.html。

分工、交往有助于人们改革旧的不合理的政治方针、政策，创建新的政治法律体系，完善整个社会的政治法律体制，促进民主政治的建设。2016 年 1 月 29 日中共中央政治局会议提出了“四个意识”，即政治意识、大局意识、核心意识、看齐意识。2019 年 1 月 31 日，中共中央印发的《中共中央关于加强党的政治建设的意见》提出“两个维护”：坚决维护习近平总书记党中央的核心、全党的核心地位；坚决维护党中央权威和集中统一领导这个重大结论。而两个维护是辩证统一的，即坚持和加强党的全面领导，最重要的是坚决维护党中央权威和集中统一领导；坚决维护党中央权威和集中统一领导，最关键的是坚决维护习近平同志党中央的核心、全党的核心地位。这个重大结论，深刻阐释了“两个维护”的内在联系和政治逻辑。党的十九届六中全会提出了“两个确立”，即确立习近平同志党中央的核心、全党的核心地位，确立习近平新时代中国特色社会主义思想的指导地位。“四个意识”、“两个维护”和“两个确立”是辩证统一的，在实际工作中，坚决维护习近平同志党中央的核心、全党的核心地位，维护党中央权威和集中统一领导，必须牢固树立政治意识、大局意识、核心意识、看齐意识，自觉地在思想上、政治上、行动上与党中央保持高度一致，然后确立习近平同志党中央的核心、全党的核心地位，确立习近平新时代中国特色社会主义思想的指导地位。总而言之，“四个意识”是“两个维护”“两个确立”的主要思想来源，“两个维护”“两个确立”是“四个意识”的高度体现。“四个意识”、“两个维护”和“两个确立”体现我党根本的政治方向、政治立场、政治要求，是我党加强自身建设的精髓，是我国政治建设的根本方针和行动指南，保证党和国家的和平稳定及繁荣富强。

第二，先进的社会意识下的分工、交往能促进文化自身的发展。先进社会意识下的分工、交往促进了文化自身的发展。一是丰富了文化的形式。人们只有在丰富多彩的劳动活动中，才能生产出劳动资料、劳动对象的全面性，才能创造出多样化的文化作品。随着经济的发展，社会意识下的分工，激发了社会中每个人的文化创造活力，也促进了个人之间的交往，创造了丰富多彩的文化形式。二是提升了文化的品质。社会意识的分工引起了人们生产实践活动的发展，而交往则促进了人们在生产实践中社会关系的产生和发展。马克思曾经指出：“培养社会的人的一切属性，并且把他作为具有尽可能丰富的属性和联系的人，因而具有尽可能广泛需要的人生产出来——把他作为尽可能完整的和全面的社会产品生产出来（因为要多方面享受，他就必须有享受的能力，因此他必须是具有高度文明的人）。”① 具有高度文明的人一定能够创造出高品质的文化作品。三是丰富了文化的内涵。社会意识的分工一方面直接教化于人，提升人的素质和能力，另一方面有利于扩展文化的内涵。这些人通过对话和交流，丰富了文化的内涵。党中央提出文化自信，文化强国发展战略，要求我们在中国特色社会主义文化建设中，弘扬中国优秀传统文化的精髓，挖掘其文化自信的因素，并立足于新时代，对其进行创造性转化和创新性发展，展现其时代意义，丰富中国文化的形式，拓展中国文化的内涵；同时加强文化的对外开放交流，吸收积极的外来文化，通过讲好中国故事，传播好中国声音，向全世界展现中国文化的特色、风格和气派，彰显中国文化的国际影响力和话语权，提升中国文化的认同感和吸引力。

第三，先进的社会意识下的分工、交往能为构建和谐社会提供精神支撑或凝聚力量。我们建设的先进文化是社会主义性质的文化，四项基本原则明确规定，我国各项事业建设的方向都必须坚持和保证社会主义的方向。文化教育事业的发展坚定了我们的社会主义方向。社会主义方向的社会意识就是先进的社会意识，它为构建和谐社会提供精神支撑或凝聚力量。先进的社会意识有利于人们树立正确的世界观、人生观、价值观，有利于人们共同理想信念的形成，凝聚全国各族人民的力量，共同投入到和谐社会的建设中去。先进的社会意识，特别是社会意识分工的发展，具体表现在新的科学技术的发展和文化教育事业的发展，为和谐社会的构建提供了智力支持。自从邓小平同志提出“科学技术是第一生产力”的论断后，我国的科学教育事业得到了迅猛发展，促进了社会各方面的快速发展，满足了人们的各种物质文化需求，维护了社会的安定；科学教育事业的发展还增强了国家的综合国力，提升了我国在国际社会中的地位。2017 年 10 月 18 日，习近平同志在党的十九大报告中指出，要培育和践行社会主义核心价值观。社会主义核心价值观是中国特

① 《马克思恩格斯全集》第 46 卷（上），人民出版社 1979 年版，第 392 页。

色社会主义先进文化的核心，是当代中国精神的代表，也是我们构建和谐社会的思想指引和精神指南。

（二）落后的社会意识下的分工、交往对构建和谐社会实践的消极影响

社会存在决定社会意识，社会意识对社会存在具有能动的反作用，这种反作用表现在两方面：促进社会存在的发展和阻碍社会存在的发展。同样，社会意识的分工、交往对构建和谐社会既有积极影响又有消极影响。

第一，落后的社会意识下的分工、交往会阻碍社会经济、政治的发展。随着意识的分工越来越细化，促进了科学技术的发展以及在社会中的广泛应用。科学技术是一柄双刃剑，它在带给人们舒适和便捷的生活的同时也带给人们极大的困扰。如克隆技术一方面可以挽救人们的生命；另一方面还会引起社会伦理问题，高科技盗窃和网络黑客侵犯了个人的隐私，妨碍了个人之间的交往引起了社会的道德问题。这些问题如果不能妥善处理，一方面影响了社会的安定；另一方面打击了人们对高科技的期望值，严重影响了科学技术的发展和研究，导致了经济发展受阻。随着生产力的提高，意识的分工越来越系统化，人们的需求也越来越多样化，人们对社会的要求也越来越多，对自己各项权利的要求也越来越高，虽然我国进行了政治体制改革，但是在很多方面还是不健全、不完善，出现了现有的部分社会政治体制不能满足人们的政治需求的矛盾，人们的交往也会受到影响。这种矛盾如果不能及时解决，势必影响社会的稳定，政府的威信会大打折扣，人民群众对政府的信任度会降低，直接影响了民主政治相关政策体系进一步的改革。

第二，落后的社会意识下的分工、交往会妨碍人的素质提升。伴随着社会的发展，特别是社会经济的发展，社会意识的分工引起教育领域出现了思想政治教育和科学文化教育不同步的问题。由于科学文化能够在短期内给社会带来经济效益，而思想政治教育是一项投入大、时限长、收益慢的工程，导致社会上出现了重视科学文化教育而忽视思想政治教育的局面。具体表现：一是重理轻文。随着经济的发展，“科学技术是第一生产力”的观点被夸大化和片面化，社会上流行“学好数理化，走遍天下都不怕”的论断，“重理轻文”的思想被发挥到极致。这

种现象反映到学生个体，就是有些理科生缺乏人文素养，在生活、工作中他们待人处事能力、集体协作精神、交往能力等方面很差，这些学生的素质提升受到阻碍。二是重智育轻德育。忽视思想政治教育，一方面会导致有些人不能树立正确的世界观、人生观、价值观，社会上会出现诚信缺失、道德滑坡和共产主义信仰不坚定的现象，这些都会引起社会的不安定。另一方面由于实行对外开放，西方腐朽思想也趁势逐步渗透到我国。有些人不能抵御拜金主义、利己主义和享乐主义的影响而挥霍浪费、精神空虚，妨碍人的素质提升。

第三，落后的社会意识下的分工、交往会妨碍人正确的核心价值观的形成。我国社会主义市场经济改革的深入发展和对外开放的日益扩大，引起了社会各方面的发展，同时，也引起了社会意识分工的发展，增大了人们思想活动的独立性、多样性和不稳定性。当今社会正处在新思想、新观念、新文化冲突、碰撞、交融的时期，特别是社会文化、影视文化、互联网等的发展传播着低俗文化，导致有一些人正确的价值观缺失，丧失明辨是非的能力，没有道德底线，置党纪国法于不顾，什么违法乱纪的事都敢干，不仅摧毁了这部分人坚强的斗志力和意志力，影响了他们正常的工作和生活；还影响了部分人学习科学文化知识和接受思想政治教育的积极性、上进性，阻碍了这些人正确的核心价值观的形成。由于我国文化自身发展有很多局限性，也阻碍人的核心价值观的正确产生。虽然，我国有着历史悠久的传统文化和博大精深的民族文化，近年来我国文化也经过了很大改革和发展，但我国文化发展现状还是不容乐观，文化发展形态、地域不够均衡、文化表现形式过于单一，文化创新能力有待提升，文化包容能力亟须扩展，文化核心价值观亟待加强。

二 先进社会意识的实现与分工、交往、和谐的内在统一

习近平同志在关于教育文化专题会议中强调了文化的作用，统筹推进“五位一体”总体布局、协调推进“四个全面”战略布局，文化是重要内容；推动高质量发展，文化是重要支点；满足人民日益增长的美好生活需要，文化是重要因素；战胜前进道路上的各种风险挑战，文化是重要力量源泉。“十四五”时期，我们要把文化建设放在全局工作的突

出位置，切实抓紧抓好。[①] “我们说要坚定中国特色社会主义道路自信、理论自信、制度自信，说到底就是要坚持文化自信。”[②] 这些讲话，从顶层设计的高度将文化建设摆在更加突出位置，为在新征程中推动建成文化强国提出了新课题新要求，吹响了努力建成社会主义文化强国的冲锋号。[③] 建设和谐文化，是实现社会主义和谐社会的重要条件和重要保障。文化的发展对于当前就是要构建社会主义和谐社会就是要构建社会主义核心价值观就是先进的社会意识，而先进社会意识的实现依赖于其分工、交往，即先进社会意识的实现与分工、交往、和谐是内在统一的。

第一，大力发展先进的经济、政治是建设先进社会意识的实现基础。关于社会存在和社会意识的关系，马克思指出：“不是人们的意识决定人们的存在，相反，是人们的社会存在决定人们的意识。”[④] 在一定范围社会意识就是文化，正如毛泽东同志所说：“一定的文化是一定社会的政治和经济在观念形态上的反映。”[⑤] 即经济和政治决定了文化的发展，也就是决定了社会意识的发展，因此，要实现和谐的社会意识，必须大力发展社会政治和经济。一是大力发展政治。当前我们主要是在坚持四项基本原则的前提下，坚持“四个自信”、坚持全面依法治国、坚持全面从严治党、坚持人民当家作主，以发展社会主义民主政治为战略目标，深入地进行政治方针、政策的改革和民主政治建设，自我完善和发展社会主义基本制度。按照社会分工的发展，创建新的政治体系和完备的法律监督体系，保证人民的各项权益得到满足，真正实现社会公平与效率的统一，充分调动各族、各阶层人民的积极性、主动性和创造性，建立了国家统一、民族团结和社会安定的局面，为社会意识的发展提供了政治保证和法律保障，促进先进社会意识的实现。

---

① 习近平：《论把握新发展阶段、贯彻新发展理念、构建新发展格局》，中央文献出版社 2021 年版，第 401 页。

② 中共中央党史和文献研究院、中央学习贯彻习近平新时代中国特色社会主义思想主题教育领导小组办公室编：《习近平新时代中国特色社会主义思想专题摘编》，党建读物出版社、中央文献出版社 2023 年版，第 305 页。

③ 沈壮海、段立国：《坚定文化自信建设文化强国》，《人民日报》2020 年 11 月 19 日第 09 版。

④ 《马克思恩格斯文集》第 2 卷，人民出版社 2009 年版，第 591 页。

⑤ 毛泽东：《毛泽东选集》第二卷，人民出版社 1991 年版，第 694 页。

二是大力发展经济。我们要进一步解放思想，坚持全面深化改革、坚持新发展理念，深入地进行经济体制改革，建立社会主义市场经济体制。一方面，通过发展社会分工，发挥我国经济发展的优势，提高劳动生产率，各企业之间和企业内部要在社会主义市场中进行交流和商品的交换，促进生产技术和资金的有效利用和共享，促进整个社会经济的发展。另一方面，我们当前处于经济全球化，我们要积极参与国际分工和国际市场交换，并充分利用国际分工的优势和世界市场来促进我国经济的发展。还要借鉴和吸收世界各国特别是发达资本主义国家的文明成果"为我所用"。总之，我们要让一切创造社会财富的源泉都得到利用，去造福于人民群众。

第二，努力建设社会主义核心价值体系是建设先进社会意识的根本保证。社会主义核心价值体系由四个部分组成，它们是相互联系、相互统一的，共同促进先进社会意识的实现。一是马克思主义指导思想。马克思主义不仅是我党的根本指导思想，也是社会主义核心价值体系的气质和灵魂，还是构建先进社会意识的指导原则。一方面，马克思主义坚定了先进社会意识的性质和方向；另一方面，马克思主义为社会意识建设提供了科学的方法论。二是中国特色社会主义共同理想。中国特色社会主义共同理想是社会主义核心价值体系的主题。中国特色社会主义共同理想代表了我国各族人民的共同愿望、共同利益和共同要求，只有这种理想才能够团结全国各族人民、凝聚各种力量，动员一切积极因素，调动社会每个人的创造力，激励着全体人民去建设和谐社会和发展社会意识。三是以爱国主义为核心的民族精神和以改革创新为核心的时代精神。以爱国主义为核心的民族精神和以改革创新为核心的时代精神是社会主义核心价值体系的精髓。以爱国主义为核心的伟大民族精神，是全国各族人民凝心聚力、携手奋进的精神支柱。以改革创新为核心的时代精神，是全国各族人民不断开创中国特色社会主义事业新局面的巨大精神动力。这些精神激励着人民保持着高昂的斗志和积极向上的精神状态，这也是先进社会意识的一种体现。四是社会主义荣辱观。社会主义荣辱观是社会主义核心价值体系的基础。它明确规定了社会主义和谐社会的道德规范，即"八荣八耻"。这些道德规范提高人们分清是非荣辱、辨别善恶美丑的能力，还成为人们实际工作、生活中的待人处事的准则，提升人民群众的思想道德，促进了先进社会意识的建设。

社会主义核心价值体系，蕴含了丰富的内容：中国化的马克思主义、社会主义理想、为人民服务、集体主义、诚实守信等。这四个方面的内容是辩证统一的，它们共同构建了完备的社会主义核心价值体系，共同构建了社会主义意识形态的核心。没有马克思主义科学理论的指引，社会主义意识形态就失去了灵魂和方向；没有中国特色社会主义共同理想，社会主义意识形态就失去了内核和主题；没有民族精神和时代精神，社会主义意识形态就失去了精髓和主旋律；没有社会主义荣辱观，社会主义意识形态就失去了价值准则和道德标准。我们在建设中国特色社会主义征程中，只有坚持社会主义核心价值体系，才能以新发展理念，去科学地解决社会经济发展带来的各种矛盾，才能遵循自然规律、遵循人与自然相统一的原则，去解决人与自然的矛盾，才能以人民为中心，以每个人的自由而全面的发展为宗旨，去解决人们生活方式中物质追求与精神追求的矛盾，形成更优良的社会道德风尚和更优秀的个人道德品质，全体人民勠力同心去构建社会主义和谐社会。

第三，坚持先进文化与创新先进文化的统一是建设先进社会意识的有效途径。在全球化下，不同文化之间发生了交流、对话，有融合、同一，也有激烈的冲突、碰撞和矛盾。不仅东西方文化发生了激烈的碰撞，意识形态领域的渗透更加频繁和复杂。对此，我们始终坚持文化自信、坚持文化强国的战略方针，走继承和创新的道路去发展社会意识，是实现先进社会意识的有效途径。一是坚持传统社会文化和意识。中华民族有优秀的传统文化，是各族人民的思想结晶，是我们民族存在和发展的根基和血脉，是文化自信的理论来源。中国传统文化中的“和合”思想、“立德”思想、“仁爱”思想等含有很多积极的因素，所以，我们对中国的传统思想精华要坚持加以吸收和弘扬。二是创新社会意识。在对外开放的过程中，我们要站在时代前沿，学习和吸收西方发达国家的一切优秀文明成果，自觉地投入世界文明的发展大潮中，去推动中华优秀传统文化创造性转化、创造新发展，发展我国的社会意识、文化。在文化、意识形态的对话和交流中，必须坚持平等的文化对话原则，每种文化之间应该相互尊重、相互学习，促进各种文化的共同繁荣发展。在面对各种思想文化相互激荡和相互融合的现象时，我们应该在坚持继承我国优秀传统文化的基础上，以更加开放的姿态、更加广阔的视野，去批判地继承和创新西方文化中的精华，用以发展我国文化和社会意识，向全世界彰显中国文化的特色、气质和风格，提升中国文化的国际影响力和吸引力。另外，还要增强主体的积极性。主体的积极性对于创新起着至关重要的作用。我们“要坚持走中国特色社会主义文化发展道路，弘扬社会主义先进文化，深化文化体制改革，推动社会主义文化大发展大繁荣，增强全民族文化创造活力，让一切文化创造源泉涌流”①。即要坚持以为人民服务为社会主义文化建设的核心，去充分发挥文化建设中主体的作用，汇集一切力量调动文化工作者的积极性和创造性，推动文化和社会意识的发展，促进文化和社会意识的繁荣，创造更多和更好的文化产品，为广大人民群众提供更加丰富、更有营养的精神食粮。

第五节　社会民生视野下的分工、交往与构建和谐社会的实践

民生问题与人民的幸福安康息息相关，它关系着人民的衣食住行，关系着社会的发展和人的发展。所谓民生主要是指民众的基本生存和生活状态，以及民众的基本发展机会、基本发展能力和基本权益保护的状况等。② 这里的社会民生主要包括五个方面的内容：医药卫生、就业创业、收入分配、社会保障和教育。习近平同志高度重视民生问题，他曾经提出：“我国是工人阶级领导的、以工农联盟为基础的人民民主专政的社会主义国家，国家一切权力属于人民。我们必须始终坚持人民立场，坚持人民主体地位，虚心向人民学习，倾听人民呼声，汲取人民智慧，把人民拥护不拥护、赞成不赞成、高兴不高兴、答应不答应作为衡量一切工作得失的根本标准，着力解决好人民最关心最直接最现实的利益问题，让全体中国人民和中华儿女在实现中华民族伟大复兴的历史进

① 中共中央党史和文献研究院、中央学习贯彻习近平新时代中国特色社会主义思想主题教育领导小组办公室编：《习近平新时代中国特色社会主义思想专题摘编》，党建读物出版社、中央文献出版社2023年版，第319页。

② 王元京、朱艺云、杜格非：《社会民生事业投入问题研究》，《财经问题研究》2012年第2期。

程中共享幸福和荣光!”[①] 党中央高度关注民生问题，社会民生是构建和谐社会的核心问题，这是因为，在当代中国社会主义社会有机体系统中，后者就是以经济建设为中心、以人民为中心来构建和谐社会的，以人民为中心就必然要落实到社会民生这个问题中去。分工、交往是解决社会民生问题与构建和谐社会的重要手段与中介，因此，必须探讨社会民生视野下的分工、交往与构建和谐社会实践的辩证统一问题。

一 社会民生视野下的分工、交往对构建和谐社会实践的正负影响

习近平同志说过“民心是最大的政治”，后来又提出：“民生是最大的政治。”有学者提出，“民生问题，不仅仅是经济问题、社会问题，更是政治问题。民生问题关乎我们的政治安全和政权安全，关乎我们政党的合法性和公信力”[②]，民生是构建社会主义和谐社会的出发点和落脚点，也就是如上所说的核心问题，而社会民生下的分工、交往解决的好坏对构建和谐社会有着正负两方面的重要影响。

（一）和谐社会民生下的分工、交往对构建和谐社会实践的积极影响

分工、交往促进社会民生问题的有效解决，改善了社会民生，对构建和谐社会具有积极影响。

第一，和谐社会民生下的分工、交往能促进社会经济、政治、文化的发展。和谐社会民生下的分工、交往促进了整个社会的发展。一是促进了社会的经济发展。社会民生分工的发展解决了人们基本的生存和发展的前提，满足了人们的各项要求，人民群众有更多的热情和积极性自觉地投入到社会的生产劳动中去，可以创造丰富的物质财富。特别是教育带来的高科技技术和产品，满足了人民日益增长的物质文化需要；还推动了全体人民的科学文化素质和思想道德的提高，造就了大批的高素质人才。二是促进了社会的政治发展。分工促进了社会民生问题的解决和社会民生的改善，尤其是人民的各项权益得到切实可靠的保障，使他们参与政治的积极性不断提高。越来越多的人民群众积极参与政治活动，为民主政治建设建言献策，促进民主政治的发展。社会民生分工的

---

① 习近平：《习近平谈治国理政》第三卷，外文出版社 2020 年版，第 142 页。

② 陶文昭：《民生是最大的政治》，《北京日报》2020 年 07 月 06 日。

发展，有助于党和人民群众的交往，密切了党群关系，为民主法治的建设创造了良好的社会环境。三是社会的文化发展。和谐社会民生分工的发展，尤其是教育的发展，是发展文化的最有效途径。教育促进了文明风尚，营造了和谐的氛围；还促进了优秀文化作品的创作。精准扶贫精准脱贫工作是我党的重要战略方针，体现了我党的宗旨和以人民为中心的治国理念，体现了中国特色社会主义制度的本质。减贫脱贫工作自实施以来，取得了令人瞩目的成果。按照国家统计局 2020 年 2 月 28 日发布的《中华人民共和国 2019 年国民经济和社会发展统计公报》统计结果，截至 2019 年底，按照每人每年 2300 元（2010 年不变价）的农村贫困标准计算，年末农村贫困人口 551 万人，比上年末减少 1109 万人；贫困发生率 0.6%，比上年下降 1.1 个百分点。全年贫困地区，农村居民人均可支配收入 11567 元，比上年增长 11.5%，扣除价格因素，实际增长 8.0%。贫困人口从 2012 年底的 9899 万人锐减到 2019 年底的 551 万，累计减贫 9348 万人，年均减贫 1335 万人。① 根据各地的实际情况开展精准扶贫工作，促进了贫困地区的经济发展，增加了老百姓的收入，提高了老百姓的生活水平；基层党组织治理能力和水平显著提高，不断提升农村基层党组织的凝聚力和生命力；贫困地区整体面貌焕然一新，不仅基础设施、公共服务设施、生态环境、农村文化等方面都有很大改变，老百姓的思想素质也有很大提升。

第二，和谐社会民生下的分工、交往有利于创建人民的幸福生活。随着社会经济的发展，社会民生的分工也得到发展。和谐社会民生分工、交往的发展一方面促进了社会经济的快速发展，创造了丰富的物质财富，物质财富的满足推动人与人之间新的交往形式的出现，促进交往的发展，先进的交往形式带来的是物质财富的增加。关系群众安居乐业的棚户区改造工作、“四好农村路”建设，不仅大大改善了群众的生活居住环境，还帮助群众实现了致富奔小康，直接提升人民的生活水平，创造了极其丰富的物质财富。和谐社会民生分工、交往的发展另一方面丰富了人民的精神生活。丰富的物质财富为人民的精神生活提供了坚强的物质基础，使人民的精神生活得到很大提高。和谐社会民生下的分

① 谢婧：《精准扶贫的显著成效和经验总结》，《中国社会科学报》2020 年 08 月 26 日。

工、交往使人们有更多的时间、精力去追求精神生活，让专家学者能够创建形式多样的文化活动和高品质的文化作品供人民群众共享。考试招生制度改革，推动了教育改革发展和教育事业的发展，不但满足了每个人享有受教育的权利，还提升了每个人的思想素质和道德品质，特别是文化体育事业分工、交往的发展既满足了人民对健康的需求，每个人拥有健康的体魄，又满足了人民群众对文体活动热爱的追求和健康的生活以及美的追求。精神生活能否满足是衡量人民生活是否幸福的唯一标准。

第三，和谐的社会民生下的分工、交往有利于个人的身心健康。和谐社会民生下的分工、交往促进了个人的身心发展。一是医疗卫生事业分工、交往的发展，提高了各层次基层医疗卫生事业的水平，通过城乡医生之间的交流，大大提高了基层医生的医术，真正保证了城乡居民的身体健康和心理健康。二是社会保障分工、交往的发展，促使了社会保障体系的专业化、系统化，具体表现：资金充足，政策体制完善，结构人员配备齐全。胡锦涛同志说过："群众利益无小事。和谐社会建设，要从解决人民群众最关心、最直接、最现实的利益问题入手，为群众多办好事、实事。"① 习近平同志也提出过："要抓住人民最关心最直接最现实的利益问题，扭住突出民生难题，一件事情接着一件事情办，一年接着一年干，争取早见成效，让人民群众有更多获得感、幸福感、安全感。"② 社会保障事业分工的发展，推进了社会保障体系进一步的完善，推进了社会保障结构的更加健全，扩大了社会保障的范围，增强了社会保障的执行力度，切实保障人民群众病有所医、老有所养、住有所居。人民群众基本权益得到保障，使他们之间有更多的闲暇时间和精力去相互交流、沟通，去和政府进行沟通，很多人民矛盾和社会矛盾在萌芽状态就会得到妥善解决和化解，有利于个人的身心健康发展。还有近年来实施的和老百姓息息相关的"厕所革命"、实行垃圾分类、医药卫生体制改革等民生项目的实施，不仅提升了老百姓的生活环境，还节省了使用资源，让老百姓拥有更加健康的体魄和优美的环境，有更多的幸

---

① 胡锦涛：《论构建社会主义和谐社会》，中央文献出版社 2013 年版，第 79 页。

② 习近平：《习近平谈治国理政》第三卷，外文出版社 2020 年版，第 346 页。

福感。

（二）不和谐社会民生下的分工、交往对构建和谐社会实践的消极影响

相对于快速发展的经济，我国的社会民生事业的建设起步较晚，导致整个社会民生事业的发展相对落后。不和谐的社会民生给和谐社会的构建带来了消极影响，这种社会民生下的分工、交往阻碍了和谐社会的构建。

第一，不和谐的社会民生下的分工、交往不利于社会经济、政治、文化的发展。不和谐的社会民生下的分工、交往阻碍社会经济、政治、文化的发展。一是阻碍社会的经济发展。如有些地方，人民的基本温饱问题还不能完全解决，人民的基本需求不能得到满足，他们无心工作和劳动，其工作积极性受到很大挫败，不可能创造很多的社会物质产品，这些都不利于社会经济的发展。另外，社会民生发展滞后，还影响部分人学习的积极性和相互之间的交流，影响科学技术的应有发展和高素质人才的培养，这直接妨碍了经济的发展。二是阻碍社会的政治发展。社会民生发展滞后，就是社会民生分工发展不足的结果，具体表现就是人民的有些权益和需求不能得到保障。政治的首要目标就是保障人民群众的各项权益，满足人民的各项需求，政治没有实现自己最基本的目标，很多人将会对社会政治的作用和意义产生怀疑，他们不再愿意参与社会政治的活动，也影响党和人民的正常交往，不利于社会政治的发展。三是阻碍社会文化的发展。有些人的基本权益不能得到保障，他们不能享受教育，这些人的文化水平低下，他们不可能创造出优秀的文化产品，影响了整个社会文化的发展。

第二，不和谐的社会民生下的分工、交往不利于人民的生存、稳定。社会民生发展不足，带来安全问题和社会矛盾，不利于人民的生存和稳定。一是物质生活发展不足。不和谐的社会民生下的分工、交往阻碍了社会经济的发展，直接导致社会物质数量的骤减，部分人民物质生活匮乏。物质生活不能满足，引发很多民生问题，增强了社会不安定因素。物质生活发展不足还导致人民的精神生活质量的下降。二是精神生活发展不足。不和谐的社会民生下的分工、交往使精神生活受到很大影响，如有些人的思想素质和道德水平的直接下降；不能保证每个人享有

受教育的权利；文化作品的质量低下等。三是社会保障事业发展不足。社会保障是民生的安全网，但目前的社会保障事业的发展存在很多问题：社会保障分工发展过慢，具体表现：社会保障覆盖面不全面；社会保障没有实行统一管理，体制不健全；失业保险面临很大压力；人口老龄化引起养老和医疗保险的问题；社会保障立法和监督机制有待加强。社会保障发展中的问题，如果不能有效、及时地解决极易带来社会安全问题。

第三，不和谐的社会民生下的分工、交往不利于人的身心发展。不和谐的社会民生阻碍个人的身心发展。教育的分工引起了每个人受教育权利的不平等以及受教育的层次不一样，引起了有些地区教育发展的不平衡，如教学环境、设备和师资力量等方面，还引起了教育行政部门的增多，延缓了教育改革的进度。这些都导致整个社会教育事业的发展过慢，教育与人的身心发展是息息相关的，发展过慢的教育严重影响了部分人的思想道德素质和科学文化素质的提高。这种教育分工的发展，还不利于人们的相互交往、沟通，生活在没有普遍交往的社会里的人其身心将不会得到健康发展。马克思在《资本论》中说："未来教育对所有已满一定年龄的儿童来说，就是生产劳动同智育和体育相结合，它不仅是提高社会生产的一种方法，而且是造就全面发展的人的唯一方法。"①我们可以得出结论，人的全面发展必须通过高度重视发展教育来实现。医疗卫生发展不足，主要表现其分工不够细化，导致农村医疗环境和条件很差，医生的医德、医术等都还很落后，出现看病难、看病贵的现象，甚至导致医疗事故的发生，很多人的身心健康得不到保证。社会保障发展不足，可能是当前我国社会民生存在的最大的问题。社会保障分工的发展，可能引起保障结构、部门的增多，但是没有对它们进行集中管理，导致社会保障的某些方针、政策执行下去的力度不够，有些人的基本权益和需求得不到切实的保障。人的基本权益都没有得到保证，其身心更不会得到健康发展。另外，很多地区医疗卫生公共宣传不够，很多人疏忽了日常生活卫生，健康意识和自我保健能力不强，经常引发流行性疾病，很容易引起整个地区和社会的恐慌。

---

① 《马克思恩格斯文集》第5卷，人民出版社2009年版，第556—557页。

二 和谐社会民生的实现与分工、交往、和谐的内在统一

社会民生与构建和谐社会是密切相关的，改善社会民生、解决社会民生问题是构建社会主义和谐社会的基础。实现和谐的社会民生与分工、交往、和谐是内在统一的过程。

第一，坚持健全社会民生的各项制度是实现和谐社会民生的根本保障。制度是将人们的思想、观念转变成现实最有力的保障。通过发展分工去健全社会民生的各项规章制度，是实现和谐社会民生的重要保障。教育是提升人民群众科学文化素质和思想道德素质的最根本的途径，是发展科学技术和培养高科技人才的最基本的方法，也是和谐社会民生实现的基础。我们要坚持把教育摆在优先发展的战略地位，加强教育事业各项制度的建设。以科学发展观统领教育事业发展全局，大力发展教育事业的分工，积极深化教育体制改革，努力办好让人民群众满意的教育。

具体来说：一是完善教育、医疗制度，优化教育、医疗资源的分布。关于全面实施素质教育的方针、政策，切实落实“十四五”时期教育事业发展的实施措施，教育体制的改革等方面，实现教育领域治理能力、治理水平现代化。另外，特别要完善帮助贫困学生上学的资助政策和扶持的力度以及高校毕业生就业的政策措施。医疗卫生事业关系着广大人民群众切身利益，是和谐社会民生实现的重要内容。改革开放以来，我国的医疗卫生事业的发展取得了很大的进步，城乡医疗保障系统基本建成，但还是不能满足人民群众健康的需求，还存在很多问题，表现之一就是医疗卫生服务体系和医疗保健制度还有待完善。我们要在深化医疗卫生体制改革的基础上，加强交流发展，鼓励优质医疗技术人员下乡，优化城乡医疗工作人员的资源，改善农村就医环境。完善公共卫生和医疗服务体系，加强城乡之间的交往，建立覆盖城乡居民的基本卫生保健制度，使医疗卫生适应社会的发展，满足人民群众健康的需求。还有农村义务教育的保障问题，目前全国有 60 多万义务教育阶段孩子辍学。[①] 推进教育均衡发展，积极选派优秀骨干教师到乡镇基层工作，

---

① 习近平：《习近平谈治国理政》第三卷，外文出版社 2020 年版，第 159 页。

组织乡村教师进城交流，促进城乡师资力量联动发展。

二是完善各项社会保障制度。认识到社会保障是社会安定的根本保证，随着社会的发展，我国已初步建立适应社会发展要求的社会保障体系，但是我们的社会保障体系还不够健全，社会保障的覆盖面不大，保障水平还很低，各类各层次的保障制度之间的分工还不明确，引发了很多社会问题。我们要完善基本养老、基本医疗、最低生活保障以及社会保障法律制度和监督体系，切实维护人民群众的社会保障权益。完善基本医疗保障制度，让每个人都能看得起病，看得好病；完善社会救助制度，让每个人都能解决基本吃饭问题、家庭基本生活问题，真正体现社会主义制度的优越性。

三是完善就业政策，保证更充分高质量就业。就业是民生之根本，也体现了以人民为中心的发展思想，是国家经济发展、社会安定的保障。落实国家现有各项就业扶持政策，完善创业政策，保障老百姓充分就业、高质量就业。通过教育、医疗、社会保障、就业等制度的创建和完善，真正实现农村贫困人口"两不愁三保障"，即不愁吃、不愁穿，义务教育、基本医疗、住房安全有保障。

第二，不断加大社会民生的投入是实现和谐社会民生的关键所在。社会民生的投入，是社会民生发展的基本保证，是实现和谐社会民生的关键。改革开放后，我国的社会民生事业得到很大发展，社会民生的投入也不断增加，随着社会经济的发展，我国居民民生类需求水平不断增高，导致我国民生投入无法满足城乡居民日益增长的民生需求。社会民生的投入不足引发了很多社会问题，例如：教育投入不足，引发了乱收费的现象、满足不了各级人民群众对教育的需求；医疗卫生投入不足，引发了看病难、看病贵等现象；社会保障投入不足，引发了低保障的现象。这些问题如果不能及时得到妥善解决，很容易引起社会的不安定。一是加大教育的投入。2006 年实施九年义务教育阶段全部免除学杂费，我们加大教育的投入，在教育分工的基础上，坚持优先发展教育，建设人力资源强国的方针，建立健全的教育体系，保证人人享有接受教育的机会；同时要加强各区域、各层次教育的交往，促进教育公平，特别是缩小城乡、区域教育发展差距。特别要加大贫困地区教育的投入，增加农村公共基础性教育资源，实现农村教育信息化，增建各偏远地区教学点开设网络课堂，保障每个孩子都能上学；继续普及九年义务教育并使其均衡，消除文盲半文盲状态；基本普及高中教育；大力发展多种形式的职业教育，建设有特色的高等教育。二是加大医疗卫生的投入。我们加大医疗卫生的投入，争取早日建设全面覆盖城乡居民的基本医疗保障制度和医疗卫生服务体系，提高基本医疗卫生条件与服务水平，真正减轻居民就医费用负担，加强公共医疗卫生的发展，统筹城乡医疗卫生事业的协调发展。尤其是增加农村医疗卫生的投入，改善农村医疗卫生硬件设施，尽快新建、增建乡镇卫生医疗所，满足老百姓就医的需求。三是加大社会保障的投入。我们要加大社会保障的投入，加快建立覆盖城乡居民的社会保障体系，健全农村社会保障体系，提高城乡医疗救助水平，加强社会公共福利机构设施建设。同时，建立相应的监督制度以及相关的法律法规，不仅保证社会保障经费得到有效使用，还保证社会保障制度的公开性、公平性、公正性，保证城乡居民都享有基本的教育、医疗、住房。不断加大社会民生的投入是实现和谐社会民生的重要保障和关键所在。

第三，坚持贯彻群众路线常态化是实现和谐社会民生的根本途径。群众路线不仅是我国立国、建国的法宝，也是实现和谐社会民生的根本途径。毛泽东同志在《关于领导方法的若干问题》中，从哲学的高度阐释了群众路线的含义，“在我党的一切实际工作中，凡属正确的领导，必须是从群众中来，到群众中去。这就是说，将群众的意见（分散的无系统的意见）集中起来（经过研究，化为集中的系统的意见），又到群众中去作宣传解释，化为群众的意见，使群众坚持下去，见之于行动，并在群众运动中考验这些意见是否正确”①。

习近平同志也非常重视群众路线，他提出：“群众路线是党的生命线和根本工作路线。”② 群众路线，可以不断地协调关系，凝聚人心，促进和谐的社会民生实现。在实际工作中，怎样走群众路线？习近平同志指出了科学的方法和途径：“群众路线是永葆党的青春活力和战斗力的重要传家宝，必须做到教育和实践两手抓，使马克思主义群众观点深深

---

① 毛泽东：《毛泽东选集》第三卷，人民出版社 1991 年版，第 899 页。

② 习近平：《习近平谈治国理政》第一卷，外文出版社 2018 年版，第 365 页。

植根于思想中、真正落实到行动上。”① 一是要联系群众、服务群众。习近平同志提出了“我将无我，不负人民。我愿意做到一个‘无我’的状态，为中国的发展奉献自己”②。感人至深的话语，而广大党员干部要把实现广大人民群众的根本利益作为我们一切工作的出发点和落脚点，深入基层、深入一线去了解和解决人民群众最关心、最直接、最实际的困难。在城区实施在职党员下沉活动，在职党员下沉到社区，下沉到小区居民楼栋，为居民解决实际生活困难、干实事、实干事，这一举措打通联系服务群众的最后一百米，不仅拉近了党群关系，还提升了群众参与社区治理的积极性，增强了居民主人翁意识，大大增加了社区居民的获得感、安全感和幸福感。在农村实施党员干部下基层活动，此项活动取得显著成效，全国累计选派 43.5 万名干部担任第一书记，派出了 277.8 万名干部驻村帮扶。③ 这些党员干部带着党的担当和使命，与地方基层领导并肩作战，带领当地的老百姓走上了致富之路、小康之路，使人民的实际利益得到满足，使广大人民深切体会到社会主义给自己带来的实际利益，就会信任党和国家，有益于党和群众的交往，建立良好的党群关系，有利于和谐社会民生的建设。二是要宣传群众、教育群众。在抗击新冠疫情中，党和国家始终坚持“人民至上、生命至上”的理念，不惜一切代价去挽救生命、拯救生命的壮举，让世界叹为观止，也让世界人民和国人真正体会到中国共产党的初心和使命，真正体现了社会主义制度的优越性。我们要对群众进行宣传、教育，让人民群众了解党和国家的方针政策以及国家的国情，能够正确处理个人利益、集体利益和国家利益之间的关系，促进社会民生的发展。另外，还要通过各种途径，以多种形式对群众进行思想道德教育，特别是民主法治教育，引导和帮助人民群众学会运用正确的手段去维护自身的合法权益。走群众路线，去建设社会民生就是要求我们时时从民生出发，处处为人民着想，不断开展与群众进行沟通，才能真正解决群众的民生问题，去不断地保障和改善社会民生。

① 中共中央文献研究室、中央党的群众路线教育实践活动领导小组办公室：《习近平关于党的群众路线教育实践活动论述摘编》，党建读物出版社、中央文献出版社 2014 年版，第 39 页。

② 习近平：《习近平谈治国理政》第三卷，外文出版社 2020 年版，第 144 页。

③ 习近平：《习近平谈治国理政》第三卷，外文出版社 2020 年版，第 149 页。

结束语

本书主要在综述与评价国内外学者对分工、交往、和谐理论研究的基础上，立足于马克思主义经典文本，以实践范畴为研究的基点，对三者的辩证关系及其形成的理论条链的理论地位，作了探索性阐明，并从实践主体与实践客体两方面来阐述分工、交往与构建和谐社会的实践。然而，马克思主义视阈下的分工、交往与和谐的理论对于当前中国特色社会主义建设具有多维意义，除了本书前述所在，在本书结束语之际，可谓有千言万语，使笔者体会到最为重要的一点是：这一理论对于社会主义核心价值观的培育和行践具有特别重要的意义。

社会主义核心价值观的基本内容为：富强、民主、文明、和谐，自由、平等、公正、法治，爱国、敬业、诚信、友善。社会主义核心价值观分为三个层面：富强、民主、文明、和谐，是国家层面的价值目标；自由、平等、公正、法治，是社会层面的价值取向；爱国、敬业、诚信、友善，是公民个人层面的价值准则。在全体公民培育和践行的过程中，这三个层面的价值取向的落脚点和归宿点无疑都是全体公民这一社会主体，都是通过全体公民得以表现出来。历史唯物主义理论体系中的分工、交往与和谐，对于当前社会主义核心价值观的培育和践行既有重要的理论意义又有重要的实践意义。培育和践行社会主义核心价值观就是以实践为基础，以人民为中心，逐渐细化各领域各层次的分工、逐渐优化各种形式的交往，构建合理的交往机制，使交往良性运行，使社会各方面步入和谐路径，确立和强化公民的富强观、民主观、文明观、和谐观；确立和强化公民的自由观、平等观、公正观、法治观；确立和强化公民的爱国观、敬业观、诚信观、友善观。

一 分工、交往、和谐与公民富强观、民主观、文明观、和谐观的培育与践行

分工、交往、和谐对于当前中国全体公民富强观、民主观、文明观、和谐观的确立和强化具有重要意义。这主要从阐发实践视野下的分工、交往、和谐与公民富强观、民主观、文明观、和谐观的培育与践行的统一过程来加以把握。

一是实现人口因素与自然环境的和谐发展。人口因素与自然环境是一个国家存在和发展的基础和前提，也是建立公民富强观、民主观、文明观、和谐观的基本前提。当前我们要坚持遵循自然客观规律、可持续发展规律等去进行社会分工、交往实现人与自然的和谐。二是构建合理化的社会分工和交往，实现整个社会经济的快速增长，为确立和强化公民富强观、民主观、文明观、和谐观提供坚实的物质基础。合理化的社会分工和交往带来的直接结果就是社会物质财富的增长和精神财富的增长，满足人民日益增长的美好生活需要，为确立和强化公民的富强观、民主观、文明观、和谐观提供丰厚的物质基础和精神基础。三是构建健全的社会民主政治体制，推进全面依法治国。严格按照“科学立法、严格执法、公正司法、全民守法”十六字方针，从立法、执法、司法、守法四个层面去实施全面依法治国，使全体老百姓做到全民守法，是确立和强化公民富强观、民主观、文明观、和谐观的基本保障。健全的社会民主政治主要是通过国家宏观下的分工、交往去推动国家民主法治的建设，保证社会的安定团结，既为确立和强化公民的富强观、民主观、文明观、和谐观提供法律保障，又为其提供良好的社会环境。四是构建先进精神文明生产的分工、交往，实现社会整体意识的不断提升。先进的社会意识既是确立和强化公民富强观、民主观、文明观、和谐观的精神基础，又是社会主义核心价值观主要内容的体现，它的构建过程就是社会主义核心价值观的培育和践行的过程。

二 分工、交往、和谐与公民自由观、平等观、公正观、法治观的培育与践行

分工、交往、和谐对于当前中国全体公民自由观、平等观、公正

观、法治观的确立和强化具有重要意义。这主要从实践视野下的分工、交往、和谐与公民自由观、平等观、公正观、法治观的培育与践行的统一过程来加以把握。

一是建立以人民为中心的分工、交往，实现个人全面发展，是确立和强化公民自由观、平等观、公正观、法治观的立足点。以人民为中心原则的分工、交往是以个人的首创精神为基点，以每个人的天赋和才能为准则，这种分工和交往直接推动了公民自由观、平等观、公正观、法治观的确立和强化。二是构建科学有序的社会分工原则和良性的社会交往运行，这种分工原则和良性交往的运行直接推动社会各方面的发展，既为确立和强化公民自由观、平等观、公正观、法治观提供社会基础，又是确立和强化公民自由观、平等观、公正观、法治观的具体实践过程。三是构建健全的社会主义民主法治的分工、交往，真正实现人民当家作主和依法治国，是确立和强化公民自由观、平等观、公正观、法治观的基本保障。健全的社会主义民主法治的分工、交往，有助于社会民主法治的健全，保证社会的安定团结，有利于公民自由观、平等观、公正观、法治观的确立和强化。四是构建先进的社会意识，是确立和强化公民自由观、平等观、公正观、法治观的有效手段。先进的社会意识促进整个社会意识的形成，有助于提高公民的个体意识。

三 分工、交往、和谐与公民爱国观、敬业观、诚信观、友善观的培育与践行

分工、交往、和谐对于当前中国全体公民爱国观、敬业观、诚信观、友善观的确立和强化具有重要意义。这主要从实践视野下的分工、交往、和谐与公民爱国观、敬业观、诚信观、友善观的培育与践行的统一过程来加以把握。

一是建立科学有序的分工、交往，实现整个社会经济的发展，为确立和强化人民群众的爱国观、敬业观、诚信观、友善观提供物质保障。科学有序的分工、交往的结果就是带来社会物质财富的增长和精神财富的增长，满足人民的各种需求，促进公民的爱国观、敬业观、诚信观、友善观的确立和强化。二是构建健全的社会主义民主法治的监督体系，民主监督是实现人民当家作主和依法治国的有力手段，是确立和强化人

民群众的爱国观、敬业观、诚信观、友善观的有效途径。健全的社会民主法治的监督体系有助于和谐党群关系的建立，有助于民主法治的建设，保证社会的安定团结，就是在践行公民的爱国观、敬业观、诚信观、友善观的实践。三是构建先进社会意识，提升公民个体社会意识，实现整个社会意识的不断提升和发展以及个人的思想素质的提高，先进的社会意识为确立和强化人民群众的爱国观、敬业观、诚信观、友善观提供精神保障。四是构建完善的社会保障体系，主要通过和谐社会民生的分工、交往来实施，去解决社会民生问题，既是确立和强化人民群众的爱国观、敬业观、诚信观、友善观的重要前提，又是培育和践行社会主义核心价值观的重要途径。

总之，马克思主义视阈下的分工、交往与和谐为当前中国培育和践行社会主义核心价值观提供了理论指导。

参考文献

一　经典文献

《马克思恩格斯全集》第 1 卷，人民出版社 1960 年版。

《马克思恩格斯全集》第 2 卷，人民出版社 1957 年版。

《马克思恩格斯全集》第 3 卷，人民出版社 1956 年版。

《马克思恩格斯全集》第 4 卷，人民出版社 1958 年版。

《马克思恩格斯全集》第 9 卷，人民出版社 1961 年版。

《马克思恩格斯全集》第 10 卷，人民出版社 1962 年版。

《马克思恩格斯全集》第 13 卷，人民出版社 1962 年版。

《马克思恩格斯全集》第 22 卷，人民出版社 1965 年版。

《马克思恩格斯全集》第 23 卷，人民出版社 1972 年版。

《马克思恩格斯全集》第 26 卷（第三册），人民出版社 1974 年版。

《马克思恩格斯全集》第 27 卷，人民出版社 1972 年版。

《马克思恩格斯全集》第 28 卷，人民出版社 1965 年版。

《马克思恩格斯全集》第 42 卷，人民出版社 1979 年版。

《马克思恩格斯全集》第 46 卷（上），人民出版社 1979 年版。

《马克思恩格斯全集》第 46 卷（下），人民出版社 1980 年版。

《马克思恩格斯全集》第 47 卷，人民出版社 1979 年版。

《马克思恩格斯文集》第 1 卷，人民出版社 2009 年版。

《马克思恩格斯文集》第 2 卷，人民出版社 2009 年版。

《马克思恩格斯文集》第 3 卷，人民出版社 2009 年版。

《马克思恩格斯文集》第 4 卷，人民出版社 2009 年版。

《马克思恩格斯文集》第 5 卷，人民出版社 2009 年版。

《马克思恩格斯文集》第 6 卷，人民出版社 2009 年版。

《马克思恩格斯文集》第 7 卷，人民出版社 2009 年版。
《马克思恩格斯文集》第 8 卷，人民出版社 2009 年版。
《马克思恩格斯文集》第 9 卷，人民出版社 2009 年版。
《马克思恩格斯文集》第 10 卷，人民出版社 2009 年版。
《马克思恩格斯选集》第一卷，人民出版社 2012 年版。
《马克思恩格斯选集》第二卷，人民出版社 2012 年版。
《马克思恩格斯选集》第三卷，人民出版社 2012 年版。
《马克思恩格斯选集》第四卷，人民出版社 2012 年版。
《资本论》第一卷，人民出版社 2004 年 1 月第 2 版。
《资本论》第二卷，人民出版社 2004 年 1 月第 2 版。
《资本论》第三卷，人民出版社 2004 年 1 月第 2 版。
《列宁选集》第一卷，人民出版社 2012 年版。
《列宁选集》第二卷，人民出版社 2012 年版。
《列宁选集》第三卷，人民出版社 2012 年版。
《列宁选集》第四卷，人民出版社 2012 年版。
《毛泽东选集》第一卷，人民出版社 1991 年版。
《毛泽东选集》第二卷，人民出版社 1991 年版。
《毛泽东选集》第三卷，人民出版社 1991 年版。
《毛泽东选集》第四卷，人民出版社 1991 年版。
《邓小平文选》第一卷，人民出版社 1994 年版。
《邓小平文选》第二卷，人民出版社 1994 年版。
《邓小平文选》第三卷，人民出版社 1993 年版。
《江泽民文选》第一卷，人民出版社 2006 年版。
《江泽民文选》第二卷，人民出版社 2006 年版。
《江泽民文选》第三卷，人民出版社 2006 年版。
《论构建社会主义和谐社会》，中央文献出版社 2013 年版。
《十六大以来重要文献选编（上）》，中央文献出版社 2005 年版。
《十六大以来重要文献选编（中）》，中央文献出版社 2006 年版。
《十六大以来重要文献选编（下）》，中央文献出版社 2008 年版。
《十七大以来重要文献选编（上）》，中央文献出版社 2009 年版。
《十七大以来重要文献选编（中）》，中央文献出版社 2011 年版。

《十七大以来重要文献选编（下）》，中央文献出版社 2013 年版。
《十八大以来重要文献选编（上）》，中央文献出版社 2014 年版。
《十八大以来重要文献选编（中）》，中央文献出版社 2016 年版。
《十八大以来重要文献选编（下）》，中央文献出版社 2018 年版。
《习近平谈治国理政》第一卷，外文出版社 2018 年版。
《习近平谈治国理政》第二卷，外文出版社 2017 年版。
《习近平谈治国理政》第三卷，外文出版社 2020 年版。
《习近平谈治国理政》第四卷，外文出版社 2022 年版。
《习近平总书记系列重要讲话读本》，学习出版社、人民出版社 2014 年版。
《习近平重要讲话单行本（2021 年合订本）》，人民出版社 2022 年版。
《习近平新时代中国特色社会主义思想专题摘编》，党建读物出版社、中央文献出版社 2023 年版。
《在省部级主要领导干部学习贯彻党的十八届五中全会精神专题研讨班上的讲话》，人民出版社 2016 年版。
《加强政党合作　共谋人民幸福——在中国共产党与世界政党领导人峰会上的主旨讲话》，中央文献出版社 2021 年版。
《坚定信心　勇毅前行　共创后疫情时代美好世界——在 2022 年世界经济论坛视频会议的演讲（2022 年 1 月 17 日）》，人民出版社 2022 年版。
《论把握新阶段发展、贯彻新发展理念、构建新发展格局》，中央文献出版社 2021 年版。
《论坚持全面依法治国》，中央文献出版社 2020 年版。
《命运与共　共建家园——在中国—东盟建立对话关系 30 周年纪念峰会上的讲话》，人民出版社 2021 年版。
《齐心开创共建“一带一路”美好未来：在第二届“一带一路”国际合作高峰论坛开幕式上的主旨演讲》，人民出版社 2019 年版。
《让多边主义的火炬照亮人类前行之路——在世界经济论坛“达沃斯议程”对话会上的特别致辞》，人民出版社 2021 年版。
《深化文明交流互鉴　共建亚洲命运共同体：在亚洲文明对话大会开幕式上的主旨演讲》，人民出版社 2019 年版。

《同舟共济，继往开来，携手构建新时代中非命运共同体——在中非合作论坛第八届部长级会议开幕式上的主旨演讲》，人民出版社2021年版。
《携手共命运 一起向未来——在中国同中亚五国建交30周年视频峰会上的讲话》，人民出版社2022年版。
《在打好精准脱贫攻坚战座谈会上的讲话》，人民出版社2020年版。
《在决战决胜脱贫攻坚座谈会上的讲话》，人民出版社2020年版。
《在庆祝中国共产主义青年团成立100周年大会上的讲话》，人民出版社2022年版。
《在全国民族团结进步表彰大会上的讲话》，人民出版社2019年版。
《在全国脱贫攻坚总结表彰大会上的讲话》，人民出版社2021年版。
《在中央政协工作会议暨庆祝中国人民政治协商会议成立70周年大会上的讲话》，人民出版社2019年版。

二 中文专著

陈力丹：《精神交往论——马克思恩格斯的传播观》，中国人民大学出版社2008年版。
范宝舟：《论马克思交往理论及其当代意义》，社会科学文献出版社2005年版。
韩红：《交往的合理化与现代性的重建：哈贝马斯交往性的理论的深层解读》，人民出版社2005年版。
韩庆祥：《马克思主义人学思想发微》，中国社会科学出版社1992年版。
何本方、李树权、胡晓昆：《中国古代生活辞典》，沈阳出版社2003年版。
贺翠香：《劳动·交往·实践——论哈贝马斯对历史唯物主义论的重建》，中国社会科学出版社2005年版。
贺金瑞：《全球化与交往实践》，中国广播电视台出版社2001年版。
江畅：《幸福与和谐》，人民出版社2005年版。
姜爱华：《马克思交往理论研究》，知识产权出版社2009年版。
李百玲：《晚年马克思恩格斯交往观研究》，中央编译出版社2009年版。
李素霞：《交往手段革命与交往方式变迁》，人民出版社2005年版。

李秀林、王于、李淮春：《辩证唯物主义和历史唯物主义原理》第5版，中国人民大学出版社2004年版。
栾文莲：《交往与市场——马克思交往理论研究》，社会科学文献出版社2000年版。
毛振华：《社会学与和谐社会》，社会科学文献出版社2007年版。
逄锦聚、洪银兴、林岗、刘伟：《政治经济学》第三版，高等教育出版社2007年版。
彭未名：《交往德育论》，山西教育出版社2005年版。
漆玲：《和谐社会思想的由来》，天津人民出版社2006年版。
任平：《当代视野中的马克思》，江苏人民出版社2003年版。
任平：《交往实践与主体际》，苏州大学出版社1999年版。
童星：《网络与社会交往》，贵州人民出版社2002年版。
王民康：《社会主义和谐社会的理论与实践》，西南交通大学出版社2007年版。
杨鲜兰：《经济全球化条件下人的发展问题研究》，中国社会科学出版社2006年版。
姚纪纲：《交往的世界：当代交往探索》，人民出版社2002年版。
袁贵仁：《人的哲学》，人民出版社1987年版。
中国社会科学院语言研究所词典编辑室：《现代汉语词典》，商务印书馆1996年版。
朱士群、李远行、任暟：《阶级意识、交往行动与社会合理性——西方马克思主义社会政治理论的现代性话语》，中国科学技术大学出版社2005年版。

三　中文译著

北京大学哲学系外国哲学史教研室：《十八世纪法国哲学》，北京大学哲学系外国哲学史教研室译，商务印书馆1979年版。
中国现代外国哲学学会：《人：活动和交往》，周国平译，人民出版社1983年版。
严平：《伽达默尔集》，邓安庆译，上海远东出版社1997年版。
［德］哈贝马斯：《交往与社会进化》，张博树译，重庆出版社1989年版。

[德] 哈贝马斯：《交往行动理论》，洪佩郁、蔺青译，重庆出版社 1994 年版。

[法] 埃米尔·涂尔干：《社会分工论》，渠东译，生活·读书·新知三联书店 2000 年版。

[希] 柏拉图：《理想国》，郭斌和、张竹明译，商务印书馆 2020 年版。

[希] 色诺芬：《经济论雅典的收入》，张伯健、陆大年译，商务印书馆 1981 年版。

[英] 亚当·斯密：《国民财富的性质和原因的分析》，郭大力、王亚南译，商务印书馆 2019 年版。

[苏] 巴加图利亚：《马克思的第一个伟大发现》，陆忍译，中国人民大学出版社 1981 年版。

[苏] Φ. B. 康斯坦丁诺夫：《马克思列宁主义的历史过程理论》，蔡振扬、高铭、林海译，上海人民出版社 1986 年版。

四 中文期刊

《哲学动态》编辑部：《走向 21 世纪的交往实践观研究：访任平教授》，《哲学动态》2000 年第 5 期。

卞亚琴：《社会分层理论在构建和谐社会中的运用》，《安庆师范学院学报》（社会科学版）2008 年第 4 期。

卜祥记：《马克思"感性活动"理论境域中的"生产力与交往方式"理论》，《哲学研究》2007 年第 2 期。

曹蓓蓓：《马克思哲学中分工概念的感性基础阐释》，《淮海工学院学报》（人文社会科学版）2016 年第 9 期。

车玉玲：《神圣性：交往的形上之维度》，《求是学刊》2003 年第 5 期。

陈凤：《交往行动理论与马克思交往理论的比较和借鉴》，《江西行政学院学报》2010 年第 1 期。

陈光林、张云霞：《从三个维度谈马克思分工理论》，《社科纵横》2020 年第 11 期。

陈金生：《马克思交往理论与中国特色社会主义建设》，《保定学院学报》2009 年第 6 期。

陈力丹：《论马克思恩格斯的全球交往观念》，《河南大学学报》（社会科学版）2011 年第 4 期。
陈琼：《世界交往与未来中国发展：马克思交往观实践意义论析》，《学术研究》2002 年第 8 期。
陈玮：《基于马克思交往实践观视域下的“一带一路”战略实施探讨》，《湖北函授大学学报》2017 年第 24 期。
陈咸瑜：《生活世界、交往行动、人》，《理论探讨》（哈尔滨）2004 年第 4 期。
陈信泰、张武升：《马克思的分工理论与人的全面发展》，《齐鲁学刊》1985 年第 2 期。
陈章奇：《马克思主义交往理论及其内涵新探》，《思茅师范高等专科学校学报》2010 年第 1 期。
陈中立：《和谐社会的建构和思维方式》，《中国人民大学学报》2006 年第 6 期。
程金生：《交往实践：考察与认识主体性的基本视界》，《江西师范大学学报》1994 年第 4 期。
程明社：《哈贝马斯交往理论的涵义及其当代价值》，《榆林学院学报》2010 年第 3 期。
崔丽娜：《马克思交往实践的公共意蕴》，《哈尔滨市委党校学报》2013 年第 6 期。
代洪宝：《马克思交往理论视域下中华民族共同体意识探析》，《江苏大学学报》（社会科学版）2020 年第 3 期。
戴茂堂：《和谐社会的个人之维》，《哲学动态》2005 年第 3 期。
戴湘：《试论〈德意志意识形态〉中交往理论的隐性话语》，《广东教育学院学报》2006 年第 6 期。
单宗玥：《马克思分工思想及其新时代意蕴》，《人民论坛》2019 年第 33 期。
邓永波：《马克思分工理论与产业重构研究》，《社会科学辑刊》2019 年第 6 期。
丁立群：《交往、实践与人的全面发展》，《哲学研究》1992 年第 7 期。
董建萍：《马克思恩格斯有关社会建设（和谐社会）的论述》，《资料通讯》2005 年第 4 期。

凡清:《语言、交往与个性的形成》,《哲学动态》2005 年第 1 期。
范宝舟:《货币与社会交往》,《哲学动态》2003 年第 8 期。
范宝舟:《经济交往与世界体系——沃勒斯坦世界体系理论的哲学评析》,《学术论坛》2002 年第 2 期。
范宝舟:《论马克思交往理论的基本特征》,《武汉大学学报》(人文科学版)2003 年第 5 期。
范进:《马克思的社会交往理论》,《社会科学战线》1994 年第 6 期。
范进:《语言与交往》,《中国社会科学学院研究生院学报》1994 年第 6 期。
范竹增:《交往实践析辩:对主体间关系与交往实践相互关系的认识》,《江苏社会科学》1994 年第 6 期。
方朝晖:《一种对人的存在的重新阐释:卡尔·雅斯贝斯的交往学说》,《复旦学报》(社会科学版)1993 年第 1 期。
冯静:《和谐社会研究综述》,《兰州学刊》2006 年第 6 期。
冯新平:《论马克思交往理论指导下的高校交往式思想政治教育的构建》,《湖北函授大学学报》2014 年第 17 期。
盖东芳、崔月政:《马克思恩格斯关于和谐社会建设的理论及当代意义》,《河南广播电视大学学报》2009 年第 1 期。
高静文:《社会系统论与和谐社会的构建》,《哲学研究》2006 年第 4 期。
高乐田:《构建和谐社会的家庭伦理向度》,《哲学动态》2005 年第 3 期。
葛浩阳:《人的全面发展与分工的消灭——“消灭”分工理论再理解》,《改革与战略》2016 年第 2 期。
宫敬才:《简论〈德意志意识形态〉中的交往范畴》,《社会科学》1992 年第 12 期。
龚群:《从主体哲学到交互主体哲学——后形而上学的哲学方法论问题》,《社会科学战线》2002 年第 2 期。
顾成东:《马克思的分工理论与中国当前的社会分工》,《经济研究导刊》2008 年第 19 期。
关阳:《马克思恩格斯社会分工理论的价值及其现实意义》,《大众文艺》

2009年第13期。
官晓菲：《马克思分工理论与“一带一路”倡议科学性探究》，《文教资料》2018年第11期。
郭晨璐：《马克思社会交往视角的思想政治教育实践探索》，《中学政治教学参考》2019年第36期。
郭亮亮：《论哈贝马斯与马克思交往理论的异同》，《内蒙古农业大学学报》（社会科学版）2009年第4期。
郭树勇：《从“世界交往”概念看马克思的国际政治社会学方法》，《世界经济与政治》2004年第1期。
韩冬梅：《马克思主义交往实践理论视野中的协商民主》，《理论视野》2018年第3期。
韩冬梅：《浅谈哈贝马斯的交往理论》，《长春教育学院学报》2009年第4期。
韩红：《论交往行为合理化的实现途径——哈贝马斯的交往行动理论的核心问题》，《学术研究》2002年第2期。
韩静：《〈德意志意识形态〉中分工理论的现实意义》，《重庆科技学院学报》（社会科学版）2011年第1期。
韩庆祥：《分工研究述评》，《哲学动态》1986年第12期。
韩庆祥：《分工与人的全面发展》，《江淮论坛》1988年第5期。
韩燕、郑支农：《略论交往与人的主体性》，《安徽教育学院学报》（哲学社会科学版）1997年第3期。
韩跃民：《马克思恩格斯关于社会和谐发展的探究理路》，《华北电力大学学报》（社会科学版）2011年第2期。
郝孚逸：《应该怎样理解马克思的“分工”理论》，《湖北社会科学》2006年第9期。
郝立新：《中国式现代化与促进人的全面发展》，《思想理论教育导刊》2023年第4期。
何华宇：《新媒体环境下大学生社会主义核心价值观教育的路径研究——基于马克思交往实践观的视角》，《华南理工大学学报》（社会科学版）2018年第1期。
何捷一：《交往理论与历史唯物主义建构——兼评哈贝马斯对历史唯物

主义的"重建"》,《武汉大学学报》(人文科学版)2005 年第 5 期。
何喜均:《马克思国际交往理论与"一带一路"倡议》,《人民论坛》2017 年第 31 期。
贺金瑞:《文化交往全球化》,《长春市委党校学报》2002 年第 3 期。
贺祥林:《马克思社会有机体理论与全面构建和谐社会》,《江汉论坛》2006 年第 1 期。
贺祥林:《矛盾同一性和斗争性理论新探——兼论毛泽东思想对构建和谐社会的实践意义》,《东岳论坛》2007 年第 3 期。
贺寨平:《哈贝马斯的交往行为理论评述》,《山西师大学报》(社会科学版)2000 年第 2 期。
洪承得、吴起云:《应该从国际交往的作用理解"跨越"问题——与叶险明同志商榷》,《哲学研究》1990 年第 3 期。
洪涛:《交往合理性与政治哲学之重建》,《上海师范大学学报》(哲社版)1997 年第 4 期。
侯治水:《马克思社会交往理论科学内涵的丰富性》,《沧桑》2006 年第 1 期。
胡亮华、查静:《马克思交往理论视域下新时代大学生思想政治教育"双主体"模式研究》,《南通航运职业技术学院学报》2020 年第 3 期。
胡宜、程吉生、李建斌:《"和谐社会与当代中国研究"学术研讨会综述》,《中国井冈山干部学院学报》2005 年第 2 期。
黄建烽:《马克思主义交往实践观及其当代意义——从科技与文化发展的视角审视》,《理论探讨》2013 年第 6 期。
黄勉勉:《论马克思的交往实践对西方发展观的超越》,《理论观察》2014 年第 3 期。
黄小敏:《论马克思主义交往观指导下的思想政治教育》,《理论观察》2014 年第 8 期。
黄晓锋:《〈德意志意识形态〉关于分工的论述及其作用》,《重庆科技学院学报》(社会科学版)2006 年第 6 期。
黄晓敏:《生产力・交往和个人自由》,《理论学习月刊》1994 年第 5 期。

纪欣朋、温波：《马克思交往理论视域下数字社群异化问题研究》，《哈尔滨学院学报》2023 年第 4 期。

贾英健：《〈德意志意识形态〉中的交往思想探要》，《理论学刊》1995 年第 6 期。

贾真：《马克思恩格斯交往理论的含义界定及学理渊源》，《传承》2011 年第 25 期。

江畅：《和谐社会与优雅生存》，《哲学动态》2005 年第 3 期。

江峰、张瑞敏：《试析马克思交往理论与人类幸福思想》，《江汉论坛》2014 年第 5 期。

姜爱华：《从〈德意志意识形态〉的交往理论看个人的发展》，《天府新论》2006 年第 2 期。

姜爱华：《马克思交往理论的革命性意义——兼评“主体际”交往观》，《沈阳航空工业学院学报》2007 年第 6 期。

姜爱华：《马克思与哈贝马斯交往理论的本质区别》，《辽宁大学学报》（哲学社会科学版）2008 年第 2 期。

姜锡润、王燕：《关于〈德意志意识形态〉中交往与交往形式研究》，《武汉大学学报》（人文科学版）2002 年第 4 期。

蒋建华：《也谈马克思主义的分工理论》，《哲学研究》1988 年第 8 期。

蒋均时、廖国庚：《和谐社会研究述评》，《苏州科技学院学报》（社会科学版）2005 年第 4 期。

蒋逸民：《西方社会学视野中的和谐社会及其启示》，《华东师范大学学报》（哲学社会科学版）2010 年第 4 期。

金建萍：《马克思社会分工理论与人的全面发展》，《北京航空航天大学学报》（社会科学版）2011 年第 4 期。

荆忠：《试论交往的历史形式、特性和社会功能》，《学术界》1997 年第 5 期。

隽鸿飞：《人学视野中的交往问题》，《求是学刊》2000 年第 3 期。

康化椿：《构建和谐社会亟需建设交往道德》，《求实》2007 年第 6 期。

劳文燕：《马克思与柏拉图分工理论中人的发展思想之比较研究》，《哈尔滨学院学报》2019 年第 5 期。

雷淑媛、丛培英、肖淑芬：《关于〈德意志意识形态〉交往理论的新思考》,《沈阳大学学报》2004 年第 1 期。
黎立阳、何一成:《西方马克思主义对构建和谐社会的启示》,《长沙航空职业技术学院学报》2009 年第 4 期。
李百玲:《马克思的和谐思想对于构建社会主义核心价值观的启示》,《当代世界与社会主义》2015 年第 3 期。
李包庚:《马克思交往实践观出场的哲学革命意蕴与启示》,《西南大学学报》(社会科学版)2016 年第 2 期。
李超元:《提高交往素质是世纪之交国民素质培养的重要任务》,《天津社会科学》1997 年第 1 期。
李传新:《试析哈贝马斯的交往观及其价值》,《黔东南民族师范高等专科学校学报》2006 年第 5 期。
李春霞、吴永志:《网络交往与人的全面发展》,《自然辩证法研究》2000 年第 12 期。
李芳凡、王能昌:《论作为唯物史观范畴的"交往"》,《江西大学学报》(社科版)1991 年第 3 期。
李丰才、周育国:《交往思想的建构与唯物史观的确立:马克思交往思想探析》,《东北师大学报》(哲学社会科学版)1994 年第 3 期。
李庚全:《马克思交往理论及其特点》,《中共石家庄市委党校学报》2007 年第 1 期。
李海滨:《交往的历史形式及其根据》,《哲学研究》1992 年第 8 期。
李虹、项松林:《交往:社会发展的重要维度——马克思交往理论的思想意蕴论析》,《合肥工业大学学报》(社会科学版)2006 年第 2 期。
李会、赵飞:《马克思恩格斯列宁社会和谐思想解读》,《沈阳大学学报》2011 年第 1 期。
李京:《马克思和谐社会思想的当代价值》,《西安财经学院学报》2010 年第 4 期。
李明生:《浅析交往的产生及其相互关系:学习〈德意志意识形态〉札记》,《保山师专学报》2004 年第 3 期。
李丕荣:《分工是生产力和生产关系的中介——〈德意志意识形态〉中关于分工的理论》,《广西商专学报》1987 年第 4 期。
李琦、杜冬冬:《哈贝马斯交往理论视域下人的发展问题研究》,《中共郑州市委党校学报》2007年第6期。

李秋梅:《马克思、恩格斯〈德意志意识形态〉交往理论探究》,《南方论刊》2017年第6期。

李珊:《马克思世界交往视域的人类命运共同体研究》,《法制博览》2019年第32期。

李素霞:《交往手段革命与人的发展》,《理论探讨》(哈尔滨)2004年第4期。

李素霞:《社会历史哲学视野中的交往问题》,《河北师范大学学报》(哲学社会科学版)2002年第5期。

李素霞:《世界普遍交往与卡夫丁峡谷的跨越——兼论马克思社会交往理论的方法论意义》,《马克思主义研究》2012年第5期。

李婷婷:《马克思交往思想的逻辑进程——基于经典文本的解读》,《前沿》2016年第3期。

李彤:《马克思世界交往视域的人类命运共同体研究》,《法治与社会》2019年第27期。

李文轩:《一个被忽视的重大问题:马克思关于两种分工的区分》,《河北青年管理干部学院学报》2017年第1期。

李新灵:《改革开放以来马克思主义社会分工理论研究述评》,《理论月刊》2010年第10期。

李亚楠:《马克思分工理论视域下中国社会主要矛盾探析》,《学理论》2021年第9期。

李岩、魏焜:《论交往实践理论——主体性思想政治教育建构的基石》,《湖北经济学院学报》(人文社会科学版)2013年第12期。

李志伟:《马克思"交往"理论与哈贝马斯"交往"观之辨析》,《洛阳工业高等专科学校学报》2007年第3期。

梁建委、郁洪飞:《马克思分工理论视域下的世界历史理论与全球化探究》,《科技创新导报》2008年第4期。

梁雪爱:《马克思的交往理论及其在构建和谐社会中的价值》,《产业与科技论坛》2009年第9期。

廖申白:《私人交往与公共交往》,《北京师范大学学报》(社会科学版)2005年第4期。

林岗：《分工的消失和马克思恩格斯关于共产主义所有制的科学假设》，《哲学研究》1985 年第 10 期。
林剑：《论劳动、交往、实践诸范畴及其相互关系》，《求索》1994 年第 1 期。
林剑：《论人的社会交往与人的本质和人的发展之间的关系》，《华中师范大学学报》（哲学社会科学版）1996 年第 4 期。
刘奔：《交往与文化》，《中国社会科学》1996 年第 2 期。
刘东建：《和谐社会研究述评》，《教学与研究》2006 年第 2 期。
刘刚：《论交往在社会实践系统中的地位和作用》，《哲学研究》1991 年第 11 期。
刘刚：《马克思普遍交往观的阐释视角及现代启示》，《广州大学学报》（社会科学版）2003 年第 2 期。
刘军、解战原：《马克思分工概念的两重涵义》，《北京交通大学》（社会科学版）2006 年第 2 期。
刘君：《交往理论研究的源流多样性及其启示》，《辽宁行政学院学报》2008 年第 2 期。
刘丽宏：《全球化进程中的交往与人的发展：〈德意志意识形态〉中"交往观"的解读和高扬》，《长白学刊》2001 年第 6 期。
刘明松：《从〈德意志意识形态〉中的"交往"思想看经济全球化》，《科学社会主义》2004 年第 5 期。
刘刹、周启杰：《马克思交往理论与和谐社会的统一》，《改革与开发》2009 年第 3 期。
刘笑菊：《马克思分工理论视角下的科学发展观》，《湖南第一师范学报》2007 年第 3 期。
刘笑菊、周国峰：《从马克思的分工理论看人的全面发展》，《经济与社会发展》2007 年第 5 期。
刘旭雯：《人工智能视阈下的分工与人的全面发展——对马克思分工理论的思考》，《社会主义研究》2019 年第 4 期。
刘妍：《浅析马克思主义的交往理论及对我国的现实意义》，《中共乐山市委党校学报》2009 年第 5 期。
刘阳：《马克思的交往实践观及其现实意义》，《延安职业技术学院学报》

2014 年第 4 期。
刘洋：《和谐社会的团结与竞争——〈社会分工论〉对我国建设和谐社会的指导作用》，《经营与管理》2010 年第 6 期。
刘志生：《社会发展与交往的理性审视：马克思、哈贝马斯》，《学海》2000 年第 3 期。
刘忠世：《交往形式的历史发展阶段及其特征》，《文史哲》1995 年第 4 期。
刘忠世：《论普遍性交往》，《山东大学学报》（社会科学版）1991 年第 1 期。
陆波、方世南：《马克思交往理论视域下多元文化价值观冲突的调适之道》，《学习论坛》2015 年第 3 期。
路璐、王青耀：《马克思交往理论视角下全球伦理的建构》，《哈尔滨师范大学社会科学学报》2015 年第 1 期。。
吕培杰：《"人类命运共同体"的思想意蕴及当代价值——基于马克思交往观视域》，《胜利油田党校学报》2017 年第 6 期。
栾文莲：《马克思的交往学说及其实践意义》，《马克思主义研究》2000 年第 5 期。
罗志发：《论哈贝马斯交往理论的和谐社会意蕴》，《国外理论动态》2007 年第 8 期。
马德隆、许正中：《马克思分工理论与数字时代产业融合》，《经济学家》2023 年第 1 期。
马苹：《论习近平对社会主义和谐思想的丰富和发展》，《学术探索》2016 年第 6 期。
马文雅：《民族交融中的文化认同——马克思交往理论的当代价值》，《西藏发展论坛》2021 年第 5 期。
马新晶：《马克思分工范畴与唯物史观的创立》，《唯实》2008 年第 7 期。
马媛：《马克思主义世界交往理论及实践与当代人类命运共同体的建构》，《世界社会主义研究》2019 年第 4 期。
毛卫平：《和谐哲学：当代中国时代精神的精华》，《中共中央党校学报》2008 年第 6 期。

梅宗奇、赵炜：《马克思的交往理论与思想政治教育》，《河北学刊》2010 年第 6 期。
孟威：《“合理化”的意义与实现：哈贝马斯“交往行动理论”述评》，《新闻与传播研究》2000 年第 7 期。
明栋才、雷达清：《全球化背景下的和谐社会建设》，《内江师范学院学报》2007 年第 5 期。
年问问：《马克思主义世界交往理论观下的“一带一路”战略》，《法制与社会》2017 年第 12 期。
聂沉香：《网络交往与个体道德自律》，《山东社会科学》2002 年第 1 期。
聂世明：《马克思主义实践观与交往实践观》，《中州学刊》1993 年第 3 期。
欧力同：《交往的理论：马克思与哈贝马斯》，《上海社会科学院学术季刊》1993 年第 4 期。
裴士艳：《马克思交往理论视域下对网络交往异化的哲学思考》，《西安航空学院学报》2019 年第 2 期。
彭萍萍：《马克思恩格斯的世界交往理论及其当代价值》，《当代世界与社会主义》2007 年第 2 期。
彭智勇、王文龙：《社会管理中“和谐”的哲学意蕴》，《洛阳大学学报》2006 年第 1 期。
戚杰强、韦廷柒：《马克思关于社会分工与人发展的思想》，《改革与战略》2015 年第 7 期。
齐承水：《马克思交往理论的生态意蕴探析》，《才智》2015 年第 36 期。
齐勇：《马克思交往理论对培育和践行社会主义核心价值观的启示》，《陕西学前师范学院学报》2015 年第 2 期。
骞真：《论马克思交往理论视域下的人类命运共同体》，《北方论丛》2021 年第 4 期。
骞真、段虹：《马克思交往理论当代异化形式与出路——人类命运共同体的价值坐标》，《北方论丛》2022 年第 6 期。
钱伟量：《交往·实践·交往实践》，《学术界》1993 年第 4 期。
钱伟量：《实践的交往性和休谟的怀疑主义》，《哲学研究》1992 年第

1 期。
强以华:《全球和谐的伦理追问》,《哲学动态》2005 年第 3 期。
邱玥:《马克思交往理论视域下的“一带一路”建设》,《沈阳师范大学学报》(社会科学版) 2018 年第 2 期。
曲广彦:《关于交往问题研究综述》,《高校社科情报》1994 年第 3 期。
任琳:《马克思的交往思想释析:以〈德意志意识形态〉为依据》,《鲁东大学学报》(哲学社会科学版) 2013 年第 3 期。
任隆男:《马克思交往理论在高校思想政治教育中的运用研究》,《现代交际》2014 年第 6 期。
任平:《辩证法:交往实践的转向》,《社会科学战线》1999 年第 3 期。
任平:《交往实践辩证法:对立向度与范畴体系》,《哲学动态》1999 年第 5 期。
任平:《交往实践观:21 世纪中哲、西哲与马克思主义哲学的交汇点》,《社会科学战线》1998 年第 2 期。
任平:《交往实践观:马克思〈资本论〉的哲学视域》,《中国社会科学》2003 年第 2 期。
任平:《交往实践观研究:对话历程与未来走向》,《求是学刊》2000 年第 3 期。
任平:《论交往实践的三重结构》,《社会科学战线》1992 年第 1 期。
任平:《论认识交往关系的科学认识论功能》,《江苏社会科学》1993 年第 1 期。
任平:《马克思主义交往实践观与主体性问题:兼评“主体—客体”两极哲学模式的缺陷》,《哲学研究》1991 年第 10 期。
任平:《迈向 21 世纪的人类中心视界:交往实践观》,《江海学刊》1996 年第 2 期。
任平:《新全球化时代与马克思主义哲学:挑战与应答》,《江苏社会科学》2002 年第 2 期。
任平:《新全球时代的马克思主义:问题、视界与前景——再论走向交往实践的唯物主义》,《苏州大学学报》2000 年第 2 期。
任平:《走向交往实践的唯物主义》,《中国社会科学》1999 年第 1 期。
沈建国:《交往与人的个性发展》,《宁夏社会科学》1993 年第 3 期。

史宏波:《简论马克思交往理论与思想政治教育》,《理论月刊》2013 年第 10 期。

舒小昀:《中心、世界、交往:全球化语境下解读经典马克思主义的三个关键词》,《求索》2004 年第 4 期。

束高骏:《马克思"和谐社会"思想及其当代启示》,《江苏省社会主义学院学报》2009 年第 2 期。

宋敏桥:《50 年来我国史学界对第一次社会大分工问题研究综述》,《郑州大学学报》(哲学社会科学版)2003 年第 2 期。

宋田田:《全球化视域下的马克思交往理论探析》,《科教文汇》2007 年第 11 期。

宋文献:《社会交往的精神生产力意义》,《张家口师专学报》(社会科学版)2001 年第 17 期。

苏婧:《构建超越课堂的师生共同体——马克思交往理论对大学通识写作课教学的启发》,《高等教育研究》2022 年第 10 期。

孙承权:《关于马克思交换理论的哲学思考——读〈1857—1858 年经济学手稿〉》,《复旦大学》(社会科学版)2004 年第 1 期。

孙道进、殷子渝:《交往问题探讨》,《娄底师专学报》2001 年第 3 期。

孙民、齐承水:《马克思交往理论视阈下的人类命运共同体》,《北京行政学院学报》2019 年第 2 期。

孙淑红:《哈贝马斯与马克思交往理论之比较》,《黑龙江教育学院学报》2006 年第 5 期。

孙杨、冯建华:《马克思分工理论的两重维度——兼论人工智能分工与人的解放》,《浙江理工大学学报》(社会科学版)2021 年第 1 期。

孙宇杰:《论和谐社会中的和谐交往》,《山西高等学校社会科学学报》2008 年第 4 期。

覃明兴、于璨:《和谐社会研究现状及趋势》,《广西师范学院学报》(哲学社会科学版)2007 年第 3 期。

汤美芳:《关于构建"社会主义和谐社会"的理论综述》,《资料通讯》2005 年第 4 期。

唐踔:《"世界交往"视阈下的马克思全球化思想》,《甘肃联合大学学报》(社会科学版)2012 年第 1 期。

唐踔：《“世界交往”与人的全面发展》，《河北工程大学学报》（社会科学版）2011 年第 4 期。
唐正东：《〈穆勒评注〉中的“交往异化”的准确内容及其思想史地位》，《现代哲学》2008 年第 4 期。
铁锚：《马克思交往理论视域下对网络交往异化的哲学思考》，《西部学刊》2019 年第 18 期。
童恒萍：《交往与现代性——哈贝马斯交往理论述评》，《华南师范大学学报》（社会科学版）2001 年第 2 期。
万光侠：《论马克思主义人学视野中的交往问题》，《烟台大学学报》（哲学社会科学版）2001 年第 2 期。
万光侠：《马克思的“交往”观与全球化》，《发展论坛》（济南）2001 年第 4 期。
万光侠：《马克思的交往理论及其当代价值》，《江西社会科学》2000 年第 4 期。
汪辉勇：《论交往实践与价值全球化的内在联系》，《广东社会科学》2002 年第 3 期。
王德峰：《交往是实践活动的基本形式——对马克思交往概念的思考》，《复旦学报》（社会科学版）1996 年第 2 期。
王冬云：《马克思交往理论中的生态意蕴》，《社会科学辑刊》2010 年第 6 期。
王国有：《交往的可能性》，《求是学刊》2000 年第 3 期。
王虎学：《马克思“消灭分工”的真实意蕴》，《中共福建省委党校学报》2016 年第 6 期。
王虎学：《马克思的分工思想与历史唯物主义》，《华北电力大学学报》（社会科学版）2009 年第 3 期。
王虎学：《马克思分工思想的人学意蕴——从“分工的观点”看“人”的发展》，《哲学动态》2011 年第 4 期。
王虎学：《马克思分工思想的双重意蕴——基于历史唯物主义的考察》，《中共中央党校学报》2011 年第 1 期。
王虎学、万资姿：《马克思分工思想的初始论域》，《江汉论坛》2013 年第 1 期。

王虎学、万资姿：《马克思分工思想探源（上）》，《岭南学刊》2012 年第 5 期。

王虎学、万资姿：《马克思分工思想探源（下）》，《岭南学刊》2012 年第 6 期。

王建屏、李德周：《交往是历史唯物主义的重要范畴》，《国内哲学动态》1986 年第 6 期。

王克歌：《邓小平对构建社会主义和谐社会贡献之探析》，《辽宁经济管理干部学院（辽宁经济职业技术学院学报）》2011 年第 1 期。

王磊：《马克思恩格斯〈德意志意识形态〉中分工理论的核心思想与当代启示》，《学术论坛》2013 年第 8 期。

王磊：《马克思社会分工理论的思想来源、形成轨迹与发展脉络》，《南华大学学报》（社会科学版）2013 年第 2 期。

王力、王杰康：《“理想国”中的社会和谐——柏拉图“理想国”的社会分工思想》，《牡丹江大学学报》2010 年第 7 期。

王苗：《马克思交往思想的五重维度探究——重读〈德意志意识形态〉》，《中学政治教学参考》2018 年第 18 期。

王南湜：《交往概念与哲学思维方式的转换》，《求是学刊》2000 年第 3 期。

王南湜：《交往与主客体关系的社会历史规定性：兼与任平同志商榷》，《哲学研究》1992 年第 4 期。

王南湜：《论交往概念在马克思主义主客体理论中的独特作用》，《人文杂志》1992 年第 4 期。

王能昌：《略论“交往”在社会存在和发展中的地位和作用》，《上饶师专学报》1993 年第 4 期。

王萍：《〈共产党宣言〉中的世界交往思想及当代价值》，《世纪桥》2019 年第 2 期。

王善平：《从边缘走向中心：马克思“交往”范畴的当代定位》，《湖南大学学报》（社会科学版）2002 年第 5 期。

王思远：《MEGA2 视域下马克思交往理论的再思考》，《大庆师范学院学报》2023 年第 3 期。

王卫国：《从异化劳动向唯物史观的过渡——论分工范畴的历史作用》，

《北京师范大学学报》（社会科学版）1993 年第 4 期。
王喜平：《关于交往理论的几个问题》，《九江学院学报》2009 年第 1 期。
王晓东：《交往理论研究中的若干问题》，《求是学刊》2000 年第 3 期。
王晓华、张建华：《交往的异化及其扬弃——对马克思社会理论的现代解读》，《华中科技大学学报》（社会科学版）2001 年第 4 期。
王晓升：《从实践理性到交往理性——兼论哈贝马斯的社会整合方案》，《云南大学学报》（社会科学版）2008 年第 6 期。
王星援：《马克思交往观视域下的人类命运共同体探析》，《中国集体经济》2019 年第 5 期。
王燕九：《马克思交往理论视域中的全面开放新格局》，《学理论》2018 年第 6 期。
王玉恒：《析交往活动的多重关系》，《哲学研究》1993 年第 4 期。
王振林：《交往：新时代的哲学主题》，《长白学刊》2000 年第 2 期。
王振林：《交往实践的基点定位探本》，《辽宁师范大学学报》2000 年第 6 期。
王振林：《解析与探索——哲学视域中的主体际交往》，《人文杂志》2000 年第 3 期。
王振林：《评析哈贝马斯的交往行动理论》，《辽宁师范大学学报》2001 年第 4 期。
王振林：《生产、语言与交往——马克思与哈贝马斯》，《社会科学战线》1999 年第 4 期。
韦琼姿：《试论哈贝马斯交往理论对现代人际和谐的启示》，《理论观察》2009 年第 5 期。
卫兴华：《〈交往与市场：马克思交往理论研究〉评介》，《教学与研究》2000 年第 9 期。
魏敦友：《释义与批判：哈贝马斯的“交往合理性”述评》，《江汉论坛》1995 年第 7 期。
魏伟：《论马克思社会有机体理论对社会主义和谐社会建设的意义》，《湖北社会科学》2007 年第 3 期。
魏伟：《马克思社会有机体理论视域中的和谐社会构建的路径探讨》，

《求实》2007 年第 5 期。

吴迪：《马克思交往理论背景下思政课建设的路径研究》，《南方论刊》2022 年第 2 期。

吴宁：《网络交往对人的非理性的双重影响及其对策》，《中国地质大学学报》（社会科学版）2004 年第 4 期。

吴细玲：《交往与社会时间与空间》，《哲学动态》2010 年第 2 期。

吴倬、王贵贤：《马克思和谐思想及其当代意义》，《中国特色社会主义研究》2012 年第 4 期。

武天林：《经济体制改革实践与生产关系理论——重释马克思的交往形式理论》，《陕西师范大学学报》（哲学社会科学版）2000 年第 3 期。

席华娟：《对〈德意志意识形态〉中分工与交往关系的解读》，《经济研究导刊》2010 年第 8 期。

夏宏：《马克思的交往理论与意识形态批判的内在逻辑》，《齐鲁学刊》2008 年第 6 期。

向玉乔、陈君丽：《雅斯贝斯交往理论探析》，《云梦学刊》2010 年第 3 期。

肖菊仙、刘同舫：《〈德意志意识形态〉中交往理论的时代意蕴探析》，《重庆科技学院学报》（社会科学版）2009 年第 2 期。

谢世良：《从交往异化视角论述马克思劳动异化的第四个规定——重读〈穆勒评注〉》，《信阳师范学院学报》（哲学社会科学版）2016 年第 6 期。

谢绚丽：《论分工与社会和谐——读涂尔干的〈社会分工论〉》，《社科纵横》2006 年第 4 期。

忻鸿：《哈贝马斯与马克思交往理论之比较》，《理论界》2007 年第 3 期。

邢少萍：《马克思主义的和谐社会观及其发展》，《毛泽东思想研究》2009 年第 2 期。

徐国民：《论社会分工与社会主义和谐社会的构建》，《马克思主义中国探索与当代价值：上海市社会科学界第七届学术年会文集》（马克思主义研究学科卷）2009 年。

徐海峰：《毛泽东对构建和谐社会的探索及其现实意义》，《边疆经济与文化》2011 年第 2 期。

徐海峰、胡延风:《马克思的和谐实践观及其当代价值》,《理论视野》2007 年第 9 期。
徐美玲:《马克思交往理论与人的自由全面发展》,《经济与社会发展》2009 年第 1 期。
徐璞英:《十六大以来中央文件和中央领导同志关于建设社会主义和谐社会的论述》,《资料通讯》2005 年第 4 期。
徐舒宁:《基于马克思交往理论的新时代高校思政理论课教学改革路径探析》,《黑龙江教育》(理论与实践)2020 年第 6 期。
徐小稳:《关于和谐社会的研究综述》,《重庆工商大学学报》(社会科学版)2005 年第 6 期。
徐岩:《〈德意志意识形态〉中"交往理论"的深层透析及其现实意义》,《中共南昌市委党校学报》2007 年第 3 期。
许斗斗:《〈德意志意识形态〉中"交往形态"理论新释:析"交往形式"即"生产关系"的观点》,《东南学术》1999 年第 2 期。
许连才:《对〈德意志意识形态〉中"社会交往"的理论探究》,《南昌高专学报》2010 年第 5 期。
许文郁:《试论社会交往对构建和谐社会的作用》,《北京政法职业学院学报》2007 年第 4 期。
许仲举、李娜:《马克思的交往理论与社会发展》,《榆林学院学报》2007 年第 1 期。
薛秀军:《分工与"个人"的全面发展——〈德意志意识形态〉文本语境中的考察》,《学术研究》2009 年第 7 期。
闫艳:《对价值和思想政治教育价值的续思——基于马克思交往实践观的视角》,《湖北社会科学》2016 年第 6 期。
严铭:《怎样理解马克思所说的分工的消失》,《马克思主义研究》1985 年第 2 期。
阎献晨:《交往实践研究述评》,《哲学动态》1993 年第 1 期。
阎献晨:《世纪之交的哲学发展——对交往实践唯物主义研究的概述》,《晋阳学刊》1999 年第 3 期。
晏辉:《交往　规范　转型——论人类交往活动的内在逻辑及其意义》,《郑州大学学报》(哲学社会科学版)1997 年第 4 期。

杨芳:《论社会分工与和谐社会的理论及其现实运动》,《中南民族大学学报》(人文社会科学版)2008 年第 9 期。

杨芳:《社会分工与和谐社会的关系及其理性分析》,《中国民营科技与经济》2008 年第 8 期。

杨俊一:《主体性、客观性和主观性:实践与交往的统一性》,《哲学研究》1992 年第 6 期。

杨克平、李齐:《基于马克思交往实践观的主体间性思想政治教育》,《中南民族大学学报》(人文社会科学版)2015 年第 2 期。

杨琪、吴练达:《分工是生产力还是生产关系》,《广西社会科学》2008 年第 1 期。

杨蔚琪:《我国古代、近代关于社会主义建设(和谐社会)的论述》,《资料通讯》2005 年第 4 期。

杨鲜兰、陈明吾:《和谐社会视域下的社会交往分析》,《湖北大学学报》(哲学社会科学版)2011 年第 2 期。

杨勇:《马克思的社会交往范畴与现代交往》,《岭南学刊》2003 年第 2 期。

姚大志:《哈贝马斯:交往活动理论及其问题》,《吉林大学社会科学学报》2000 年第 6 期。

姚晓红、陈先奎:《马克思的社会有机体理论与构建和谐社会》,《理论探讨》2007 年第 4 期。

叶娌燕:《〈德意志意识形态〉中的交往理论及其现实意义》,《绥化师专学报》2004 年第 2 期。

叶良茂:《马克思交往理论与经济全球化》,《华北电力大学学报》(社会科学版)2002 年第 4 期。

叶良茂、吴英莲:《生产关系与交往》,《哲学研究》2005 年第 2 期。

衣俊卿:《日常交往与非日常交往》,《哲学研究》1992 年第 10 期。

衣俊卿、孙占奎:《交往与异化:关于现代交往的负面研究》,《哲学研究》1994 年第 5 期。

尹树广:《交往·实践与马克思主义本体论》,《学术交流》1994 年第 3 期。

尹树广:《交往问题的历史和现实》,《求是学刊》2000 年第 3 期。

于天宇：《马克思交往理论视域下全球生态危机实质及破解路径论析》，《东岳论丛》2022 年第 6 期。

于阳阳：《马克思分工理论的历史演进及其当代发展》，《上海市经济管理干部学院学报》2022 年第 6 期。

余金成：《马克思分工理论与社会主义市场经济的创新发展》，《学习论坛》2022 年第 6 期。

袁小云：《马克思“交往理论”的当代阐释》，《延安大学学报》（社会科学版）2010 年第 4 期。

岳奎、杨雨婷：《铸牢中华民族共同体意识的价值意蕴——基于马克思交往理论的思考》，《中共南昌市委党校学报》2023 年第 1 期。

翟婷婷：《从马克思交往理论视角看人类命运共同体的基本内涵》，《内蒙古大学学报》（哲学社会科学版）2022 年第 5 期。

张传开、余在海：《交往范畴和交往实践观研究之评说：辩证唯物主义》，《巢湖学院学报》2004 年第 6 期。

张登巧：《交往理论与西方主体性哲学思维方式的转换》，《中南民族大学学报》（人文社会科学版）2002 年第 2 期。

张登巧、赵润林：《交往实践观与马克思主义主体性哲学》，《社会科学》2001 年第 3 期。

张峰：《马克思恩格斯的国际交往理论与“一带一路”建设》，《马克思主义研究》2016 年第 5 期。

张桂芳、石春霞：《马克思分工理论及其当代意义》，《安徽文学》2007 年第 11 期。

张金成：《试论交往实践》，《江西社会科学》2001 年第 11 期。

张景娜、及洋：《“京津冀一体化”政策分析及启示——以马克思分工理论的视角》，《商》2015 年第 15 期。

张亮：《交往范畴的科学定位：〈德意志意识形态〉中的交往范畴》，《理论探索》1997 年第 3 期。

张敏杰：《改革开放与人际交往方式的嬗变》，《浙江社会科学》1994 年第 1 期。

张庆熊：《生活世界是科学和哲学的出发点和归宿——对人类主体间交流问题的探索》，《学术月刊》1996 年第 7 期。

张胜旺：《试论马克思恩格斯和谐社会思想及其当代价值意义》，《山西高等学校学报》（社会科学版）2010 年第 6 期。

张文喜：《马克思的交往理论及其价值特性》，《云南社会科学》2000 年第 6 期。

张岩冰：《附录中的思想遗珠——解读马克思〈穆勒评注〉中的交往异化》，《理论月刊》2020 年第 1 期。

张一兵：《从分工到现实的世界历史——〈德意志意识形态〉中一种经济学的现实批判话语》，《江苏社会科学》1998 年第 6 期。

张一兵：《实践交往：人类社会主体的群际功能互动——关于一种哲学新视界的思考》，《天津社会科学》1993 年第 4 期。

张有奎：《普通交往理论与中国的现代性建构》，《上饶师范学院学报》2009 年第 4 期。

张媛、陈忠炜：《马克思交往理论解读我国改革开放三十年》，《山东行政学院山东省经济管理干部学院学报》2008 年第 6 期。

张愿娟：《马克思交往理论对网络交往的经济启示》，《现代交际》2019 年第 6 期。

张震红：《马克思对国民经济学“分工”概念的批判与超越》，《人民论坛》2019 年第 24 期。

赵长峰：《列宁论同国际资本的经济交往和斗争》，《东岳论丛》1982 年第 4 期。

赵华灵：《马克思制度伦理视角下的和谐社会建设》，《社会主义研究》2012 年第 5 期。

赵家祥：《解析〈德意志意识形态〉中的一个难解之谜——“生产关系”概念与“交往形式”等术语的关系》，《哲学动态》2011 年第 4 期。

赵剑英：《交往形态的新变化与当代社会的新特点》，《哲学研究》2003 年第 11 期。

赵明亮：《分工理论：从古希腊思想到新国际体系的研究述评》，《产经评论》2010 年第 3 期。

赵仁青：《马克思交往理论的思想溯源》，《沈阳工程学院学报》（社会科学版）2013 年第 4 期。

赵润林、张登巧：《论马克思的交往实践观与人的主体性原则》，《中共福建省委党校学报》1999 年第 6 期。

赵允福：《论马克思的和谐实践观》，《理论学刊》2011 年第 1 期。

赵志浩：《分工与人的全面发展》，《连云港师范高等专科学校学报》2010 年第 3 期。

郑明珍、耿金岭：《马克思交往理论与构建和谐社会》，《安徽农业大学学报》（社会科学版）2009 年第 4 期。

郑召利：《交往理性：寻找现代性困境的出路——哈贝马斯重建现代性的思想路径》，《求是学刊》2004 年第 4 期。

郑召利：《论交往实践活动的哲学人类学根据》，《宁夏大学学报》（人文社会科学版）2001 年第 2 期。

周波：《论哈贝马斯的交往理论》，《今日南国》2010 年第 9 期。

周德刚：《世界历史维度中的马克思交往理论及其价值指向》，《学术论坛》2010 年第 4 期。

周海春：《从个人德性到社会和谐》，《哲学动态》2005 年第 3 期。

周宏：《雅斯贝斯交往理论探析》，《现代哲学》2000 年第 1 期。

周可真：《和谐与自由——论新时代哲学的思维方式与价值目标》，《南京政治学院学报》2008 年第 2 期。

周利兵：《对交往理论的一种全新解读》，《现代商贸工业》2008 年第 1 期。

周璐：《马克思分工理论与我国城乡二元结构》，《济源职业技术学院学报》2016 年第 3 期。

周启杰：《论雅斯贝斯的交往机制与生存历史性》，《学术交流》2005 年第 1 期。

周全、许藜：《毛泽东、邓小平、江泽民关于社会主义社会建设（和谐社会）的论述》，《资料通讯》2005 年第 4 期。

周志山：《马克思社会有机体理论的和谐社会意蕴》，《理论探讨》2007 年第 5 期。

朱鲁子：《试论交往方式变迁与思维方式转型》，《哲学动态》2002 年第 4 期。

祝利民：《马克思的分工理论对历史之谜的解答》，《邯郸学院学报》

2010 年第 2 期。
祝利民：《由意识形态对历史的遮蔽到马克思分工理论对历史的解蔽》，《北京理工大学学报》（社会科学版）2010 年第 6 期。
左洁：《马克思的交往实践观与和谐社会的构建》，《黑龙江史志》2008 年第 10 期。

五 中文报纸

陈志良：《历史唯物主义要注重“交往”的研究》，《光明日报》1987 年 03 月 15 日第 5 版。
杜飞进、裴智勇、廖文根：《和谐社会的中国智慧》，《人民日报》2011 年 07 月 30 日第 2 版。
耿步健：《马克思恩格斯和谐社会思想及其当代意义》，《光明日报》2013 年 08 月 17 日第 007 版。
胡伟：《“移民政治”与马克思“普遍交往”的深层契合》，《中国社会科学报》2013 年 01 月 30 日第 B02 版。
贾真：《马克思恩格斯交往理论与和谐社会构建》，《光明日报》2011 年 08 月 14 日第 007 版。
沈壮海、段立国：《坚定文化自信建设文化强国》，《人民日报》2020 年 11 月 19 日第 9 版。
舒正磊：《马克思主义指引人类社会与自然界和谐共生》，《青海日报》2018 年 06 月 04 日第 009 版。
汤俊峰：《树立唯物辩证的自然观》，《解放军报》2018 年 05 月 30 日第 007 版。
汪文正：《提高新型城镇化建设质量》，《人民日报》（海外版）2022 年 03 月 22 日第 3 版。
吴忠民：《努力构建和谐劳动关系》，《光明日报》2011 年 05 月 30 日第 004 版。
杨路平：《深化和谐世界的科学内涵与理论意蕴》，《中国社会科学报》2013 年 09 月 23 日第 B01 版。
杨业华：《和谐社会构建中的几个问题》，《中国教育报》2006 年 02 月 14 日第 5 版。

张车伟、蔡翼飞：《从第七次人口普查数据看人口变动的长期趋势及其影响》，《光明日报》2021 年 05 月 21 日第 11 版。

张静、张陈：《重温马克思的社会秩序思想》，《北京日报》2012 年 07 月 23 日第 018 版。

甄喜善：《运用马克思分工理论推进改革建设事业》，《中国社会科学报》2014 年 12 月 29 日第 C04 版。

朱燕：《马克思分工理论视角下的资本主义经济全球化》，《中国社会科学报》2017 年 08 月 31 日第 003 版。

六　中文网站

黄振辉：《现代化的发展：党的十九届五中全会对新发展理念的丰富》，理论网，http://www.cntheory.com/zydx/2020-12/ccps201209CW31.html，2020 年 12 月 09 日。

刘燕春子：《全球经济或面临“大萧条”以来最严重经济衰退》，金融界，http://finance.sina.com.cn/roll/2020-04-16/doc-iircuyvh8034850.shtml，2020 年 04 月 16 日。

后　记

本书初稿为我的博士学位论文。2014年6月毕业之后，博士学位论文一直搁置，出版害怕大动干戈地修改，不出版不甘心，犹豫再三，为了给自己近20年的学习生涯画上圆满的句号，最后还是决定出版。于是我利用2021年暑期，立足于当前社会最新的理论成果、研究成果和实践成果，对论文的文献综述以及部分内容进行了修改，但还是不太满意。随着党的二十大召开，我又于2023年暑期，特意邀请我的导师贺祥林教授一起对论文的内容再次进行修改。本书的内容是我和导师再次修改后的成品。

在修改书稿的过程中，我不禁回忆起当初写博士学位论文的点点滴滴。受硕士生导师杨鲜兰教授的影响，硕士学位论文我选择了马克思主义交往理论的研究。2009年我开始博士阶段的学习，继续研究马克思主义交往理论，党的十六大以后，我们党从中国特色社会主义事业总体布局和全面建设小康社会全局出发，提出构建社会主义和谐社会的重大战略任务。我开始思考：能不能将马克思主义的交往理论与当前构建和谐社会联系起来？受此启发，和导师沟通后，最后敲定博士学位论文就以马克思主义的分工、交往与和谐理论为研究对象。

回想当初5年的博士求学生涯，从最初来之不易的入学资格，到边工作边上课学习，用1年的时间查阅大量文献资料，精读马克思主义经典原著，写了2本读书笔记，和导师多次交流后，确定论文主题，1年后开始撰写资格论文反复修改至发表，2年后撰写开题报告顺利开题，第3年开始撰写论文，耗时1年多的时间，完成论文的初稿，后经过多次修改定稿查重、预答辩、盲审到最后答辩的全部过程，均在患得患失中度过，我深感求学的艰辛和不易。多少个不眠之夜，个中滋味唯有自已深切感知，既有写作的煎熬也有忐忑的等待，既有失败的痛苦又有成功的喜悦，还有失望的心酸，但看到自己一点点的进步，心中倍感踏实、欣慰。特别是此书的出版，让我深深地体会到，所有的付出都是有回报的，所有的努力都是有意义的、有价值的。

在此我首先诚挚地感谢我的导师贺祥林教授。一是他同意我报考他的博士生，并最后选择我作为他的学生，让我有了可以继续学习深造的机会；二是他对我学习上的指导和教化使我受益匪浅、终生难忘。大到论文的选题、设计、修改及最后定稿整个过程，小到句、词、字、注释、参考文献到标点符号等方方面面，自始至终都倾注着老师的心血。最难忘怀的是老师对我撰写的每篇文章和毕业论文的一遍遍修改，可以说我每一篇文章的发表和毕业论文的完成，都凝聚了老师大量的心血。同时老师还给予了我最好的科研训练，这不仅培养了我独立思考的能力，而且一直激励着我前行。特别是2023年本书的修改，贺老师已有70岁高龄，身体有恙，还带病坚持为本书作序，修改内容，让我泪目。总之，贺老师严谨求实的治学之道、宽厚仁慈的胸怀、积极乐观的生活态度都将成为我以后学习的典范，他的教诲与鞭策将激励我在以后科研和教育的道路上励精图治，开拓创新。还要感谢我的硕士生导师杨鲜兰教授，她是我科研的引路人，让我从一个学术小白到完成一篇硕士学位论文的撰写，才有了今天此书的出版。同时衷心感谢湖北大学马克思主义学院各位领导和老师给予我学识上的指导与帮助，衷心感谢当年一起毕业的师兄师妹，我不会忘记为了能够顺利通过答辩我们相互激励与扶持的那些日子，衷心感谢同门师兄师姐师弟师妹给予我的帮助与鼓励。

我要特别感谢我的家人。首先是我两家的父母和哥哥姐姐多年来对我学习上和生活上的关爱和呵护，因为一直在求学中，没有能够很好地照顾他们，看到他们日渐衰老，我感到很惭愧，在这里唯愿他们身体安康，万事顺意！其次是我的爱人和女儿对我学习的理解和支持，这些年爱人无怨无悔地承担很多家里家外的事务，女儿小小年纪就独立自主地学习、生活。他们为我付出了很多、牺牲了很多，也放弃了很多，而我却因为学习没有时间好好地陪伴他们，照顾他们，我感到很愧疚。在我最困难、最沮丧、最失望的时候，是我的家人给予了我战胜困难的勇气与决心，让我鼓起勇气、重拾信心，信心满满地重新投入到学习中，是他们陪我走过了学习中最艰难、最痛苦的日子。正是在他们的理解、帮助、体谅、包容和支持下使我得以顺利完成了学业。特别是此书的出版，他们给予了物质上和精神上的大力支持。本书凝结了他们的心血、教诲和温暖！

最后感谢当年评阅论文和出席博士论文答辩委员会的诸位专家、教授在百忙中给予的悉心指导！感谢曾给予我帮助和关心的领导、老师、同学、同事和朋友们！感谢中国社会科学出版社的领导、学人以及本书的责任编辑刘艳老师，让此书能够得以问世！

官翠娥

2023 年 8 月 24 日